FRAUEN und das ZWÖLF SCHRITTE PROGRAMM

Textbuch

Über die Autorin

Dr. Stephanie S. Covington ist klinische Psychologin mit eigener Genesungserfahrung, arbeitet als Beraterin für Organisationen und hält Vorträge und Workshops. In den USA ist sie seit 25 Jahren durch ihre Arbeit zu frauenspezifischen Themen und ihre spezialisierten Programme für Suchttherapie, Sexualität, Familien und Beziehungen landesweit anerkannt. Sie ist u.a. stellvertretende Leiterin des *Institute for Relational Development*. Ausser diesem Buch hat sie noch zahlreiche weitere Fachbücher geschrieben. Dr. Stephanie S. Covington betreibt im Internet eine eigene englischsprachige Webseite unter www.stephaniecovington.com

Hinweis der Herausgeber:

Die Zwölf Schritte sind in diesem Buch abgedruckt und bearbeitet worden mit Erlaubnis der Alcoholics Anonymous World Services. Diese Erlaubnis bedeutet nicht, dass der Inhalt dieses Buches von der AA geprüft oder genehmigt wurde, noch dass die AA mit den hier veröffentlichten Ansichten übereinstimmt. AA ist ein Genesungsprogramm *ausschliesslich* für Alkoholiker – der Einsatz und die Nutzung der Zwölf Schritte in Verbindung mit Programmen und Aktivitäten, die denen der AA nachempfunden sind, sich aber mit anderen Problemen beschäftigen, bedeuten nichts anderes.

Stephanie S. Covington

Frauen und das
Zwölf Schritte Programm

SANTIAGO VERLAG

Titel der amerikanischen Originalausgabe:
A Woman's Way Through the Twelve Steps
Copyright © 2000 by Stephanie S. Covington, Ph.D.
Published under arrangement with
Hazelden Publishing and Educational Service,
Center City, MN USA
All rights reserved.
German Language Copyright © 2006 by SANTIAGO VERLAG

Bibliografische Information der Deutschen Bibliothek:
Die Deutsche Bibliothek verzeichnet diese Publikation in der
Deutschen Nationalbibliografie; detaillierte bibliografische Daten
sind im Internet über <http://dnb.ddb.de> abrufbar.

© der deutschen Ausgabe: 2006 SANTIAGO VERLAG Joachim Duderstadt e.K.
Asperheide 88 D 47574 Goch
Tel. 02827 5843
Fax: 02827 5842
EMail: mail@ santiagoverlag.de
www.santiagoverlag.de

Gesamtherstellung: Books on Demand GmbH, Norderstedt
Printed in Germany EEC
Coverdesign: völckerdruck, Goch
Titelfoto: „Seerosen" von John Holmes

1. Auflage 2006
Alle Rechte vorbehalten
ISBN 10:   3-937212-09-4
ISBN 13: 978-3-937212-09-8

Dieses Buch ist Pat M. gewidmet

Wie viele andere Sponsorinnen hast auch du einer
unbekannten Frau deine Hand ... und deine Hilfe angeboten.
Danke, dass Du Dein Leben als Beispiel lebst!

Danksagung

Dieses Buch zu schreiben war ein Privileg. Die Seiten sind voll von Worten und Erfahrungen vieler genesender Frauen and ich habe es als äußerst bedeutsam und persönlich bereichernd erlebt, ihren Lebensgeschichten zuzuhören.

So viele Menschen haben geholfen und dazu beigetragen, dieses Buch zu schaffen! Ich bin so vielen Freunden und Kollegen dankbar, die mich auf eine stille Weise unterstützt haben – und noch wichtiger, die dieses Buch in seinem Entstehungsprozess unterstützt haben, indem sie mir Mut machten und ihr Vertrauen zeigten, dass es wichtig, wertvoll und not-wendend sein würde. Dies betrifft viele Menschen in den USA – und für diese deutsche Ausgabe, auch in Deutschland selber.

So bin ich speziell Connie Gunderson und Ulrike Wendt von new-beginnings GmbH in Bremen dankbar! Ihre Begeisterung, ihr Engagement und ihr Fachwissen waren unersetzlich auch in der Zusammenarbeit mit dem Verlag, um bei der Endredaktion die jeweils richtige Ausdrucksweise zu finden. Ihre Weisheit, ihr Wissen und ihr Einsatz für die Gesundheit und die Heilung von Frauen achte ich sehr. Eine tiefe Dankbarkeit erfüllt mich, wenn ich an sie denke.

Alle Geschichten in diesem Buch sind wirklich passiert.
Namen und Details, die die betreffenden Menschen identifizieren könnten, wurden jedoch verändert, um die Anonymität der interviewten Frauen zu gewährleisten.

INHALT

EINFÜHRUNG

Bist du eine Frau, die bereits am Zwölf Schritte Genesungsprogramm teilnimmt? Oder stehst du vielleicht gerade erst an der Schwelle, um endlich von einer Sucht und einer Abhängigkeit genesen zu wollen? In jedem Fall wirst du bestimmt begeistert sein, hier ein Buch gefunden zu haben, dass sich ganz speziell auf deine Belange als „Frau in der Genesung" konzentriert. Vielleicht fragst du dich aber auch gerade, was dieses Buch dir wohl zu bieten hat, das du nicht schon in anderen Büchern, in der Zwölf-Schritte Literatur oder in den Meetings erfahren hast?

Durch meine eigene Genesung vom Alkoholismus und durch meine beruflichen wie persönlichen Beziehungen zu Frauen, die von verschiedensten Abhängigkeiten genesen, habe ich die Erfahrung gemacht, dass es eine ganze Reihe von speziell frauenspezifischen Aspekten gibt, die in den meisten Zwölf Schritte Programmen übersehen oder dort nicht wahrgenommen werden. Dazu gehören zum Beispiel die Auswirkungen, die allein schon die Ausdrucksweise der Zwölf Schritte auf Frauen hat. Sodann die psychologische Entwicklung von Frauen in Bezug auf Abhängigkeit und Genesung und schließlich noch weitere soziale und kulturelle Faktoren, die uns als Frauen betreffen – sowohl ganz allgemein als Frauen in einer männlich dominierten Gesellschaft, als auch als Frau in dieser besonderen Lebenssituation von Sucht und Genesung.

Als Ergebnis dieser Tatsache hatten viele von uns richtig Mühe, überhaupt bei einem Genesungsprogramm zu bleiben, das unseren Bedürfnissen und unseren Werten nicht so ganz entspricht.

Andere Frauen wiederum haben vielleicht einen Rückfall erlitten und haben nun das Gefühl, dass bei ihrem Genesungsprogramm etwas fehlt, ohne aber genau sagen zu können, was dieses „Etwas" denn genau ist.

Ich hoffe nun, dass dieses Buch dir eine neue und zugänglichere Perspektive bieten kann, um von deiner Sucht zu genesen! Eine Perspektive, die auf dich und auf deine Nöte, deine Sorgen und Befürchtungen als Frau eingeht. Diese neue Perspektive basiert auf einer offeneren Auseinandersetzung und einer flexibleren Interpretation der Zwölf Schritte in Bezug auf uns Frauen. Ihren Ursprung hat diese neue Perspektive im Lernen voneinander, das unter uns Frauen möglich ist und dort beginnt, wo wir einander unsere eigenen, persönlichen Geschichten erzählen – sowohl die Geschichten unserer Kämpfe als auch die unserer Triumphe auf dem gemeinsamen Genesungsweg. Meine Hoffnung ist, dass diese neue Perspektive dir die Kraft und die Macht geben wird, selbst wieder das Steuer deines Lebens in die Hand zu nehmen und sowohl deinen Genesungsprozess als auch deinen Wachstumsprozess als Frau selbst zu bestimmen.

Die Zwölf Schritte wurden zuerst 1939 von den Gründern der Anonymen Alkoholiker (AA) entwickelt. In den seitdem vergangenen 45 Jahren wurden diese Schritte von verschiedensten „Gruppen zur gegenseitigen Hilfe" übernommen und angepasst und haben sich dabei als unschätzbare Hilfe und Wegweiser für Menschen auf dem Weg der Genesung erwiesen. Millionen haben inzwischen diese Reise gemacht und bei ihrer Genesung von Alkoholismus, Drogensucht, Essstörungen, sexuellen Zwangshandlungen, Spielsucht und vielem mehr die spirituellen, emotionellen und auch die ganz praktischen Mittel und Wege des Zwölf Schritte Programms genutzt.

Die Geschichte und die Tradition des Zwölf Schritte Programms vermitteln, wenn wir seine Effektivität hinterfragen, ein Gefühl der Sicherheit und Verlässlichkeit. Dabei ist aber ganz wichtig zu bedenken, dass diese Schritte von Männern mit Blick auf die Bedürfnisse von Männern im Genesungsprozess geschrieben wurden, und zu einer Zeit, als Frauen noch wenig Einflussmöglichkeiten und wenig soziale, politische und wirtschaftliche Macht hatten. In der Entstehungszeit der Schritte wurde kaum darüber nachgedacht, was Frauen in die Sucht treiben könnte – und Frauen mit Suchtproblemen stießen auf Ausgrenzung und Verheimlichung.

Als jedoch in den letzten zwanzig Jahren immer mehr Frauen in das Genesungsprogramm einstiegen, da haben wir langsam begriffen, dass Genesung für uns Frauen eine andere Bedeutung haben könnte. Mehr noch, wir sind dabei herauszufinden, dass die Reise des Genesens und Gesundwerdens für jede von uns als Individuen einzigartig ist: Es gibt keinen *richtigen* oder *falschen* Weg, um beim Durchlaufen der Schritte Fortschritte zu machen.

Während du dieses Buch liest und dabei die Bedeutung und die Praxis der Zwölf Schritte erforschst, wirst du bei jedem einzelnen Schritt viele verschiedene Perspektiven entdecken, die dir dabei helfen werden, deinen ganz ureigenen Weg auf deiner Reise zur Genesung zu finden.

Wenn du die Schritte als Führungshilfe nimmst, dann wirst du mit ihrer Hilfe das wiederentdecken, was du in Wirklichkeit denkst, fühlst und glaubst. Und du wirst beginnen, all dieses in deinen Umgang mit Menschen in deiner Umgebung einzubringen. Diese Erfahrungen, diese Gefühle, Einstellungen und Glaubensinhalte mit den eigenen Handlungsweisen zu verknüpfen ist genau das, was ich Ganzheit oder Integrität nenne.

Während der gesamten Reise werden wir immer wieder zu diesem Thema zurückkehren, nämlich dein inneres mit deinem äußeren Leben in Einklang zu bringen. Jeder der zwölf Schritte hat auf die eine oder andere Art und Weise mit diesem Thema zu tun, denn alle Schritte beinhalten Gewissenserforschung und Ehrlichkeit sich selbst gegenüber. Letztendlich ist das gemeinsame Grundthema der Schritte, dich darin zu bestärken, dass du ein Leben führen kannst, das mit deinen tiefsten Wertvorstellungen in Einklang steht. Die Schritte sind so angelegt, dass sie dir bei der Entdeckungsreise helfen, welche Werte dies sind – also bei der Betrachtung deines inneren Lebens – damit du erkennen kannst, wie du dich vielleicht ganz gegen deine eigenen Wertvorstellungen verhälst und wie du lernen kannst, diese Werte in Zukunft zu achten – in deinem Leben nach außen. Darum geht es bei der Genesung: das Innen mit dem Außen in Einklang zu bringen und dabei Integrität zu bewirken.

Wenn du dich also nach innen wendest, wirst du schon tief schürfen müssen, um die Schritte sinnvoll einsetzen zu können. Wie gesagt: Die Schritte wurden im Jahr 1939 von Männern für männliche Alkoholiker formuliert. Deshalb mag es dir so vorkommen, als ob sie wenig Bedeutung für dich als zeitgenössische Frau haben. Und obwohl vieles in der AA-Literatur inzwischen verbessert und auf den neuesten Stand gebracht wurde, so begegnen dir die Zwölf Schritte selbst doch immer noch in ihrer Originalfassung. Wenn du also die Schritte heute liest, mag es dir zu Recht so vorkommen, als stammten sie aus einer anderen Zeitepoche.

Natürlich haben viele Frauen überhaupt keine Probleme damit, die Schritte so zu akzeptieren, wie sie nun mal formuliert sind, es gibt jedoch auch eine signifikante Anzahl anderer Frauen, die sich an der Sprache stören, die ihnen sexistisch und exklusiv vorkommt. Die Absicht dieses Buches ist also, die Schritte sprachlich umfassender zu gestalten, Frauen einen besseren Zugang zu verschaffen und direkter über die Art und Weise zu sprechen, wie Frauen Abhängigkeiten, Süchte und Genesung, aber auch ihr Alltagsleben erfahren. Dieses Buch kann dabei als Begleiter zu den *Zwölf Schritten und den Zwölf Traditionen* genutzt werden – aber es steht auch für sich selbst.

Viel Mühe wurde schon investiert, um die Schritte aus weiblicher Sicht umzuschreiben, aber allzu oft driften diese umgeschriebenen und neu formulierten Versionen der Schritte zu weit vom ursprünglichen Geist des Programms ab. Nachdem ich bisher über die Einschränkungen und Grenzen des Zwölf Schritte Programms gesprochen habe, muss ich jetzt mit gleicher Gewichtung anerkennen, in wie vielfältiger Weise der Geist des Programms auch die Bedürfnisse, Sorgen und Nöte von Frauen anspricht.

Vielleicht ist es für Frauen besonders wichtig zu erfahren, dass Genesung nicht in Isolation, sondern in Verbundenheit mit anderen stattfindet, die ebenfalls im Genesungsprozess sind. AA ist das Modell für Programme zur gegenseitigen Hilfe. Gerade in dieser Gegenseitigkeit – dem offenen Austausch von Gefühlen, Kämpfen, Hoffnungen und Erfolgen ohne Beschuldigungen und Verurteilungen – können Frauen das wirksamste Hilfsmittel zu ihrer Genesung finden.

Attraktiv für Frauen ist auch das Fehlen hierarchischer Strukturen im Zwölf Schritte Programm, denn viele von uns haben schlechte Erfahrungen mit Missbrauch von traditionellen „von-oben-nach-unten" Machtstrukturen gemacht. Im Zwölf Schritte Programm gibt es keine Experten, keine Prüfer und Aufseher und keine Menschen, die mit finanziellen Mitteln Autorität über die Mitglieder im Programm ausüben. Jedes Mitglied wird einfach nur als jemand gesehen, der über Möglichkeiten verfügt, die Genesung aller anderen Mitglieder zu unterstützen.

Ein weiterer wichtiger Faktor für Frauen, die häufig nicht über finanzielle und andere Hilfsmittel verfügen, ist der einfache Zugang zu den Meetings nach dem Zwölf Schritte Programm. Der Eintritt ist frei, sie sind offen für alle, die Hilfe brauchen, und sie sind, vor allem im städtischen Umfeld, benutzerfreundlich – denn sie finden an leicht zu erreichenden Orten und zu günstigen Zeiten statt.

In vielfacher Weise beruhen die Zwölf Schritte Genesungsprogramme auf einem weiblichen Modell der Unterstützung und der Heilung. Auch wenn die Sprache und die Vorgehensweise nicht immer diesem weiblichen Modell folgen mögen, so bieten uns doch sowohl der Geist der Schritte als auch die gesamte Struktur des Zwölf Schritte Programms eine Möglichkeit, sowohl unsere Befreiung und Genesung von Sucht als auch unser Erstarken als Frau auszuloten.

Anstatt also die Schritte in einer Art und Weise umzuschreiben, die versucht, es allen Frauen Recht zu machen, können wir besser mit der Originalfassung arbeiten – indem wir ganz besonders sorgfältig auf den Geist und die jeweilige Bedeutung achten – und dabei die Sprache so reinterpretieren, dass sie unsere Genesung unterstützt. Ruth, eine genesende Alkoholikerin und Bulimiekranke, drückt das so aus: „Das Programm übertrifft die Ausdrucksweise der Schritte!" Anders gesagt: Verborgen unter der archaischen Sprache der Schritte liegt etwas sehr Mächtiges, Hilfreiches und Heilendes. Wenn wir einmal tief in uns hineinschauen und die ursprünglichen Worte in einer Art und Weise neu verpacken und anders formulieren, die den besten Nutzen für uns bietet, dann findet jede von uns auf seine ureigenste Art auch die individuelle Bedeutung dieser Worte.
Noch einmal – Genesung ist kein einsamer Prozess. Niemand erwartet, dass wir Schriften des Programms nur für uns allein lesen oder alleine darüber nachdenken, um schließlich unabhängig von anderen zu unseren eigenen, persönlichen Interpretationen zu gelangen. Stattdessen werden wir von anderen Menschen in bester Zwölf Schritte Tradition unterstützt: indem wir Erfahrungen, Kraft und Hoffnung austauschen. In den Zwölf Schritte Programmen herrscht ein dauerhafter und tiefer Austausch von persönlichen Informationen. Andere Menschen werden ihre Geschichten mitteilen, und sie werden sich im Gegenzug unsere Geschichten anhören. Und voneinander lernen wir.

In diesem Geist bietet dir dieses Buch die Geschichten vieler Frauen an, die die Reise durch und rund um die Schritte herum erlebt haben, die sich viele Gedanken über die Sprache, die Ausdrucksweise und die Konzepte der Schritte gemacht und schließlich – indem sie sowohl auf die Stimme ihrer eigenen, inneren Weisheit, als auch auf die Stimmen von außen, nämlich der von anderen Frauen hörten, die mit ihnen auf dem Weg der Genesung waren – entdeckt haben, was zu ihnen passt - und was nicht. Dies sind keine bestimmenden Stimmen voller Autorität. Es sind ganz einfach die Stimmen anderer genesender Frauen, solcher wie du, die für sich selbst eine ganz persönliche, weibliche Interpretation der Zwölf Schritte geschaffen haben.

DER SCHRITT
VOR DEN SCHRITTEN

Die Reise durch die Zwölf Schritte beinhaltet oft einen „Schritt davor" – einen Schritt vor den Schritten, wenn du so willst. In diesem Einleitungsschritt geben wir vor uns selbst zu, dass wir Alkoholikerinnen sind [1] (oder dass wir an einer anderen Abhängigkeit leiden). Wenn du jedoch noch nicht so weit bist, dass du vor dir selbst zugibst, dass Sucht und Abhängigkeit dein Problem ist, dann bist du vielleicht wenigstens bereit zuzugeben, dass einige Bereiche deines Lebens chaotisch oder außer Kontrolle sind.

Vielen von uns ist immer deutlicher bewusst geworden, dass sich etwas ändern muss. Wenn dieses Gefühl stärker und stärker wird, entdecken wir irgendwann, dass wir dazu bereit sind, diesen Vor-Schritt zu tun: Wir geben zu, dass wir Hilfe brauchen und bereit sind, Hilfe anzunehmen, wenn sie uns geboten wird, auch wenn wir diese Hilfe nicht aktiv gesucht oder darum gebeten haben. An diesem Punkt beginnt unsere Reise in die Genesung.

Der erste Teil dieser Reise führt uns durch die Zwölf Schritte – aus der Perspektive einer Frau. Wir erforschen zusammen, wie die Schritte uns dabei helfen, Abhängigkeiten und Süchte zu überwinden und wie die Schritte bewirken, dass wir heilen und uns ändern können und wie sie uns damit die Möglichkeit eröffnen, ein neues und anderes Leben zu führen.

Ein weiterer Teil der überraschenden Wahrheit über die Genesung ist die Zunahme unserer Fähigkeit, die Zwölf Schritte einzusetzen und sie auch zur Verbesserung anderer Lebensbereiche in dem Maße zu nutzen, in dem wir auf unserer Reise vorankommen.
Während unserer Fortschritte werden wir vier Lebensbereiche forschend durchschreiten, in denen genesende Frauen die größten Veränderungen erleben: Selbstbild, Beziehungen, Sexualität und Spiritualität.

---

[1] *Zwölf Schritte und Zwölf Traditionen*, Anonyme Alkoholiker Interessengemeinschaft e.V., München 2005, S. 19

ERSTER SCHRITT

Wir gaben zu, dass wir dem Alkohol gegenüber machtlos sind –
und unser Leben nicht mehr meistern konnten.

Wir alle kennen diesen Spruch: Jede Reise beginnt mit dem ersten Schritt. Jede von uns hat schon öfter im Leben einen ersten Schritt getan – zum Beispiel, als wir aus unserem Elternhaus ausgezogen sind, die Schulzeit begonnen haben, eine neue Arbeitsstelle antraten, als wir heirateten oder unsere Familie gründeten. Und jede von uns kennt die vielfältigen Gefühle, die mit diesen ersten Schritten verbunden sind – Zweifel, Unsicherheit, Angst, Erleichterung, Freude, Trauer und vieles andere mehr.

Viele von diesen Gefühlen tauchen wieder auf, wenn du den ersten Schritt auf dem Weg zur Genesung machst. Dies sind also ganz natürliche und auch zu erwartende Gefühle, die immer dann auftreten, wenn wir etwas Neues beginnen. Viele Frauen wie wir haben bereits diesen ersten Schritt zur Genesung hinter sich gebracht, ganz gleich, wie schwierig oder sogar Angst auslösend dieser erschienen sein mag, und jede von uns hat mit der Zeit durch diesen Entschluss und die damit verbundene Anstrengung viel gewonnen.

Die Genesung beginnt mit dem Ersten Schritt, und zwar dann, wenn wir zugeben, dass wir dem Alkohol gegenüber machtlos sind, und dass als Folge davon unser Leben nicht mehr zu meistern ist.*

Nachdem du dir jetzt diesen Ersten Schritt durchgelesen hast, wunderst du dich vielleicht, wie er möglicherweise auf dich anzuwenden sei. Hast du eine Ahnung, wie wenig Macht du über die Art und Weise hast, wie du mit Alkohol oder Drogen umgehst? Bist du imstande wahrzunehmen, wo dein Leben außer Kontrolle geraten

---

* Obwohl im ersten Schritt steht „machtlos gegenüber dem Alkohol", können wir natürlich auch jedem Verhalten gegenüber machtlos sein, das wir nicht beherrschen oder ablegen können. Die Zwölf Schritte der AA sind von Menschen erfolgreich angepasst und durchgeführt worden, die mit vielen unterschiedlichen Arten von Suchtverhalten gekämpft haben. Du kannst also das Wort *Alkohol* ersetzen durch *Drogen, Essen, Sex, Geld, Glücksspiel* oder *Beziehungen* und vieles andere mehr.

und nicht zu meistern ist? Hast du schon einmal erfolglos versucht, dein Suchtverhalten zu bekämpfen und zu kontrollieren?

Einigen Frauen leuchtet dieser Erste Schritt sofort ein. Es ist der simple Vorgang, das zuzugeben, was wir bereits als Wahrheit erkannt haben – wir können unsere Trinkgewohnheiten oder unseren Drogenkonsum nicht kontrollieren. Es ist demnach ganz offensichtlich für uns, dass unser Leben außer Kontrolle geraten ist - und damit nicht mehr zu meistern.

Ich erinnere mich, dass ich ein vages Gefühl des Trostes gespürt habe, als ich diesen Ersten Schritt gelesen habe. Meine Machtlosigkeit dem Alkohol gegenüber zuzugeben gab mir ein Gefühl der Erleichterung und der Rückversicherung. Endlich hatte ich verstanden, warum meine Versuche, meinen Alkoholkonsum zu kontrollieren, nicht gefruchtet hatten. Die Tatsache, dass ich nicht mehr imstande war, mein Trinkverhalten zu kontrollieren, bedeutete nichts anderes, als dass ich vom Alkohol abhängig geworden war! Und nur indem ich zugab, dass ich über mein Trinken überhaupt keine Macht mehr hatte, war ich in der Lage, all die Schwierigkeiten in meinem Leben zu verstehen. Dieses Verständnis für den Ersten Schritt vermittelte mir auch ein Gefühl von Hoffnung.

Für andere Menschen, die gerade ihren Genesungsprozess beginnen, kann die Anerkennung von Machtlosigkeit und Unkontrollierbarkeit viel härter sein. Das Zugeben kann speziell für diejenigen von uns eine besondere Herausforderung darstellen, die es trotz ihrer Abhängigkeit geschafft haben, ihren Verpflichtungen und Verantwortlichkeiten im Leben nachzukommen.

Wieder andere von uns haben das Gefühl, dass der Erste Schritt mehr von uns fordert, als wir zu Anfang erwartet haben. Wir beginnen den Genesungsprozess mit der Absicht, lediglich die Art und Weise unseres Trinkverhaltens oder Drogenkonsums zu verändern. Wir wollen also *mehr* Kontrolle über unser Leben ausüben - und nicht weniger. Ganz gleich, wie die Ausgangssituation ist, es kann sich sehr bedrohlich und unbehaglich anfühlen, wenn wir uns selbst als machtlos und außer Kontrolle erleben.

Wir beobachten häufig, dass Menschen sich wundern und fragen, wie das Zwölf Schritte Programm, und Schritt Eins ganz besonders, eine Veränderung im Leben bewirken soll.

Und doch sagt uns der Erste Schritt, dass es da eine überraschende Lösung gibt: Nur indem wir zu der Einsicht kommen, dass wir unser Trinkverhalten, unseren Drogen- oder Essenskonsum *nicht* kontrollieren *können*, finden wir einen Weg, der zur Veränderung führt. Die Illusion loszulassen, dass wir unser süchtiges Verhalten jemals kontrollieren können, ist der erste Schritt auf der Reise in die Genesung.

DER ENDLOSE KREISLAUF DER SUCHT

Ein Weg, einerseits unsere Illusion aufzugeben, dass wir unser Leben kontrollieren könnten und andererseits zu beginnen, unsere Machtlosigkeit einzusehen, besteht darin, auf den Endloszyklus unserer Sucht und Abhängigkeit zu schauen. Wir benutzen Alkohol oder Drogen (oder Essen oder Beziehungen oder was auch immer), um die Wahrnehmung unserer Gefühle zu verändern – um unseren Schmerz zu betäuben, um unser Selbstbewusstsein zu stärken oder um unsere Probleme zu vergessen. Aber diese Veränderung ist immer nur von kurzer Dauer. Die Realität kehrt schnell zurück, wenn wir am nächsten Morgen aufwachen und immer noch dieselben Gefühle und Probleme haben – verstärkt nur durch einen Kater und vielleicht auch noch durch Schuldgefühle über das, was wir während unserer Saufphase oder unter Drogen angerichtet haben.

In diesen Momenten schwören wir uns, dass das nie wieder vorkommen wird. Aber trotz unserer besten Absichten befinden wir uns bald wieder im Zustand der Trunkenheit oder sind high und fühlen uns gefangen in einem Zyklus von Suchtausübung und Bedauern, Suchtausübung und Bedauern – also dem endlosen Kreislauf, der als Abhängigkeit bezeichnet wird. Wenn wir erst einmal die Kontrolle verloren haben sind wir frustriert, fühlen uns mutlos, hoffnungslos und ekeln uns vor uns selbst. Wir haben einen guten Ausdruck dafür in der AA: Wir sind krank und müde, uns krank und müde zu fühlen (we are sick and tired to feel sick and tired). Erst wenn wir diesen Punkt erreichen, sind wir bereit, die Wahrheit zuzugeben.

Die Wahrheit ist, dass wir - ganz egal, wie verzweifelt wir uns fühlten und wie aufrichtig wir der Meinung waren, dass wir „nie wieder so trinken würden wie dieses Mal" uns doch nicht zwingen konnten, dieses Verhalten aufzugeben. Wir können eine Sucht nicht überwältigen. *Eine Abhängigkeit ist jenseits unserer Macht, sie kontrollieren zu können.*

Nur wenn wir zugeben, dass wir im Umgang mit Alkohol oder Drogen machtlos sind, werden wir uns wieder frei fühlen. Und nur wenn wir einsehen, dass wir nicht zu jedem von uns bestimmten Zeitpunkt aufhören können, haben wir endlich eine Chance, diesen Zyklus zu stoppen.

SIND WIR WIRKLICH MACHTLOS?

Das Wort *machtlos* ist für viele Frauen ein Problem. Vielen von uns hat man beigebracht, dass wir unser Leben von irgendetwas oder irgendjemandem kontrollieren lassen. Unsere Machtlosigkeit gegenüber unserer Sucht zuzugeben kann auch deshalb schwierig für uns sein, weil wir bereits in so vielen anderen Bereichen unseres Lebens Machtlosigkeit spüren. Indem wir Machtlosigkeit zugeben, mag es uns so scheinen, als ob es sich hier um eine weitere der bekannten Untertänigkeitshaltungen handelt. Und dann kommt es uns so vor, als ob man von uns einfach zuviel erwartet.

Aber nur, wenn wir unsere Machtlosigkeit und unseren Mangel an Kontrolle über unsere Sucht zugeben, beginnen wir herauszufinden, worüber wir in unserem Leben in Wahrheit noch Macht haben. Dies ist das erste von vielen scheinbaren Widersprüchen, die wir im Laufe der Genesung erleben.

Für uns Frauen hat Genesung viel mit Ermächtigung zu tun – also unsere wahre innere Kraft zu finden und anzuwenden. Es mag sich zwar widersprüchlich anhören, unsere Macht dort zu entdecken, wo wir gerade unsere Machtlosigkeit zugegeben haben, aber tatsächlich werden wir durch dieses Zugeben macht- und kraftvoller. Wie kann das wahr sein? Ganz einfach: Indem wir unsere Machtlosigkeit gegenüber unserer Abhängigkeit zugeben, geben wir uns selbst die

Freiheit, unsere Aufmerksamkeit auf Gebiete zu richten, in denen wir tatsächlich Kontrolle *haben*. Wenn wir erst einmal den Kampf aufgeben, Dinge kontrollieren zu wollen, die wir eigentlich gar nicht kontrollieren können, dann beginnen wir unsere wahre Machtquelle zu entdecken.

Es ist keineswegs so, dass wir den Ersten Schritt ignorieren und verlassen, wenn wir die Vorstellung der Machtlosigkeit in Frage stellen. Viele Frauen, die den Weg der Zwölf Schritte gegangen sind, übersetzen diesen Schritt in Worte, die ihnen entdecken helfen, wie sehr die Vorstellungen von Machtlosigkeit und Unkontrollierbarkeit tatsächlich ihren eigenen Erfahrungen entsprechen. Wir haben die Freiheit, diesen Schritt in jeglicher Art und Weise zu interpretieren, die uns hilft, die Macht unserer Sucht anzuerkennen.

Die Vorstellung von Machtlosigkeit führte dazu, dass Mandy - die Hilfe suchte, um sowohl mit ihren destruktiven Beziehungen als auch mit ihrer Abhängigkeit von Alkohol und Drogen zurecht zu kommen - sich sogar noch depressiver fühlte als zu den Zeiten, in denen sie ihre Süchte auslebte. Für sie erwies es sich schon als hilfreich, andere Worte zu benutzen, um über diesen Schritt nachzudenken. „Es war nicht gut für mich, mir selbst sagen zu müssen, dass ich machtlos sei", erinnert sie sich. „Es fühlte sich einfach nicht richtig an. Mein Körper antwortete darauf mit einem Abfall von Energie. Anstatt das Wort *machtlos* zu benutzen, setze ich das Wort *Kapitulation* ein – so, als ob man vor einer Wahrheit kapituliert. Ich kapituliere, weil ich weder die Menge noch die Art und Weise kontrollieren kann, in der ich mit Suchtmitteln umgehe." Für Mandy war also das Zugeben ihrer Machtlosigkeit und der Unkontrollierbarkeit ihrer Süchte ein Akt der Kapitulation, der am Anfang ihrer Genesungsreise stand.

Einige von uns wollen vielleicht ihre Gefühle der Machtlosigkeit deshalb nicht hinterfragen, weil wir gelernt haben, dass andere uns attraktiver finden, wenn wir weniger machtvoll auftreten. Als Frauen empfangen wir oft direkte oder indirekte Botschaften, dass wir femininer, akzeptabler oder liebenswerter sind, wenn wir wenig oder keine Macht haben. Es ist also wichtig, dass wir unseren Wunsch nach Anerkennung nicht mit unserer Machtlosigkeit unserer Sucht gegenüber verwechseln. Es ist also speziell für Frauen wichtig, die Macht anzuerkennen, die die Sucht über sie hat, während sie gleichzeitig ihren persönlichen Machtzuwachs durch den Weg der Genesung entdecken.

„Als Frau habe ich ein Bedürfnis danach, meine Kraft anzuerkennen", sagt Mandy. „Ich fühle mich bestärkt, kraftvoll und berechtigt, wenn ich über mich nachdenke und mir dabei die Fragen stelle, ´Was denke ich eigentlich? Was fühle ich? Was sind meine Möglichkeiten?' Bei dieser Vorgehensweise finde ich heraus, was für mich wahr und richtig ist – unabhängig davon, ob es anderen Menschen gefallen wird oder sie glücklich macht. Ich möchte nicht anderen gegenüber unsensibel sein, aber ich muss einfach sensibler auf mich und meine eigenen Bedürfnisse eingehen."

Auch Maria, eine Ärztin in den 60ern, hat über Macht und Machtlosigkeit lange nachgedacht. Maria fiel nach ihrer Scheidung in eine tiefe Alkoholabhängigkeit und kam erst wieder zur Nüchternheit, nachdem sie verschiedene Entzugsbehandlungen durchlaufen hatte. Für sie war es anfangs sehr schwer, Machtlosigkeit zuzugeben, weil sie in einer sehr wettbewerbsorientierten Berufssparte erfolgreich war. Für sie fühlte sich „Machtlosigkeit" zu sehr danach an, einfach aufzugeben und nachzugeben. Nur nach intensiver Innenschau wurde es ihr schließlich möglich, die Machtlosigkeit als eine Art und Weise zu sehen, *wie sie einen weiteren Verlust ihrer Macht verhindern könne.*

„Frauen waren immer machtlos", sagt Maria. „Indem ich also zugebe, dass ich dem Alkohol gegenüber machtlos bin, habe ich in Wirklichkeit einen Weg gefunden, um die Macht, die ich habe, auch zu behalten. Ich gebe zu, dass es da etwas gibt, was ich nicht kontrollieren kann. Und durch meinen vergeblichen Versuch, es zu kontrollieren, werde ich noch mehr Macht verlieren, als ich bereits allein durch die Tatsache verloren habe, dass ich eine Frau bin."

Genau wie Mandy konzentriert sich auch Maria darauf, die Macht, die sie durch ihre Genesung gewonnen hat, weiter auszubauen, anstatt von sich selbst immer nur als eine machtlose Person zu denken. Jetzt, da sie nüchtern ist, drückt sie ihre Gefühle freimütig aus und schafft sich dadurch eine Selbstbestätigung und eine Selbstbejahung, ohne ständig selbstquälerisch darüber nachzudenken, was andere Menschen wohl von ihr halten mögen. Und das, hat sie mittlerweile herausgefunden, gibt ihr ein wirkliches Gefühl von persönlicher Macht. Aber sie ist sich auch darüber im Klaren, dass diese Macht nicht bedeutet, dass sie Kontrolle über ihr Trinkverhalten hätte. Das ist immer noch außerhalb ihrer Kontrolle.

EIN – SICHT

Wenn wir Genesung für jemand anderen als für uns selbst anstreben, dann haben wir manchmal nicht den Eindruck, dass Machtlosigkeit das Problem ist. Stattdessen sieht es wahrscheinlich so aus, als hätte jemand anders das Problem. Viele von uns versuchen abstinent und nüchtern zu werden und dies auch zu bleiben, weil Familienangehörige oder Freunde uns dazu drängen oder weil ein Gericht uns zu einem Entzug verurteilt hat. Wir gehen dann zwar zu Meetings, aber nur, um jemand anderem einen Gefallen zu tun oder zu gehorchen und vielleicht auch nur, um die Spannungen zuhause etwas zu lindern.

„Clean zu werden war nicht etwas, das ich für mich selbst anstrebte", sagt Elena, eine Kokainabhängige, die nur deshalb zu den Meetings von *Narcotics Anonymus* ging, weil ihr Ehemann Hannes damit drohte, sie sonst zu verlassen. „Es schien mir die einzige Art und Weise, meine Ehe zu retten. Wenn ich mit dem Kokain aufhören würde, dann würde auch Hannes bleiben. Das war alles, was mich wirklich interessierte. Ich ging da also hin, weil ich ihn nur so davon abhalten konnte, mich zu verlassen. Dass ich selbst dem Kokain gegenüber machtlos war oder dass wirklich ich das Problem hatte, kam mir nie in den Sinn."

Viele von uns beginnen den Genesungsprozess ohne ein Gewahrsein unserer inneren Bedürfnisse und fern der Einsicht, dass wir machtlos sind. Es kann eine ganze Weile dauern, bis wir selbst wirklich davon überzeugt sind, dass wir süchtig sind, oder bis wir uns gegenüber zugeben, dass unser Trinkverhalten oder unser Drogenkonsum die eigentliche Ursache für unser Unglücklichsein und unsere Konflikte ist.

21

Der erste Schritt der Genesung ist also, dass wir tief in uns hinein-schauen und Ein–Sicht erhalten. Dies ist der Beginn, dass wir ehrli-cher mit uns selber umgehen. Ehrlichkeit ist essentiell wichtig, weil unsere Abhängigkeiten auf dem Boden der *Un*-ehrlichkeit gedeihen: Wir haben uns nämlich daran gewöhnt, uns vor unseren wahren Ge-fühlen und Werten zu verstecken.

Viele von uns beginnen den Genesungsprozess ohne eine klare Vorstellung davon, wie unser Innenleben wirklich aussieht oder was wir tatsächlich für Gefühle haben. Dies traf ganz besonders auch auf mich zu. Ich war immer übermäßig mit meiner äußeren Erscheinung beschäftigt, so sehr, dass ich selten dazu kam, meine wirklichen Ge-fühle wahrzunehmen – also, wer *ich selbst* eigentlich war, was *ich* eigentlich in Wirklichkeit fühlte, wollte und brauchte. Wie viele an-dere Frauen hatte ich mich meinen Gefühlen gegenüber betäubt und gefühllos gemacht. Wie mir erst in meiner Nüchternheit bewusster wurde, hatte mir der Alkohol immer geholfen, meine Ängste und Befürchtungen zu meiden. Er hielt die Tür zu meinem inneren Selbst verschlossen.

Wenn wir Substanzen ge- und missbrauchen, verlieren wir den Kontakt zu uns selbst. Während unser inneres Wertesystem uns na-he legt, uns verantwortungsbewusst, kreativ, liebevoll und offen zu verhalten, sind unsere Leben voller Unehrlichkeit, Starrsinn, Angst und Misstrauen. Dieser Riss zwischen unseren inneren Werten und unserem Leben nach außen verursacht uns große Schmerzen.

So schwierig es auch ist, wir müssen uns selbst gegenüber unsere Machtlosigkeit zugeben und unser Unglück und unsere Unbehag-lichkeit deutlich wahrnehmen. So können wir den Zyklus des Ausle-bens unserer Süchte unterbrechen und die Tür zu unserem inneren Selbst aufstoßen.

SCHICHTEN DES LEUGNENS

Wenn wir leugnen, dass etwas überhaupt existiert, können wir es auch nicht verändern. Wenn wir ein Problem leugnen, wird es wei-terhin ein Problem bleiben. Wenn wir darauf bestehen, dass uns nichts Schmerzen bereitet, dass wir nicht einsam oder angstvoll sind, dann gibt es für uns keine Chance zu lernen, wie wir uns vielleicht besser fühlen könnten. Nur wenn wir uns selbst die Wahrheit und die Wirklichkeit vorhalten – und dabei das Risiko auf uns nehmen, uns so zu sehen, wie wir zur Zeit gerade sind – können wir Veränderungen einleiten.

Wenn wir uns unseren wahren Umgang mit Alkohol oder anderen Drogen bewusst machen, dann erlaubt uns dieser Erkenntnisschritt auch, durch unsere Schichten von Verleugnung hindurch zu brechen. Oft verharren wir in dieser Verleugnungshaltung, weil wir uns scheuen, uns all unsere Gefühle bewusst zu machen oder der schmerzhaften Wahrheit über uns selbst ins Gesicht zu sehen. Unsere Abwehrhaltung beschützt uns auch vor der Furcht, die wir davor haben, die Tatsache zu akzeptieren, dass wir süchtig sind, und vor der daraus folgenden Notwendigkeit, unseren gewohnten Lebenswandel und unsere Art des Umgangs mit der Welt aufzugeben.

Zu unseren eigenen Anstrengungen, die Wahrheit unserer Abhängigkeit zu verleugnen kommt noch hinzu, dass die Menschen um uns herum möglicherweise darauf drängen, dass wir unsere Abhängigkeit nicht zugeben. Manchmal scheint es doch so, als ob uns unsere Kultur, unsere Lebensgemeinschaften und unsere Familien geradezu zu der Vortäuschung auffordern, dass weibliche Alkoholiker und Süchtige gar nicht existieren. Eine Folge davon ist, dass wir häufig das Gefühl haben, nicht ernst genommen zu werden wenn wir versuchen, Hilfe zu bekommen. Die Erfahrung zeigt, dass Menschen oft widerwillig sind, uns Frauen zuzuhören, weil es so unerfreulich ist, ein solches Problem öffentlich zugeben zu müssen. Viele von uns finden, dass unser Umgang mit Alkohol oder anderen Drogen gerne übersehen, ignoriert oder heruntergespielt wird. Diese kulturelle Verleugnung kann sich bis in unsere Familien erstrecken, die sich dem gesellschaftlichen Trend anschließen, lieber in die andere Richtung zu schauen und das Offensichtliche zu leugnen.

Sabine, die jetzt Anfang 20 und seit zwei Jahren nüchtern ist, hatte schon mit dreizehn regelrechte Blackouts durch ihren Alkoholmissbrauch. Ihr Bruder hat sie damals häufig geschützt und ging dabei so weit, durch sein eigenes ausagierendes Verhalten die Aufmerksamkeit der Eltern auf sich zu lenken. Sabines Eltern waren nicht in der

Lage, die offensichtlichen Anzeichen für ihren Alkoholmissbrauch zu erkennen.

Zu Sabines Freude kauften Erwachsene bereitwillig für sie Alkohol, Wirte und Bedienungspersonal fragten nicht nach Alter und Personalausweis und sogar die Polizei ließ sie immer wieder laufen, anstatt sie wegen Trunkenheit am Steuer zu bestrafen - bis hin zu dem Punkt, dass die Polizei sie eines Tages nach Hause fuhr, anstatt sie festzunehmen.

Sabine ist heute der Meinung, dass niemand ihr Problem anerkannte, weil sie jung, weiblich und attraktiv war. „Ich konnte wirklich die Sau rauslassen und immer noch alles gut aussehen lassen, weil niemand glauben wollte, dass ich diese Dinge tat, die wirklich passierten." Ihr Alkoholismus war also für alle anderen sozusagen unsichtbar, und daher war es für Sabine sehr schwer, die Ernsthaftigkeit ihrer Situation korrekt einzuschätzen. Das Leugnen und Verdrängen der Menschen um sie herum hat also Sabines eigenes Verleugnungsverhalten noch verstärkt.

Wenn wir es wagen, öffentlich zuzugeben, dass wir ein Problem mit Alkohol oder anderen Drogen haben, dann werden wir verletzlich durch das Risiko, Kritik und Zurückweisung ertragen zu müssen, und das führt wiederum dazu, dass wir unsere Verleugnungshaltung umso mehr aufrechterhalten. Die unglückliche Wahrheit ist, dass unsere Gesellschaft Frauen mit Suchtproblemen stärker verurteilt als Männer, die in derselben Situation sind. Ein Alkoholiker oder Drogensüchtiger zu sein ist schlimm genug; aber ein weiblicher Alkoholiker oder Junky ist doppelt beschämend. Weibliche Abhängige werden oft stereotyp als unmoralisch, promisk und verwahrlost dargestellt. Wenn wir dabei noch Kinder haben, werden wir häufig durch unser eigenes Urteil und das Urteil der anderen noch tiefer beschämt, wenn unser Alkohol- oder Drogenmissbrauch unsere Fähigkeit einschränkt, uns um unsere Kinder zu kümmern. Es braucht also schon eine ganze Portion Mut, um ehrlich mit uns selbst umzugehen. Die verschiedenen Schichten kulturellen Verleugnens verstärken nur noch unser persönliches Verleugnungssystem, und wir finden es zunehmend schwierig zuzugeben, dass wir ein Problem haben. Wir zögern immer mehr, unsere Abhängigkeit zu benennen oder sogar zuzugeben, dass wir dagegen machtlos sind und die Kontrolle verloren haben. Es könnte so aussehen, als ob wir damit beichten, dass wir etwas Falsches getan haben.

Immer weniger wollen wir die Tür zu unserem inneren Selbst aufstoßen, wenn dieses Selbst Gefahr läuft, sich als schlecht oder hassenswert herauszustellen. Anstatt unsere Abhängigkeitsmuster zuzugeben, ziehen es viele von uns vor, sie lediglich „anzuerkennen" oder sie zu „erkennen".

DER EINZIGE AUSWEG

Kulturelle Botschaften darüber, was es bedeutet, eine Frau zu sein, wirken ebenfalls als Verstärker unserer Verleugnung. Von uns Frauen erwartet man, dass wir uns darauf konzentrieren, andere zu umsorgen - und nicht so sehr uns selbst. Vor allem nicht in der Form, dass wir uns „gut um uns selbst kümmern", das zu einem grösseren Wissen über sich selbst und dem Bewusstwerden eigener innerer Erfahrungen führt. Vielleicht glauben wir ja auch, dass es egoistisch sei, sich mit sich selbst zu beschäftigen. Dazu gehört auch das Gefühl, zu fordernd zu erscheinen, wenn wir unsere eigenen Bedürfnisse anmelden, Grenzen setzen oder gar Nein sagen. Wenn wir die Grenzen der Rolle übertreten, die man von uns erwartet, dann riskieren wir, dass man uns sagt, dass wir nicht genug Zuwendung zeigen und unsere „feminine, weibliche" Rolle nicht ausfüllen. Dieser Druck, der auf uns ausgeübt wird, damit wir selbstlos bleiben, kann unsere Ein-Sicht und das Erkennen eigener Bedürfnisse sehr erschweren. Und dies führt wiederum dazu, dass wir in einer Verleugnungshaltung bleiben.

Wenn es uns in unserer Beziehung nicht gut geht, dann kann es leicht vorkommen, dass wir zu uns selbst sagen: „Ich bin zwar nicht so ganz glücklich, aber er macht eben alles so gut, wie er kann, und er braucht meine Unterstützung, deshalb sollte ich mich eigentlich nicht beklagen." Wenn wir annehmen, dass es selbstsüchtig sei, darüber nachzudenken, was *wir* eigentlich brauchen, oder wenn wir sogar davon überzeugt sind, dass wir eigentlich auch nichts Besseres verdienen, dann lindern wir unseren Schmerz, indem wir Alkohol oder Drogen zu uns nehmen.

Aber damit verleugnen und verdrängen wir nicht nur unsere Gefühle, sondern auch, dass wir darüber längst abhängig geworden sind.

Wenn du jetzt diesen Ersten Schritt durcharbeitest, dann gibst du dir selbst eine Startchance, deine wahren Gefühle an die Oberfläche kommen zu lassen. Überleg dir mal, etwas Neues auszuprobieren. Ignoriere doch einfach mal, jedenfalls für eine kurze Weile, all die Stimmen, die dir sagen, dass du selbstsüchtig und fordernd bist, weil du etwas Besseres für dich selbst möchtest. Versuche einfach mal zu ignorieren, dass andere dich so behandeln könnten, als wärest du unsichtbar, unwichtig oder beschämend. Stell dir stattdessen einfach vor, dass du auf der anderen Seite der Tür stehst, die du durch dein Verleugnen für so lange Zeit verschlossen gehalten hast. Stell dir vor, du bist an einem ruhigen und friedlichen inneren Ort, einem inneren Rückzugsort. Stell dir eine ruhige Stimme vor, die dir sagt, dass du es verdienst, dass man dich ernst nimmt und dich ohne zu beurteilen akzeptiert. Stell´ dir vor, dass du das Recht hast, um Hilfe zu bitten und diese Hilfe auch zu bekommen – und dass Hilfe tatsächlich eintrifft.

An diesem inneren Rückzugsort kannst du beginnen, Vertrauen aufzubauen – oder jetzt, zu Beginn, *erst einmal so zu tun* – als ob du Vertrauen hättest zu deinem inneren Selbst. Bald genug wirst du herausfinden, dass du immer weniger leugnen musst, um dich selbst zu schützen. Und mit der Zeit wirst du feststellen, dass du mit dem, was du in dir findest, gut leben kannst und dein ganzes Leben hoffnungsvoller betrachtest.

IST DAS LEBEN WIRKLICH NICHT ZU MEISTERN?

Der Erste Schritt verlangt, dass wir als erstes Machtlosigkeit besser verstehen müssen. Als Nächstes fordert er uns auf, anzuerkennen, dass unser Leben nicht zu meistern ist. Viele Frauen hören diese

Worte, *nicht zu meistern*, und sagen ganz spontan: „Ja, das ist mein Leben!" – aber andere sind sich dessen nicht so sicher.

Die Entscheidung, ob unser Leben zu meistern, oder nicht zu meistern ist, kann für uns Frauen ganz schön schwierig sein, weil es ja gleichzeitig typisch für uns ist, dass wir jeden Tag dutzende von Aufgaben erledigen und Verantwortung für die Bedürfnisse anderer übernehmen. Oberflächlich erscheint es so, als würden wir alles noch ganz gut auf die Reihe kriegen. Alles scheint soweit seinen Gang zu gehen, solange wir uns nicht selbst die Frage stellen, wie wir uns fühlen und was wir wirklich brauchen.

Solange wir die Illusion aufrecht erhalten, dass wir das Leben meistern können, hält uns dieses Denken davon ab, die Hilfe zu suchen, die wir eigentlich brauchen. Haben wir wirklich ein Problem, solange wir es doch noch schaffen, dass die Kinder rechtzeitig morgens zur Schule kommen, dass immer noch genug Geld auf dem Konto ist, dass wir all unsere Aufgaben erfüllen und selbst auch noch jeden Tag pünktlich bei unserer Arbeitsstelle erscheinen? Wie kann es sein, dass das Leben nicht mehr zu meistern ist, wenn nach außen hin doch alles so geordnet aussieht?

Die äußere Erscheinung von Kontrolle und Ordnung kann eine unterschwellige Angst und einen Mangel an Selbstakzeptanz verschleiern, die uns dazu treiben, dass wir alles daransetzen, die Dinge nach außen hin so perfekt wie möglich aussehen zu lassen. Ja wirklich, vielleicht gelingt es uns ja tatsächlich, so viel Kontrolle aufrecht zu erhalten, wie wir nur können, und auch tatsächlich das Leben unserer Lieben um uns herum bis ins Kleinste zu managen – zu *micro*managen, was dazu führt, dass wir die Gefühle von Leere, Wertlosigkeit, Angst und sogar Panik vermeiden.

Im Genesungsprozess lernen wir dann, weniger Energie zu investieren, um andere Menschen und Situationen zu kontrollieren, und investieren stattdessen mehr Energie darin, uns um uns selbst zu kümmern. Wir beginnen einzusehen, dass es gar nicht unsere Aufgabe ist, alles um uns herum zu managen. Wir *haben tatsächlich* eine wichtige Arbeitsaufgabe: nämlich die Verantwortung für unser eigenes Wohlbefinden zu übernehmen. Wenn wir das tun, haben wir mehr Energie frei, uns selbst kreativ und erfolgreich darzustellen.

Für einige von uns stellt sich jedoch die Frage gar nicht mehr, ob unser Leben nicht mehr zu meistern ist: Wir brauchen gar nicht mehr davon überzeugt zu werden, dass wir längst keine Kontrolle mehr haben. Viele von uns haben nämlich als Konsequenz unseres Alkohol- oder Drogenmissbrauchs bereits Ehepartner, Kinder, Arbeitsstellen und ihren guten Ruf verloren. Wir haben uns in der Öffentlichkeit blamiert, Autos zu Schrott gefahren, sind ins Krankenhaus eingeliefert worden – oder ins Gefängnis. Die Machtlosigkeit, die eine Unkontrollierbarkeit erst herbeiführt, ist vielen von uns sehr vertraut.

Für Ruth zum Beispiel stellte sich die Frage nach der Überschaubarkeit des Lebens nicht mehr. Als Geistliche und mittlerweile genesende Alkoholikerin, Bulimikerin und Nikotinsüchtige kam Ruth zu den AA, als sie 40 Jahre alt war und sich in einem Zustand der Erniedrigung befand. Bei einem Fest, das ihr zu Ehren gegeben worden war, lag sie zum Schluss bewusstlos auf dem Fußboden. Auf dem Weg zur Haustür mussten ihre Gäste über sie hinwegsteigen.

Dies war der Höhepunkt einer langen Serie von zunehmend schrecklicheren öffentlichen Zurschaustellungen ihres Alkoholmissbrauchs.

Ruth gibt ihre Machtlosigkeit und die Unkontrollierbarkeit ihres Lebens definitiv zu. „Nichts kann ein besseres Anzeichen dafür sein, dass ich mein Leben nicht meistern konnte, als das, was auf diesem Fest passierte", sagt sie. „Es war geradezu ein Symbol für Unkontrollierbarkeit. Ich habe mich wirklich machtlos gefühlt – und es war absolut offensichtlich, dass ich keine Kontrolle über mein Verhalten mehr hatte."

Wenn wir diese Unkontrollierbarkeit in direkten Zusammenhang mit einem Mangel an Macht und Kontrolle bringen, dann geht es uns wie Ruth und vielen anderen. Vivian zum Beispiel, die als allein erziehende Mutter mit zwei kleinen Kindern nüchtern wurde, wusste spontan, dass sie am richtigen Ort war, als sie während ihres ersten AA Meetings hörte, wie eine Frau den Ersten Schritt vorlas und sie das Wort „nicht zu meistern" hörte. Sie sagt: „Ich wusste sofort, was dieses ‚nicht zu meistern' bedeutete. Ich wusste nur zu gut, dass ich absolut unfähig war, mit dem Trinken aufzuhören."

Jeder Morgen begann für Vivian mit dem festen Vorsatz, heute nicht zu trinken. Aber nur zu bald begann sie wieder an Alkohol zu denken - und war dann auch schon auf dem Weg zum Schrank.

„Und das war's dann", sagt Vivian, „ich trank dann regelmäßig weiter bis zum Black-out."

Es war Vivian völlig klar, dass sie weder ihr Verhalten noch irgendetwas anderes wirklich meistern konnte. In einem Meeting hörte sie jemanden sagen, „Wenn du so jemanden wie dich anstellen würdest mit der Aufgabe, dein Leben zu meistern, würdest du diese Person weiter bezahlen?" In anderen Worten, machst du einen befriedigenden oder gerade noch passablen Job, dein eigenes Leben zu meistern? Vivian war sofort klar, dass sie sich unverzüglich feuern würde. Sie war durch ihren Alkoholismus so behindert, dass sie weder für sich selbst noch für ihre Kinder sorgen konnte. Sie sah sofort ein, dass ihr Leben wirklich nicht zu meistern war.

NACH AUSSEN HIN GUT AUSSEHEN

Die Unkontrollierbarkeit des Lebens kann noch schwieriger zu akzeptieren sein, wenn unser Leben nach außen hin gut aussieht und speziell, wenn wir uns immer noch mit jemandem vergleichen können, dessen Leben noch chaotischer zu sein scheint.

Kathi zum Beispiel, eine Esssüchtige und Alkoholikerin, konnte mit den Worten Unkontrollierbarkeit und „nicht zu meistern" nichts anfangen – teilweise, weil sie viele von ihren Zielen erreicht hatte, aber auch, weil sie sich in ihrem Bekanntenkreis mit Alkoholikern und Heroinsüchtigen umgeben hatte, die alle noch viel größere Probleme hatten als sie selbst. Verglichen mit dem Leben ihrer Bekannten schien ihr Leben immer noch einigermaßen in Ordnung zu sein.

Und doch hatte sie keine Probleme damit, Machtlosigkeit zuzugeben. Bevor sie schließlich abstinent wurde, kämpfte Kathi sechs Monate lang einen täglichen Kampf mit dem Thema Essen. Jeden Tag war sie auf Fresstour und anschließend in Tränen, jeden Morgen begann sie mit dem festen Vorsatz, es nicht zu tun, und um drei Uhr nachmittags waren dann alle guten Vorsätze wieder vergessen - und sie am Fressen. Sie wusste, dass sie machtlos war – sie konnte einfach nicht aufhören.

„Und doch war es für mich sehr schwer, zuzugeben, mein Leben nicht meistern zu können, weil ich doch in der Welt in vielerlei Hinsicht so erfolgreich war", erinnert sie. „Ich war immer jemand, dem alles gelang, ich war intelligent und so jemand, der wirklich etwas schaffte. Deshalb hatte ich immer das Gefühl, dass ich ganz gut mit allem zurechtkam."

Obwohl der äußere Anschein eine Zeit lang das unterschwellige Chaos verbergen kann, das einige von uns durchleben, so könnte die Zeit kommen, zu der wir merken, dass unser öffentliches Image zusammenzubrechen droht. Sabine hatte dieses „nicht zu meistern" voll akzeptiert, obwohl ihr äußeres Leben noch intakt zu sein schien. Sie hatte all die Dinge, die man so braucht: ein schönes Appartement, einen Job und Freunde. Aber insgeheim wusste sie ganz genau, dass all dies nur durch einen sehr dünnen Faden zusammengehalten wurde und dass ihr emotionelles Leben nicht mehr zu meistern war.

„Ich war absolut suizidal. Ich wusste genau, es war nur eine Frage der Zeit und der richtigen Gelegenheit, bevor mein ganzes Leben auseinander fallen würde", sagte sie. „Als ich zu einem Meeting ging und diesen Ersten Schritt hörte, hat irgendetwas tief in mir spontan verstanden, was das bedeutet. Es ist nicht so, dass ich sofort bereit gewesen wäre, dies zuzugeben, aber ich wusste auf einmal, wie ernst meine Situation war. Dieses „nicht zu meistern" machte sofort Sinn für mich. Ich dachte nur, woher in aller Welt wissen diese Leute das? Und es war so eine Erleichterung!"

EINE NEUE, WEIBLICHE FORM DER MACHT

Weil wir Frauen nicht gerade dazu ermuntert werden, über unsere eigenen Bedürfnisse nachzudenken, und weil wir auch traditionell nicht über direkte Macht und Prestige verfügen, haben viele von uns die Kunst der Manipulation perfektioniert. Wir haben gelernt, das zu kriegen, was wir wollen, anscheinend auch ohne diese Dinge laut einzufordern. Aber weil wir auch gelernt haben, dass wir abgelehnt und sogar verlassen werden könnten, wenn wir direkt um das bitten, was wir wollen, haben einige von uns herausgefunden, dass es sicherer und effektiver ist zu kokettieren, zu flirten, zu gefallen – und die Hilflose zu spielen.

All dies erlaubt uns, Einfluss auszuüben und dabei doch immer noch die sozialen Regeln einzuhalten. Es war einfach manchmal produktiver, mit den Wimpern zu klimpern und uns verführerisch zu verhalten, um das zu bekommen, was wir wollten, statt klar, direkt und unverblümt danach zu fragen. Wenn wir unsere Genesung beginnen, dann beginnen wir auch diese indirekten Methoden der Machtgewinnung anzuschauen und uns die Frage zu stellen, *ob dies wirklich die Art von Macht ist, die wir in Zukunft weiter ausüben wollen.*

Frauen können durchaus eine konstruktivere Art von Macht haben – nämlich die Macht, uns selbst und andere zu ermächtigen. Diese neue, weibliche Form der Macht kommt von innen – von einem tiefen und stillen Gefühl innerer Weisheit, die dann zum Vorschein kommt, wenn wir auf uns selbst hören.

Trotz der historischen Tatsache, dass Frauen meist wenig politische oder soziale Durchsetzungskraft ausgeübt haben, waren sie doch immer mit einem enormen Potential persönlicher und psychologischer Macht ausgestattet, mit dem sie das Wachstum und das Talent anderer unterstützten. Unglückseligerweise wird jedoch diese unterstützende und kooperative Macht häufig als völlig selbstverständlich angesehen und hat deshalb in unserer Kultur kein hohes Ansehen.

Es gibt jedoch einen ganz besonderen Ort, an dem diese Art von Macht eine hohe Wertschätzung erfährt und geachtet wird: in den Genesungsprogrammen der Zwölf Schritte. Die Zwölf Schritte der Genesung beruhen darauf, dass Menschen sich gegenseitig unterstützen. Dies ist also eine andere Form von Macht. Es ist das beste Beispiel für eine weibliche Form von Macht.

Der Wert, den das Zwölf Schritte Programm auf kooperative Macht legt, wird vielleicht nicht auf den ersten Blick deutlich, denn die originale AA-Literatur enthält viele Verweise auf eine wiederum andere Art der Macht – einen Stil, den man als *Macht über* bezeichnet. Bei der „Macht über etwas" geht es um Gewinnen oder Verlieren, um Kontrolle und Dominanz.

Viele Frauen haben keine Beziehung zu dieser Art der Machtausübung. Wenn überhaupt, dann sind wir Frauen diejenigen, die am besten wissen, wie wir uns am empfangenden Ende dieses Prozesses fühlen – indem wir von jemand anderem dominiert werden.

Diese Worte, *Macht über,* hören wir auch häufig in AA-Meetings. Die Menschen dort sprechen von „kompletter Niederlage", von „schrecklicher Schwäche" und einem „einsamem Kampf", um ihren Kampf zwischen Trinker und Getränk zu beschreiben:

> „Der Alkohol ist jetzt zum erpresserischen Gläubiger geworden. Er presst jedes Selbstvertrauen aus uns heraus und bricht jeden Willen, uns seinen Forderungen zu widersetzen" [*]

In anderen Worten, der Alkohol gewinnt und der Alkoholiker verliert.

Anstatt den Begriff Macht immer unter Kampfaspekten zu sehen, identifizieren sich Frauen anscheinend viel mehr mit Vorstellungen von „Macht *mit*" oder „Macht *zu*". Dies ist die kooperative und weibliche Form von Macht. Anders als die Kämpfe, die hinter einem „Macht *über*" stehen, ist die Idee hier, Macht zu teilen, so dass wir mehr davon schaffen können.

Die gesamten Zwölf Schritte hindurch gibt es viele Hinweise auf die Macht, mit anderen Menschen zusammen zu arbeiten um zu heilen und in einer Art und Weise zu gedeihen, wie wir es in Isolation nie fertig brächten. Dies ist ein gutes Beispiel für die „Macht mit" oder „Macht zu" in Aktion - eine geteilte Erfahrung, bei der alle gewinnen.

All diese Vorstellungen und Ideen von Macht können dir helfen herauszufinden, was eigentlich Macht für dich bedeutet. Wo empfindest du – und wo hast du Macht in deinem Leben? Wo kommt

---

[*] *Zwölf Schritte und Zwölf Traditionen,* Anonyme Alkoholiker Interessensgemeinschaft e.V., München 2005, S. 19

diese Macht her? Und wo siehst du die Möglichkeiten, dich mit anderen zu verbinden und eine Erfahrung von Macht zu schaffen, die man teilen kann? Und wo hast du die Macht, eine bessere Wahl für dich selbst zu treffen?

Im Genesungsprozess entwickeln wir die Stärke der Wahlmöglichkeit. Solange wir mit unserer Sucht und Abhängigkeit kämpfen, sind unsere Wahlmöglichkeiten sehr begrenzt. Die Sucht entscheidet, was wir tun, wohin wir gehen und wie wir uns verhalten. Indem wir den Ersten Schritt tun, erobern wir uns die Macht zurück, wieder für uns selbst zu entscheiden. Wir können wählen, ob wir mit dem Versuch weitermachen wollen, etwas zu kontrollieren, das wir gar nicht kontrollieren können, wie zum Beispiel unseren Suchtzyklus, oder dort unsere Kraft einzusetzen, wo wir etwas kontrollieren können, wie bei unserer Beteiligung an unserer eigenen Genesung. Indem wir unsere Kontroll-losigkeit über unsere Abhängigkeit zugeben, ermächtigen wir uns selbst, eine völlig neue Form des Lebens zu erfahren.

Lass Machtlosigkeit deine Partnerin werden und dich zu einer neuen Erfahrung von Macht geleiten. Das Bewusstsein der Unkontrollierbarkeit in deinem Leben ist ein Zeichen dafür, dass du auf dem Weg der Genesung bist. Veränderung ist möglich – *es gibt eine Lösung.*

ZWEITER SCHRITT

Wir kamen zu dem Glauben, dass eine Macht, größer als wir selbst, uns unsere geistige Gesundheit wiedergeben kann.

WORAN KÖNNEN WIR GLAUBEN?
WEM KÖNNEN WIR VERTRAUEN?
Zu Beginn unserer Reise durch die Zwölf Schritte sind sich die meisten von uns schmerzlich bewusst, dass es uns an Vertrauen fehlt. Wir begegnen häufig anderen Menschen, und dem Leben allgemein, mit Misstrauen. Das Leben scheint uns schmerzhaft unfair und unvorhersagbar zu sein. Warum stoßen uns negative Dinge zu? Warum scheint sich einfach nichts zu unserem Vorteil zu entwickeln? Wenn wir in einem süchtigen Verhalten gefangen sind, präsentiert uns das Leben eine Enttäuschung nach der anderen. Es ist kein Wunder, dass wir uns defensiv, voller Angst, wütend oder depressiv fühlen – und vielleicht sogar ein kleines bisschen durchgedreht.

Die meisten von uns beginnen das Genesungsprogramm mit dem Gefühl, sich gut schützen zu müssen. Wenn wir von anderen Menschen verraten wurden oder das Gefühl haben, dass das Leben uns betrogen hat, dann wollen wir uns vor weiteren Verletzungen schützen. Aber dieser Wunsch, uns zu schützen, basiert auf der Illusion von Kontrolle - der gleichen Illusion, die uns erlaubt hat, in unseren Abhängigkeiten zu verharren - und das Resultat ist ein immer tieferer Zustand der Isolation. Das wahre Problem ist, dass *das Leben schwieriger und leerer ist ohne jemanden oder etwas, dem wir vertrauen und an den oder an das wir glauben können.*

Niemand möchte in einer Atmosphäre ständiger Angst und ständigen Misstrauens leben, aber es kann so aussehen, als gäbe es keine andere Möglichkeit. Woher sollst du denn wohl den Mut nehmen, dich ungeschützt darzustellen, wenn du ganz sicher davon ausgehst, dass du wiederum verletzt werden wirst? Wie kannst du beginnen, an eine unterstützende Macht zu glauben, die größer ist als du selbst? Oder an eine Lebenskraft, die einfach nur gut ist?

Was aber, wenn du dem Leben wirklich vertrauen könntest, dass es dir Beistand leistet? Und was, wenn du all deine Sorgen und Nöte einer Höheren Macht anvertrauen könntest? Wäre das Leben nicht anders, wenn du nicht alleine den Kampf auf dich nehmen müsstest?

Diesen Mut und diese Unterstützung sind genau das, was der Zweite Schritt anbietet – Vertrauen und Hoffnung, dass es Hilfe gibt. „Wir kamen zu dem Glauben" bedeutet, dass wir unsere Illusion von Kontrolle beiseite stellen. Wenn wir das tun, dann öffnen wir einen Raum in unserem Leben, der es einer uns führenden Gegenwart, die mächtiger ist als wir selbst, erlaubt, bei uns einzutreten. Wenn wir beginnen, an eine „Macht, größer als wir selbst" zu glauben, dann realisieren wir, dass wir nicht alleine sind. Wir müssen nicht alles selbst tun. Wir können mit dem Versuch aufhören, das Leben zu kontrollieren. Wenn wir beginnen zu vertrauen, fühlen wir uns leichter und entspannter.

ETWAS FINDEN, AN DAS ICH GLAUBEN KANN

Dieses „zum Glauben kommen" passiert nicht auf einmal. Es kann eine lange Zeit dauern, bis wir allmählich entdecken, was eigentlich unsere persönlichen Werte und Glaubensinhalte sind. Dieses Gewahr werden, was wir eigentlich *über etwas* glauben, kann ein guter Start für die Reise durch die Zwölf Schritte sein, denn als Frauen lernen wir ja, unser inneres Wissen aufzugeben, um den Erwartungen anderer zu entsprechen und dadurch Akzeptanz zu finden.

Nur zu oft opfern wir einige unserer wichtigsten Überzeugungen zu Gunsten unserer Beziehungen; so geben einige von uns ihre religiösen Traditionen auf, wenn wir heiraten. Aber es kann sein, dass wir unsere Glaubensinhalte, Überzeugungen und Werte auch auf andere Art aufgeben: so zum Beispiel, indem wir nicht so handeln, wie es nach unserer inneren Weisheit richtig wäre.

Nathalie, eine genesende Alkoholikerin, befand sich in genau dieser Situation. „Der Mann, den ich schon einige Zeit kannte, machte mir einen Heiratsantrag", sagt Nathalie, „und ich habe mir immer so sehr eine feste Partnerschaft gewünscht. Aber er möchte, dass ich zu seinem Glauben konvertiere und ein Jahr mit seinem religiösen Lehrer verbringe. Ich habe Angst, dass er mich verlässt, wenn ich Nein dazu sage. Aber irgendetwas sagt mir, dass dies nicht mein spiritueller Weg ist, und ich beginne mich zunehmend unbehaglich zu fühlen, so als ob er Druck auf mich ausübt."

In einer anderen Situation haben wir eine Frau, die ihren Einsatz für liberale und soziale Überzeugungen aufgab, als sie sich mehr und mehr mit politisch konservativen Freunden einließ. Es war schon rätselhaft: Wurde sie dadurch selbst konservativer? Oder war sie nicht in der Lage, ihre liberalen Überzeugungen mit ihrem Wunsch nach diesen neuen Beziehungen in Einklang zu bringen? Woran glaubt sie wirklich?

Wie diese beiden Frauen können wir leicht das Gefühl dafür verlieren, was wir in Bezug auf viele Dinge wirklich empfinden, wenn wir dabei Angst haben, verlassen zu werden. Wir driften weiter und weiter von unseren wirklichen Überzeugungen weg, wenn wir versuchen, anderen Menschen zu gefallen oder vermeiden wollen, von diesen abgewiesen zu werden. Im Genesungsprozess lernen wir, auf unsere eigene innere Weisheit zu hören und uns das wieder bewusst zu machen, was wir eigentlich wissen - nämlich was richtig und wahr für uns selbst ist.

MANCHMAL SCHNELL, MANCHMAL LANGSAM

Diese „Macht, die größer ist als wir selbst" ist immer für uns da.
Wir kommen zum Glauben an diese Höhere Macht und schaffen eine Verbindung zu ihr, wenn für uns die rechte Zeit gekommen ist, und wir kommen zum Glauben auf unsere eigene Art und Weise — also manchmal schnell, manchmal langsam.

Lass erst einmal außer Acht, was jemand in deiner Familie oder aus deinem Liebesleben oder in deiner Gemeinde vielleicht darüber denken mag. Was für ein Gefühl hast du denn selber, wenn du dir eine Macht vorstellst, die größer ist als du selbst? Fühlst du dich durch diese Vorstellung getröstet? Oder macht sie dir Angst? Fühlst du dich vielleicht bedroht? Wütend? Macht sie Sinn für dich, oder hört sie sich ein wenig altertümlich an, vielleicht zu sehr wie Religionsunterricht? Und - was ist dein aktueller, persönlicher Glaube?

Du bist nicht allein, wenn du in Bezug auf die Vorstellung von einer universalen Macht oder eines dich führenden Geistes ein Gefühl der Skepsis bei dir feststellst. Als ich meine Genesung begann, habe ich dasselbe gefühlt. Warum ist die Welt so gewalttätig und erschreckend, wenn es darin irgendeine lenkende Intelligenz gäbe? Es machte einfach keinen Sinn. Ich glaubte nicht, dass es einen Gott gibt: Es gab keine Macht, größer als ich selbst. Gott musste von jemandem erfunden worden sein, der wirklich völlig anders ist als ich, und diese „Erfindung" passte einfach nicht in mein Leben.

Wie andere im Genesungsprozess kam auch ich irgendwann zum Glauben an meine eigene Höhere Macht. Ich sah, wie diese Macht im Leben anderer Menschen wirkte, bevor ich selbst begann, daran zu glauben. Ich sah dies am deutlichsten an meiner Sponsorin, einer Frau mit einer inneren heiteren Gelassenheit, die ich bewunderte. Als sie mir schließlich erzählte, dass diese heitere Gelassenheit eine Konsequenz ihres Glaubens an eine Höhere Macht war, da wusste ich auf einmal, dass auch ich den Wunsch hatte, meine eigene Höhere Macht zu finden.

Mein Glaube wuchs auch aus der Erfahrung wunderbarer Veränderungen in meinem Leben. Ohne dass ich es bewusst anstrebte, verbesserten sich meine Beziehungen, meine ganze Einstellung veränderte sich zum Positiven und mein früheres „Pech" begann sich zu wandeln.

Wie gingen diese Veränderungen vor sich? Mit der Zeit fand ich heraus, dass ich an *eine Lebenskraft* glaubte, *mit der zu kooperieren ich lernen könne*. Und diese Lebenskraft hat letztendlich all diese gesunden Veränderungen bewirkt.

Wenn wir ein Zeichen brauchen, dass eine verändernde Kraft tatsächlich existiert, dann brauchen wir nur den Geschichten zuzuhören, die andere Frauen in den Zwölf Schritte Meetings erzählen. In ihren Geschichten können wir hören, wie sie die Kraft und die Ressourcen entdeckt haben, um das zu überleben, was sie durchgemacht hatten, und auch, um ein neues Leben zu beginnen. Wir können daraus lernen, dass auch ihr Leben, so wie unseres, aus den Fugen geraten oder durch ihre Abhängigkeiten fast zerstört worden war – und doch haben sie im Genesungsprozess *eine Gnade gefunden, die sie durch alles hindurch leitet.*

Und wie machen wir das, dass auch wir dieser Gnade teilhaftig werden? Einfach, indem wir zum Glauben kommen. Nehmen wir einmal an, dass wir zum Glauben kommen, egal ob schneller oder langsamer. Was - oder an wen glauben wir dann? Worauf gründen wir unser Vertrauen? Und was genau ist mit der „Macht, die größer ist als wir selbst" gemeint?

EINE PERSÖNLICHE GOTTESVORSTELLUNG ENTWICKELN

„Eine Macht, größer als wir selbst" mag eine vertraute Vorstellung sein, weil viele von uns daran gewöhnt sind zu denken, dass diese Macht außerhalb von uns existiert. Wir sehen uns in der externen Welt um, und häufig unter Männern, wenn wir Schutz und Sicherheit suchen. Auch wenn wir dabei nicht auf einen ganz speziellen Mann fixiert sind, so finden wir uns doch häufig von Institutionen geführt, die die Welt auf männliche Art sehen und erfahren.

Dieses Vertrauen in eine externe und maskuline Führung wird wahrscheinlich bei all denen von uns besonders stark sein, die nach den Lehren der traditionellen judäo-christlichen Religion erzogen worden sind. Wenn wir jetzt beginnen, unsere Vorstellungen von einer Macht, größer als wir selbst, einer Revision zu unterziehen, dann können wir uns fragen: Wenn ich diese Macht als maskulinen, väterlichen, belohnungs- und bestrafungsorientierten Gott interpretiere – wie beeinflusst diese Sichtweise dann meine Auffassung von meiner persönlichen Macht? Wie kann ich mich, als Frau, mit diesem Image in eine Beziehung bringen?

Dieser traditionelle judäo-christliche Gott ist nur eine Vorstellung von dieser Macht, größer als wir selbst. Es gibt noch viele andere. Einige Frauen fühlen sich wohler, wenn sie mehr frauliche, neutrale oder persönliche Vorstellungen benutzen. Diese Handlungsweise – unsere eigene Vorstellung von einem führenden Geist zu entwickeln

– ist genau das, was die Gründer der AA beabsichtigten. Auch im Blauen Buch der AA finden wir immer wieder eine Ermunterung, unsere eigene individuelle Interpretation dieser Macht zu finden.

Das Blaue Buch legt nahe, dass wir unsere eigene Gottesvorstellung wählen[1] und damit die spirituelle Basis des Programms auch für Menschen zugänglich machen, die vielleicht Angst haben, dass die AA in Wirklichkeit eine Kirchen- oder eine religiöse Gruppe sind. Und das sind sie definitiv nicht.

Das Blaue Buch bietet viele alternative Konzepte von dieser höheren Macht an – die große Realität, die kreative Intelligenz, der Geist des Universums [2] – aber es reflektiert auch häufig eine traditionelle Sicht der Spiritualität. Wir finden viele Bezüge auf Gott als „Er" – eine allwissende höhere Macht. Wir lesen auch, dass „Er" der „Vater" ist, und wir „seine Kinder".

Männliche Sprache und Vorstellungswelten können für einige Frauen verwirrend und sogar entfremdend sein, deren Erfahrungen mit Gott, Kirche, Religion, Christenheit oder Vater nicht unterstützend oder aufbauend waren. Aus diesem Grunde weisen einige Frauen diese Vorstellung von Gott komplett zurück.

In einer traditionellen Interpretation der Schritte kann diese Zurückweisung als eine gefährliche Rebellion aufgefasst werden, die letztendlich Auslöser für Alkoholismus und Drogenkonsum ist. Die AA-Literatur warnt vor der „wütenden Aggressivität" eines Alkoholikers, der nicht an Gott glaubt: „Seine Geisteshaltung kann nur als rebellisch bezeichnet werden." [3]

Aber für einige von uns mag es sehr wichtig sein, die Gottesvorstellung abzulehnen, die wir in der Vergangenheit hatten. Dies kann besonders dann ein lebensbejahender Akt sein, wenn unsere bisherige Gottesvorstellung strafend und unterdrückend war.

Indem wir dem treu bleiben, was wir für uns als richtig erkannt haben, kann es unserer Genesung nur nützen, wenn wir unsere alte Vorstellung von Gott komplett vergessen.

---

[1] *Anonyme Alkoholiker*, Anonyme Interessensgemeinschaft e.V., München 2002, S. 54
[2] *Anonyme Alkoholiker*, AAO, S. 54
[3] *Zwölf Schritte und Zwölf Traditionen*, AAO, S. 23

Sina zum Beispiel fand heraus, dass sie Gott immer mit ihrem eigenen Vater in Verbindung gebracht hat, der sie als Kind wiederholt verprügelt hatte. Aber sie hatte wegen des Drucks aus ihrer Gemeinde immer Angst, die traditionelle Vorstellung von Gott aufzugeben. „Gott ist das, was uns unsere Bürgerrechte brachte", sagt sie. „Wo ich herkomme, da wagst du gar nicht zuzugeben, dass du nicht an Gott glaubst. Das wäre das Niedrigste und Unerhörteste, was du dir überhaupt vorstellen kann." Sina entschied sich dafür, ihre traditionelle Vorstellung nicht komplett aufzugeben, aber sie entwickelte ein neues Verständnis und eine neue Vorstellung von ihrem Gott, die sich für sie positiv auswirkten – nämlich die Vorstellung von einer liebenden und Sicherheit spendenden Gegenwart.

MÄNNLICH, WEIBLICH, WEDER NOCH ODER BEIDES?

Der Vorschlag im Blauen Buch, dass wir uns unsere eigene Gottesvorstellung schaffen, ehrt unsere eigene persönliche Erfahrung. Wir können also noch über die Gottesvorstellungen hinausgehen, die wir für gewöhnlich in Zwölf Schritte Meetings hören und stattdessen für uns heilende und zutreffende Vorstellungen schaffen, wobei wir den Gott unserer Väter hinter uns lassen, wenn das für uns hilfreich ist. An der traditionellen männlichen Gottesvorstellung ist nichts falsches, *solange sie für uns unterstützend ist.*

Lene, eine Crack-Süchtige, die erst clean wurde, als sie im Gefängnis gezwungen wurde, einen Entzug zu machen, hat eine sehr positive Vorstellung von einem maskulinen Gott. Nach vielen Jahren als Muslimin konvertierte Lene im Gefängnis zum Christentum. Ihr Glaube ist mit ihrem Genesungsprogramm eng verbunden. „Die Zwölf Schritte helfen mir, ein christliches Leben zu führen", sagt sie. „Sie zeigen mir, wie ich Gott das tun lasse, was Er in mir bewirken muss."

Lene erlebt Jesus als den ersten Mann, der sie je bedingungslos geliebt hat. „Ich wollte eine Beziehung zu einer Höheren Macht, die ich als einen Mann wahrnahm, der gesund und liebevoll war", erinnert sie sich. „Und ich brauchte selbst überhaupt nichts zu tun, um zu bewirken, dass er mich liebte – ich brauchte nicht seine Hemden zu bügeln, ihm kein Frühstück zu bereiten oder ihn die Nacht mit mir verbringen zu lassen. Ich ging in diese Beziehung hinein mit dem Wissen, dass Er mich zuerst geliebt hat."

Wenn eine männliche Höhere Macht dir nicht dieselbe Glaubensqualität bringt, dann erlaube dir doch, dir eine weibliche oder eine neutrale Gottesvorstellung zu schaffen, wenn das für dich von größerer Bedeutung ist. Welche Gottesvorstellung ist die richtige für dich? Du kannst mit einer Vorstellung beginnen und sie später verändern, je nach deinen Bedürfnissen.

Einige Frauen beten lieber zu einer Mutter-Gottheit, zu göttlichen Eltern (Mutter/Vater-Gott), oder zu weiblichen Gottheiten. Andere visualisieren weibliche Vorstellungen, die für sie Spiritualität repräsentieren und manchmal sogar Tiere oder Elemente der Natur enthalten können (Wind, Wasser, Blumen, Erde). Und wieder andere fühlen sich am wohlsten, wenn sie sich die Höhere Macht als Mutter Natur vorstellen, als ein inneres Licht, eine Lebenskraft oder andere Bilder, die eine spezielle Qualität unseres Wertes als Frau repräsentieren. Wenn du über die Natur deiner Höheren Macht nachdenkst, willst du vielleicht auch die Frage aufwerfen, ob sie überhaupt eine höhere sei. Wo existiert diese Macht für dich? Außen oder innen? Weder noch – oder in beidem? Vielleicht glaubst du ja an eine Macht in dir, die größer ist als dein „Ego", dein Selbst. Dieses Selbst, dass deine äußere Identität repräsentiert, aber in Wirklichkeit nur einen Teil von dir darstellt. Dein tiefes, inneres Selbst ist das, was größer ist als die Person, die du an der Oberfläche zu sein scheinst.

Marianne, deren Alkoholismus so weit fortgeschritten war, dass sie schon Halluzinationen hatte, bevor sie endlich Hilfe suchte, verlässt sich auf eine „innere Führung und ein inneres Wissen". Als man sie zu ihrem ersten Zwölf Schritte Meeting brachte, da warnte eine Freundin sie vorher noch vor „Fundamentalismus" und meinte damit das traditionelle Sprechen von Gott, das Marianne dort sicherlich hören würde. Aber Marianne ließ sich nicht abschrecken. Sie war vollkommen und aufs Äußerste dazu bereit, Nüchternheit zu finden.

Als sie zum ersten Mal diesem Zweiten Schritt hörte, da suchte sie sofort die Höhere Macht in sich selbst. Sie wusste, wie wichtig es zwar ist, das Ego loszulassen, das unser Äußeres repräsentiert, aber auch, dieses „größere Selbst" in sich zu suchen.

„Ein Selbstgefühl zu entwickeln ist ausschlaggebend für mein Wohlbefinden", sagt sie. „Es gibt eine Macht in mir, die größer ist als dieses kleine Selbst, an das ich gewöhnt war; sie ist größer als die mir antrainierte Art und Weise, zu denken, wer ich bin. Dies ist mein wahres Seelen-Selbst. Und in Kooperation mit diesem Seelen-Selbst übergebe ich mich dem Teil von mir, der Weisheit und Wahrheit ist. Es bringt mich zurück zu Harmonie und Gleichgewicht mit mir selbst – und das ist es, was Spiritualität für mich bedeutet."

DIE MACHT DER GRUPPE

Noch eine andere Variante, an einen heilenden Geist zu glauben, ist, ihn sich als Macht der Gruppe vorzustellen. Auch diese Vorstellung hat ihren Ursprung in der originalen AA-Literatur: „Wenn du willst, kannst du die Gemeinschaft der AA als deine Höhere Macht betrachten. Das sind viele Menschen, die ihr Alkoholproblem gelöst haben. In dieser Hinsicht sind sie wirklich eine Macht, größer als du ... Du kannst ihnen unbedingt vertrauen." *

Wenn du um dich schaust und andere Menschen siehst, die alle bereits haben, was du dir wünschst, nämlich Nüchternheit, Hoffnung und heitere Gelassenheit, dann kannst du ganz sicher sein, dass dort in der Gruppe ein Geist am Werk ist, der Genesung möglich macht. Du kannst dich also auf etwas oder jemanden verlassen, der größer ist als du selbst und deine Abhängigkeit.

Für Ruth, die jetzt in der Genesung von Alkoholismus, Bulimie und Nikotinabhängigkeit ist, stammt die Erfahrung einer Höheren Macht aus ihrem Gefühl, als Teil einer Gruppe mit anderen Menschen verbunden zu sein. In ihrer Genesung merkte sie, dass die

---

* *Zwölf Schritte und zwölf Traditionen*, AAO, S. 25

Schritte immer viel Wert auf das Wort *Wir* legen, wie z.B. in „Wir gaben zu, dass wir machtlos waren...".

„Gott ist kein abstrakter Gott oder einer, der so hoch ist, dass ich ihn alleine finde", erklärt Ruth. „Um Gott zu erfahren, brauche ich andere Menschen in meinem Leben. Für mich ist Gott in allen von uns enthalten und wird auch von uns allen hervorgebracht." Ihre Höhere Macht ist die Energie, der Geist, der in ihren Beziehungen mit anderen Menschen aktiv ist. Er ist nicht etwas, das von oben heruntergereicht wird.

„Es ist wirklich *unsere* gemeinsame Macht – sie gehört nicht mir oder dir oder jenen, sondern sie ist *unsere*.", sagt sie. „Es ist nur deshalb eine Macht, weil sie geteilt wird. Und wenn sie nicht geteilt würde, dann wäre sie auch nicht vorhanden. Sie ist in unserer Mitte, ruft uns ins Leben und macht uns zu dem, was wir im besten Falle sein können."

Vielleicht kommen wir auch zu einem Glauben an eine Macht, die etwas Größeres als unser separates Selbst ist - nämlich etwas, an dem wir *teilhaben* können. Wir können diese Macht erfahren, wenn wir mit anderen eine Beziehung eingehen. Frauen finden häufig Erfüllung durch diese Art der Verbindung. In ganz fundamentaler Weise entwickeln Frauen häufig ihr Selbstgefühl in Beziehung zu anderen, sie pflegen ihre Beziehungen und suchen eine enge Bindung mit anderen.

In unserer Kultur wird diese Art von Bindung, die Frauen suchen, oft missverstanden. Da unsere Gesellschaft Eigenständigkeit und Wettbewerb sehr hoch bewertet, wird vertrauensvolle Abhängigkeit häufig misstrauisch betrachtet. Dabei wird wenig zwischen destruktiver Abhängigkeit – wie z.B. Abhängigkeit von Alkohol, Drogen oder in Missbrauchsbeziehungen – und gesunden und kreativen Formen der Abhängigkeit unterschieden.

Alle menschlichen Wesen hängen mehr oder weniger voneinander ab, aber es ist die Art und Weise, wie wir unsere Bedürfnisse nach Abhängigkeit ausleben, die den Unterschied ausmacht. Als Frauen haben wir einen natürlichen und positiven Impuls zur *Inter*-dependenz, also dazu, auf kooperative Art und Weise und in einem Verhältnis der Gegenseitigkeit mit anderen Menschen und mit unserer Umwelt umzugehen. Und wenn uns unser Alltagsleben nicht in diesem Gefühl der gegenseitigen Abhängigkeit unterstützt, dann ganz bestimmt unsere Genesung.

Genesung ist ein Gemeinschaftsprozess, der auf derselben gegenseitigen Verbindung und Unterstützung beruht, die Frauen so gut kennen. Jahrhunderte lang haben wir uns gegenseitig unterstützt, indem wir uns in Gruppen getroffen und dabei Informationen und Hilfsmittel ausgetauscht haben. Wir haben uns versammelt, um gemeinsam unsere Kleidung zu waschen, um Bettdecken zu weben, bei einem Kaffee Geschichten auszutauschen, unsere Kinder zu erziehen, Karten zu spielen, unser Bewusstsein zu erweitern und auch, um berufliche und geschäftliche Kontakte zu pflegen. Aufgrund dieser Tradition fühlen wir uns häufig in Genesungsmeetings in einer vertrauten Umgebung.

In den Zwölf Schritte Programmen verlassen wir unsere Isolation und treffen uns, um uns gegenseitig zu unterstützen. Für viele von uns mag dies eine Erfahrung wirklicher Gnade sein. Wenn wir ein Zeichen einer Höheren Macht brauchen, so finden wir dieses in der Unterstützung, die wir durch die Gruppe erfahren.

ZU GEISTIGER GESUNDHEIT KOMMEN

Der Zweite Schritt sagt uns, dass unsere Höhere Macht oder der Geist, der uns leitet, „uns unsere geistige Gesundheit wiedergeben" wird. Was bedeutet das? Unterstellt das, dass wir in gewisser Weise geistig nicht gesund sind? Für viele von uns ist das so. Unser Leben scheint in einem un-gesunden Zustand zu sein. Wir wiederholen selbstdestruktive Muster, indem wir Alkohol trinken oder Drogen nehmen. Auf der anderen Seite wünschen wir uns sehr, dass unser Leben in einen Zustand der Gesundheit zurückgeführt wird. Und einige von uns fürchten auch um ihre *persönliche* geistige Gesundheit. Vielleicht haben wir Angst, dass wir tatsächlich verrückt sein könnten: Was sonst könnte unser Verhalten erklären?

Obwohl wir verschiedene Interpretationen der geistigen Ungesundheit haben können, bieten die AA eine Definition, die für viele

Menschen stimmt: *Verrückt ist, wenn wir immer wieder das Gleiche tun, dabei aber unterschiedliche Ergebnisse erwarten.*

Wie kann man uns helfen, unsere geistige Gesundheit wieder zu erlangen? Wenn wir den Zweiten Schritt aufmerksam lesen, könnten wir den Eindruck haben, dass geistige Gesundheit von einer äußeren Quelle her kommt. Die Ausdrucksweise dieses Schrittes scheint nahe zu legen, dass wir passiv auf unsere geistige Gesundheit warten. Aber in Wirklichkeit sind wir es selbst, die unsere geistige Gesundheit schaffen, indem wir die Entscheidung treffen, eine genesende Frau und einer Höheren Macht gegenüber offen zu sein.

DIE SICHERHEIT DER „GEISTIGEN KRANKHEIT"

Für einige von uns ist es sicherer anzunehmen, dass mit uns selbst etwas nicht stimmt, als uns der Wirklichkeit unseres Lebens zu stellen. Dies gilt ganz speziell für Frauen, die Opfer physischen, emotionellen und sexuellen Missbrauchs waren, als Kinder oder als Erwachsene. Es kann leichter sein zu denken, dass wir die Verrückten, Durchgedrehten sind, als anzuerkennen, wie hoffnungslos wir uns in einer Missbrauchssituation fühlen.

Einige von uns sagen sich selbst, dass wir vielleicht zu sensibel, zu dramatisch oder zu anspruchsvoll sind. Wir könnten versuchen, uns davon zu überzeugen, dass die Dinge doch gar nicht so schlecht stehen oder gar nicht so sehr außer Kontrolle geraten sind. Die Wirklichkeit des Missbrauchs zuzulassen und die ganze Dysfunktionalität, die uns umgibt, kann erschreckend sein.

Eva ist eine Frau, die aus einem „verrückt-machenden-Lebensumfeld" kommt, in dem sie nicht für sich selbst sprechen oder ihre Gefühle ausdrücken konnte ohne das Risiko einzugehen, entweder beschämt oder bestraft zu werden. Sie wuchs in einer Familie auf, die ihre Abhängigkeiten und Missbrauchsgewohnheiten hinter einer respektablen Mittelklassefassade verbarg. Keiner in der Familie sollte wahrnehmen dürfen, dass etwas nicht stimmte.

Eva konnte also keine andere Meinung über die Wahrnehmung und Auffassung der Realität, wie ihre Familie sie pflegte, entwickeln, ohne physischen oder emotionellen Missbrauch zu provozieren. Also begann sie ihre eigenen Gefühle und Wahrnehmungen, die ein Überleben für sie zu schwer machten, zu verleugnen und anzuzweifeln. Schon mit vierzehn Jahren betäubte sie sich deshalb mit Alkohol, Speed, Zigaretten, Sex und Marihuana.

„Ich konnte meiner eigenen Intuition nicht trauen", sagt sie. „Wenn ich in ein Zimmer kam, dort die Feindschaft spürte und gleichzeitig, dass jeder dort vorgab, dass wir alle die besten Freunde seien, dann fühlte ich mich einfach etwas ver-rückt. Ich habe mich daran gewöhnt zu akzeptieren, dass es dort tatsächlich keine Feindschaft gab und dass ich mir dieses Gefühl nur ausdachte. Als nächstes stellte ich mir natürlich die Frage, was mit mir selbst nicht stimmte. Hatte ich mir diese Feindseligkeit etwa nur ausgedacht?"

Eva hat mit der Zeit gelernt, dass das Gefühl, dass etwas nicht stimmt, kein Zeichen dafür ist, dass etwas mit *ihr* nicht stimmt. Manchmal kann sie sich immer noch nicht sicher fühlen, wenn sie ihre Gefühle laut mitteilt, aber sie kann wenigstens sich selbst gegenüber die Wahrheit zulassen. „Ich muss nicht glauben, dass ich geistig krank bin, nur weil ich Dinge sehe und wahrnehme, die andere Menschen vielleicht nicht sehen wollen", sagt sie.

Auch wenn unsere Familien nicht offensichtlich Missbrauch treiben, so können sie uns doch an unserer geistigen Gesundheit zweifeln lassen. Julia hatte z.B. wenig Unterstützung durch ihre zwar zynische, aber gleichzeitig einnehmende Familie. Julias Mutter starb, als sie neun Jahre alt war. Julia konnte den Tod ihrer Mutter nicht offen betrauern, weil niemandem in ihrer Familie erlaubt war, Trauer zu spüren. Sie fühlte sich so isoliert, dass ihre Selbstachtung allmählich immer mehr abnahm, bis sie schließlich depressiv und suizidal war.

Als sie ihren Genesungsprozess begann war Julia voller Selbsthass und der Meinung, das Leben sei bedeutungslos. „Das war meine Version geistiger Krankheit", sagt sie. „Ich denke, dass es diese Art geistiger Krankheit ist, die die meisten Frauen befällt. Und es ist eine völlige Verzerrung der Wirklichkeit. Ich glaube gar nicht, dass ich jemals wirklich geistig krank war, mein Selbstbild war nur völlig verzerrt."

Geistige Gesundheit bedeutet für Julia, sich selbst zu lieben, sich selbst anzunehmen und für sich selbst sorgen zu können. Nach einigen Jahren der Nüchternheit hat sie jetzt gemerkt, wie sehr sich ihre Auffassung der Realität von der ihrer Familie unterschied. Julia hatte immer das Gefühl, dass etwas mit ihr nicht stimmte, weil sie alles zu ernst nahm, während für ihre Familie das Leben ein einziger Spaß zu sein schien. Als sie endlich verstanden hatte, dass ihre Sicht der Dinge auf eigener *Stärke* beruhte, begann auch ihr Selbstrespekt zu wachsen. „Man kann uns tatsächlich so weit bringen, dass wir von uns selbst meinen, dass wir verrückt sind, aber wir können auch zu der Einsicht kommen, dass wir weder jetzt noch jemals in der Vergangenheit wirklich geistig krank waren", sagt sie heute.

TATSÄCHLICHE GEISTESKRANKHEIT

Wie bei Eva und Julia kannst auch du geistige Krankheit als ein Abgeschnittensein von deiner eigenen Wirklichkeit verstehen. Vielleicht bist du aber auch mehr mit der traditionellen Definition von Geisteskrankheit beschäftigt, speziell, wenn in der Geschichte deiner Familie Geisteskrankheiten aufgetreten sind.

Manchmal ist es schwer zu sagen, ob eine Frau geistig krank ist oder nicht, speziell wenn Alkohol- oder Drogensucht dabei eine Rolle spielen. Weil unsere Gesellschaft geistige Gesundheit für Männer und Frauen unterschiedlich definiert, werden häufiger gewisse Verhaltensweisen und psychische Zustände von Frauen als „abnormal" angesehen. Es ist wirklich erschreckend, dass historisch gesehen die meisten Patienten in Landeskrankenhäusern und psychiatrischen Stationen Frauen waren. Es ist unmöglich zu sagen, ob all diese Frauen wirklich geistig krank waren, oder ob sich einige von ihnen lediglich etwas außerhalb der Grenzen dessen bewegten, was für Männer als normal gilt.

Psychologie und Psychiatrie lernen beim Verständnis von Frauen dazu, aber weibliche Süchtige laufen immer noch ein Risiko, falsch diagnostiziert zu werden. Die Symptome von Abhängigkeit und Sucht bei Frauen sind nämlich in der Medizin und der Psychologie nicht universell anerkannt, und weibliche Alkoholiker und Drogen-abhängige werden häufig immer noch fälschlich als geisteskrank di-agnostiziert.

Ironischerweise ziehen einige Frauen es tatsächlich vor, als geistig krank diagnostiziert zu werden. In einiger Hinsicht ist es akzeptab-ler, geistig krank zu sein, als die Scham einer Sucht auszuhalten. Auch können wir uns hinter dem Etikett der Geisteskrankheit gut verstecken und dabei in unserem Zustand des Verleugnens bleiben. Wir vermeiden dadurch, unsere Abhängigkeit thematisieren zu müs-sen: Warum soll ich aufhören zu trinken und Drogen zu nehmen, wenn ich doch geistig krank bin?

Viele andere Frauen haben jedoch eine tiefe Angst davor, die feine rote Linie in die geistige Krankheit zu überschreiten. Die Angst da-vor, unsere geistige Gesundheit zu verlieren, kann extrem und akut sein, speziell in den frühen Phasen der Genesung. Konstanze, in de-ren Familiegeschichte Geisteskrankheiten vorkamen, hatte einen ab-soluten Horror davor, selbst in eine geistige Krankheit zu verfallen. Im Zustand der Nüchternheit kam sie zu der Erkenntnis, dass sie von schweren Angstattacken heimgesucht wurde, eine Wahrneh-mung, die ihr durch den langen Gebrauch von Alkohol und Amphe-taminen verborgen geblieben war.

„Ich musste mich damit konfrontieren, dass ich eine sehr schüch-terne Person bin, die starke soziale Ängste hat", erinnert sie sich. „Ich dachte in den ersten eineinhalb Jahren meiner Nüchternheit, dass ich tatsächlich verrückt werden würde, weil meine Ängste mich auffraßen." Während der ersten achtzehn Monate war Konstanze so außer sich, dass sie sich weigerte, in einem Bett zu schlafen. Statt-dessen schlief sie, in eine Wolldecke gehüllt, in aufrecht sitzender Position auf einem Sofa, wobei sie sich hin- und herwiegte.

Um durch diese schwierige Periode hindurch zu kommen, verließ sich Konstanze ganz auf das, was sie im Zweiten Schritt gelernt hat-te: dass es eine Macht gab, die ihr ihre geistige Gesundheit wieder-geben würde. Schritt Zwei bedeutete für sie, dass sie sich auf etwas anderes verlassen konnte als auf sich selbst, auf etwas, das ihr durch diesen Zustand hindurch helfen würde.

Schritt Zwei erinnerte sie daran, dass sie nicht alleine ist. Also be-gann sie zu hoffen, dass sie tatsächlich genesen würde.

„Manchmal habe ich diesen Zweiten Schritt tausend Mal pro Tag vor mich hin gesprochen, um mich davor zu bewahren, verrückt zu werden, und um mich zu vergewissern, dass es tatsächlich Hilfe für mich gibt", erinnert sich Konstanze. „Zu Beginn meines Genesungsprozesses war ich wütend und zynisch und ich hasste Gott. Aber gleichzeitig war ich auch imstande in dem Umfeld, in dem ich Genesung fand, diese unglaubliche Atmosphäre von Liebe wahrzunehmen. Das ist die Art und Weise, wie ich die Macht, größer als ich selbst, erlebte. Sie brachte mir Hoffnung, die Hoffnung, die mich am Ende durch die schlimmsten Zeiten hindurchführte."

EIN GEFÜHL DER ZUGEHÖRIGKEIT

Indem wir zum Glauben an eine Macht, größer als wir selbst, kommen, gehen wir einen wichtigen Schritt, um uns mit der heilenden Energie in Kontakt zu bringen, die bereits in der Welt aktiv ist. Unser Heilungsprozess findet jedoch nicht statt, wenn wir dabei passiv bleiben. Stattdessen bringen wir uns in diesen Heilungsprozess ein, indem wir uns der Vorstellung von einer spirituellen Führung öffnen – ganz gleich ob in Form einer Höheren Macht, eines inneren Wissens oder einer anderen Form.

Diese heilende Energie, diese Gnade, kann auch in deinem Leben eine leitende Präsenz werden. Wenn du erst einmal eine Weile im Genesungsprozess bist, dann findest du vielleicht heraus, dass du auf Situationen ganz natürlich mit Zutrauen und Stärke reagierst, ohne eine bewusste Anstrengung deinerseits. Vielleicht fragst du dich dann: „Hab ich das wirklich selbst gemacht?", wenn du beobachtest, dass du in einer neuen und viel konstruktiveren Art und Weise mit deinem Leben in der Welt umgehst.

Diese Gnade wird dich vielleicht überraschen. Vielleicht findest du einen neuen Job oder ein neues Zuhause gerade dann, wenn du deinen gegenwärtigen Job oder dein Zuhause verlierst. Unerwartete Freuden und hilfreiche Situationen begegnen dir, ohne dass du etwas dazu beitragen musst. Und vielleicht wunderst du dich dann: „Wer hat das denn gemacht?"

Ja, wer wohl? Gnade ist das Zeichen einer Höheren Macht in deinem Leben.

Selbst wenn du noch nicht so recht daran glaubst, so kannst du doch beginnen, eine gewisse Bereitwilligkeit aufzubringen, an diese Macht zu glauben. Und wenn du dann in Richtung Glauben weitergehst, wirst du ihn am Ende auch finden.

In unseren Süchten waren wir isoliert und allein. Jetzt haben wir eine Chance, Zugehörigkeit zu erfahren. Wir gehören zu einer genesenden Gemeinschaft, die die Macht miteinander teilt, Hilfe zu geben und Hilfe anzunehmen. Wir sind auch Teil eines größeren Universums, das uns unterstützt. Mit Hilfe dieser Fundamente nehmen wir an der transformativen Arbeit unserer eigenen Genesung teil.

DRITTER SCHRITT

Wir fassten den Entschluss, unseren Willen und unser Leben der
Sorge Gottes – wie wir Ihn verstanden – anzuvertrauen.

Wenn wir unsere Machtlosigkeit über unsere Sucht zugeben, dann lernen wir eine wichtige Wahrheit: Es gibt einige Dinge in unserem Leben, die wir einfach nicht kontrollieren können. Wir hatten nicht immer die Kontrolle darüber, was wir zur Befriedigung unserer Begierde taten oder wie wir uns verhielten, wenn wir dem Saufdruck nachgaben. Es kann eine erniedrigende und sogar erschreckende Erfahrung sein, wenn wir einsehen, wie wenig Kontrolle wir über einige unserer Verhaltensweisen tatsächlich haben.

Neben unserer Abhängigkeit gibt es auch noch vieles andere, das wir nicht kontrollieren können. Obwohl wir vielleicht versuchen, dass sich die Dinge in unserem Leben in die von uns gewünschte Richtung entwickeln, verfolgen auch andere Menschen stets ihre eigenen Ziele und viele Situationen entwickeln sich nicht immer zu unseren Gunsten. Dies kann dazu führen dass wir uns frustriert, wütend oder abgestoßen fühlen.

Als Frauen versuchen wir auf unterschiedliche Weise Kontrolle auszuüben. Viele von uns setzen Hilflosigkeit, Unaufrichtigkeit oder Schuld ein, um die Ergebnisse zu erreichen, die wir anstreben. Oder wir versuchen, Dinge „zu organisieren" oder uns „zu kümmern" – auch wenn eigentlich niemand unsere Hilfe braucht. Und manchmal setzen wir auch unsere Sexualität ein, um Macht über andere Menschen zu bekommen – entweder, um sie zu bestrafen, oder um sie zu belohnen. Oder wir versuchen, Kontrolle zu behalten, indem wir Menschen bedrohen oder sie dazu zwingen, mit uns zu kooperieren.

Vielleicht setzen wir diese Taktiken zwar vorsätzlich, aber nicht in böser Absicht ein. Wenn wir eine Situation kontrollieren, reparieren oder beeinflussen wollen, dann machen wir das oft, weil wir ängstlich sind oder unter Spannung stehen. Vielleicht versuchen wir damit auch zu vermeiden, uns völlig hilflos zu fühlen. Es ist ja auch deprimierend wahrzunehmen, dass wir uns immer den Forderungen eines anderen Menschen unterwerfen müssen oder dass das Leben uns in Richtungen führt, die wir eigentlich nicht einschlagen wollen.

Das Problem ist, dass wir immer in einen Kampf verwickelt werden wenn wir versuchen, Dinge zu kontrollieren, die wir einfach nicht kontrollieren können.

Wenn wir uns in diesen Kampf verwickeln lassen, dann ist es so, als müssten wir eine Bürde tragen, die uns zu schwer ist. All die uns zur Verfügung stehende Energie wird investiert, um im Gleichgewicht zu bleiben und zu verhindern, dass wir es verlieren. Wir taumeln unter diesem Gewicht und können gar nichts anderes mehr machen, bis wir endlich diese Bürde niedersetzen und sie loslassen.

Der Dritte Schritt sagt uns zu, dass wir unsere Bürde loslassen können. Wenn wir sie loslassen, kann etwas oder jemand sie übernehmen. Und wir können jetzt frei sein, um mit einer neuen, kreativen Energie zu leben.

DIE WEISHEIT, DEN UNTERSCHIED ZU ERKENNEN

Die meisten von uns finden die Vorstellung des Loslassens gar nicht gut, weil sie uns Angst macht. Wer oder was wird die Kontrolle über unser Leben übernehmen, wenn wir sie nicht selbst ausüben? Wir könnten hier den Irrtum begehen zu glauben, dass wir weiteres Leid und weitere Schmerzen vermeiden können, wenn wir uns nur weiterhin an das Bestehende klammern.

So zu denken ist einfach, solange wir glauben, dass wir für alles verantwortlich sind. Aber sind wir das wirklich? Fakt ist doch, *dass wir nur für uns selbst Verantwortung übernehmen können* – für unsere Handlungen und Einstellungen. Alles andere liegt außerhalb unserer Kontrolle. In der AA hören wir auf das Gelassenheitsgebet:

Gott, gebe mir die Gelassenheit,
Dinge hinzunehmen, die ich nicht ändern kann -
den Mut, Dinge zu ändern, die ich ändern kann -
und die Weisheit, das eine vom andern zu unterscheiden.

Ich kann gar nicht mehr zählen, wie oft ich dieses Gelassenheitsgebet während meiner Genesung aufgesagt habe. Ich bete es häufig, damit es mir hilft, aus meiner aktuellen Situation heraus einen Schritt zurück zu machen und so das größere Bild erkennen zu können. Getreu seinem Namen beruhigt es mich tatsächlich und hilft mir auch zu erinnern, dass das Universum nicht immer mit meinen Wünschen und Plänen kooperieren wird.

Der Gelassenheitsspruch kann uns auch daran erinnern, dass wir immer wieder Rat und Führung bei der spirituellen Macht suchen, die wir für uns selbst in Schritt Zwei entdeckt haben. Nun, in Schritt Drei, entscheiden wir uns dafür, diesen Geist oder diese Macht unser Leben führen zu lassen, anstatt zu versuchen, unser Leben selbst zu kontrollieren. Wir treffen ganz einfach die Entscheidung, zu unserer Höheren Macht Verbindung aufzunehmen.

DAS VERSPRECHEN DER BEFREIUNG

Warum ist es so wichtig, dass wir diese *Versuche aufgeben, alles kontrollieren zu wollen*? Weil wir in unserer Genesung keine Fortschritte machen können, wenn wir weiterhin versuchen, Dinge zu verändern, die außerhalb unserer Macht liegen. Wir werden regelrecht niedergedrückt, wenn wir versuchen, das Unmögliche zu tun. Diese Versuche lenken uns von dem ab, was wir tatsächlich in unserem Leben verändern können.

Frauen sagen häufig, dass sie Angst davor haben, dass alles auseinander fällt, wenn sie die Versuche einstellen, alles zu kontrollieren. Aber überlege stattdessen mal, *ob es nicht sein kann, dass Dinge auseinander fallen sollen*, und dass wir uns nur erschöpfen, wenn wir versuchen, dieses Auseinanderfallen zu vermeiden. Wenn wir uns in die Lage bringen, dass wir diejenigen sind, die alles zusammenhalten müssen, dann geht es uns so, als wollten wir einen Felsbrocken aufhalten, der bergab stürzt.

Wenn du z.B. immer die Schlichterin in deiner Familie warst – diejenige, die immer bemüht war, alle Seiten einer Geschichte zu hören, und die dann sicherzustellen versuchte, dass alle miteinander auskommen – dann hast du einen Job ohne Ende, weil es immer irgendwelche Konflikte in deiner Familie geben wird. Wenn es deine Rolle ist, Konflikteskalationen zu vermeiden, dann kommst du aus dieser Schlichterrolle nie heraus, weil du immer damit beschäftigt sein wirst, die Emotionen aller anderen Menschen unter Kontrolle zu halten. Niemand, einschließlich du selbst, kann sich in dieser Situation verändern oder darüber hinauswachsen.

Aber frage dich doch einmal selbst, warum es eigentlich deine Verantwortung sein soll, die Gefühle von allen anderen zu managen? Was würde denn passieren, wenn du dich stattdessen um deine eigenen emotionalen Bedürfnisse kümmern würdest? Vielleicht würde es in deiner Familie erst einmal eine Menge Aufruhr und auch Aufstand geben, aber das brodelt doch schon längst unter der Oberfläche. Wenn du jetzt aufhörst, dieses Problem lösen zu wollen, dann könnte es sich plötzlich in eine überraschend neue Richtung entwickeln.

Das Loslassen kann sich tatsächlich zuerst erschreckend anfühlen, es kann aber auch Erleichterung, Befreiung und ganz neue Möglichkeiten bieten. Das Leben von uns heutigen Frauen ist typischerweise mit Verantwortlichkeiten überladen; Millionen von uns kämpfen jeden Tag darum, dass wir überhaupt unsere Rechnungen bezahlen können, oder haben sehr anspruchsvolle Jobs, die von uns verlangen, dass wir Karriere und Familie unter einen Hut bringen. Viele von uns sind allein erziehende Mütter, kümmern sich um alte Eltern und halten eine Familie zusammen. Vielleicht fühlen wir dann sogar Dankbarkeit für die Entdeckung, dass es nicht allein auf uns ankommt, damit alles immer perfekt funktioniert.

Frauen werden dazu ermutigt, sich um alles Gedanken zu machen. Man erwartet von uns, dass *wir* uns um alle Details kümmern, so dass alle anderen um uns herum frei sind, um ihr Leben in ganzer Fülle auszuleben. Unsere Kultur gibt uns die Erlaubnis, Kümmerer zu sein – uns Gedanken zu machen, ob die Kinder wohl rechtzeitig nach Hause kommen, Sorge zu tragen für interpersonelle Beziehungen, uns zu bemühen, dass wir mit allen Familienmitgliedern in Kontakt bleiben, Geburtstage zu erinnern und überhaupt den ganzen Haushalt zu schmeißen.

Aber wie wäre es, wenn wir einer Höheren Macht vertrauen, dass sie alle anderen so unterstützt, wie wir gerade lernen, dass die Höhere Macht es mit uns macht? Dann könnten wir uns vielleicht weniger Sorgen über all diese Dinge machen und uns besser um uns selbst kümmern. Wenn wir loslassen, können wir unsere Energie auf die Gebiete konzentrieren, auf denen wir Einfluss und wahre Verantwortung haben – und das schließt unsere eigene Gesundheit und unser Wohlergehen ein.

Julia erlebte die Unkontrollierbarkeit des Lebens zum ersten Mal mit neun Jahren, als ihre Mutter starb. Nun, kurz vor einer Scheidung im Alter von fünfzig Jahren und mit einem noch jungen Kind, das es aufzuziehen gilt, ist sie sich immer noch völlig bewusst, dass viele Dinge in ihrem Leben einfach außerhalb ihrer Kontrolle ablaufen.

„Ich denke, dass ungefähr 90% des Lebens außerhalb unserer Kontrolle verläuft – das Wetter, andere Menschen, das, was so alles passiert", sagt sie. „Ich mache mir schon Gedanken, was meiner Tochter alles passieren könnte. Aber es gibt eben nur ein ganz beschränktes Maß für das, was ich dagegen tun kann. So kann ich zwar alle gefährlichen und giftigen Substanzen im Haus unter Verschluss halten, aber ich kann keinen betrunkenen Autofahrer kontrollieren, der eine rote Ampel überfährt. Wenn wir uns über unkontrollierbare Dinge Sorgen machen, dann raubt uns das die Zeit, die uns zur Verfügung steht."

Anstatt sich darauf zu konzentrieren, was sie alles nicht ändern kann, investiert Julia jetzt ihre Energie in Dinge, die sie sehr wohl ändern kann – indem sie Beziehungen zu befreundeten Frauen pflegt und sich besser um sich selbst kümmert. Anstatt über ihren Ehemann zu verzweifeln, der sie zugunsten einer jüngeren Frau verlassen hat, sucht sie lieber emotionelle Unterstützung von anderen Frauen im Genesungsprozess.

Indem sie sich entscheidet, lieber den Schmerz zu ertragen, der mit ihrer Scheidung verbunden ist, anstatt zu versuchen, ihn zu verändern, zu verleugnen oder deshalb zu saufen, öffnet sich Julia für andere, von denen sie Zuwendung erfahren kann. Manchmal fragt sie sich selbst, was sie eigentlich getan hat, um das zu verdienen.

Wenn sie realisiert, dass das Verhalten ihres Mannes außerhalb ihrer Kontrolle liegt, dann gibt Julia sich selbst gleichzeitig die Erlaubnis, über den Verrat ihres Mannes und über den Verlust zu trauern. Indem sie die Fakten dieser Situation akzeptiert, ohne in Bitterkeit zu verfallen, lässt sie los und bleibt in Kontakt mit der Realität. Sie sagt dazu: „Weisheit ist wirklich nötig, um den Unterschied zwischen dem, was wir verändern können, und dem, was nicht, zu erkennen."

UNTERWERFUNG UND KAPITULATION

Einige Frauen wehren sich gegen die im Dritten Schritt verwendeten Worte. Indem wir unser Leben „der Sorge Gottes anvertrauen, *so, wie wir Ihn verstanden"*, **dann** mag sich das so anhören, als ob wir einfach alles aus der Hand geben würden. Es scheint uns zu suggerieren, dass wir von einer männlichen Autorität gerettet werden, die sich um uns kümmert, solange wir uns anständig verhalten. Im Blauen Buch heißt es: „Wir hatten einen neuen „Chef". Er war allmächtig. Er gab uns das, was wir brauchten, wenn wir zu Ihm standen und Seine Arbeit gut ausführten." * Dieses Image einer dominierenden Vaterfigur ist für einige Frauen sehr schwer zu akzeptieren.

Dieser Schritt scheint also Unterwerfung zu fordern. Aber es gibt einen *Unterschied zwischen Unterwerfung und Kapitulation.* Wenn wir uns unterwerfen, dann tun wir das vor einer Macht, die versucht, uns zu kontrollieren. Wenn wir kapitulieren, dann lassen wir unser Bedürfnis nach Kontrolle los. *Schritt Drei schlägt uns also vor zu kapitulieren, und nicht, uns zu unterwerfen.*

Diese Idee der Unterwürfigkeit kann uns spezielles Kopfzerbrechen bereiten, denn von uns Frauen wird traditionell erwartet, dass wir uns der Kontrolle eines anderen ausliefern. Wir alle kennen diesen Druck, den man auf uns ausübt, damit wir Eltern, Ehemännern, Vorgesetzten, Doktoren und anderen Autoritätsfiguren wichtige

---

* *Anonyme Alkoholiker*, AAO, S. 72

Entscheidungen über unser Leben treffen lassen. Wir können sogar für unsere Unterwürfigkeit belohnt worden sein – indem wir z.B. Lob als gute Tochter einheimsten, als hingebungsvolle Ehefrau, als klaglose Patientin oder als das Vorbild einer Mitarbeiterin.

Die Vorstellung der Kapitulation kann auch ganz speziell für die Frauen Angst auslösend sein, die sexuellen oder physischen Missbrauch erfahren mussten. Wenn dies ein Teil unserer Lebensgeschichte ist, dann wollen wir umso mehr die Kontrolle behalten, weil wir uns verletzlich fühlen, wenn wir dies nicht tun.

Für Maria, eine Ärztin, schien es sehr bedenklich, ihren Willen und ihr Leben einer äußeren Macht zu übergeben, weil dies ein Akt der Unterwerfung zu sein schien. Stattdessen hat sie einen Weg gefunden, zu kapitulieren.

„Ich hatte kein Problem damit, die Notwendigkeit zuzugeben, dass ich die Kontrolle über mein Trinkverhalten und meine Versuche, andere Menschen zu kontrollieren, aufgeben musste", erinnert sie sich, „aber als berufstätige Frau in einer vorrangig von Männern dominierten Umgebung musste ich mir jeden Zentimeter meines Weges erkämpfen. Die Vorstellung, etwas anderes mein Leben leiten zu lassen, war außerordentlich schwierig. Es fühlte sich für mich so an, als würde ich mich völlig geschlagen geben."

Mit der Zeit kam Maria zu dem Glauben, dass ihre Höhere Macht sie unterstützen würde, und dann fühlte sie sich auch sicher genug, um loszulassen. Ihre Lösung war, sich ihre Genesungsgruppe als den Geist vorzustellen, der sie führt.

„Ich musste mir nur selbst immer wieder sagen: ‚Ich weiß, dass ich viele Aspekte meines Lebens nicht kontrollieren kann und dass auch nur der Versuch dazu mich ganz schnell wieder in den Alkohol zurückführt. Also verlasse ich mich jetzt ganz auf die Macht unserer Gruppe", erklärt sie, „und ich stelle mir das dabei nicht als etwas vor, das sich um mich kümmert, sondern die Weisheit der Gruppe hilft mir, meinen Wunsch, zu kontrollieren, aufzugeben."

Wie Maria, so können auch wir herausfinden, dass es viel einfacher ist, loszulassen und uns dem Strom des Lebens hinzugeben, wenn wir ein Gefühl dafür entwickeln, dass jemand uns mit dem Kopf über Wasser hält. Und das ist Glaube.

Wenn wir uns erst einmal sicher genug fühlen, um loszulassen, dann werden wir immer wieder Unterstützung und Bestärkung brauchen. Das ist ein guter Anlass, um deine Gefühle jeweils mit deiner Genesungsgruppe zu besprechen. Für die meisten von uns ist dieses Kapitulieren – also das Loslassen – ein Prozess, der von wiederholtem Start und Stopp, von „zwei Schritte vorwärts und einen zurück", geprägt ist. Es ist nicht ungewöhnlich, Kontrolle loszulassen, sie dann wieder zurück zu nehmen, nur um sie erneut loszulassen … und wieder … und wieder.

Kapitulieren lernen ist wie Balancieren zu lernen. Eine Zeit lang schwanken wir wahrscheinlich zwischen Unterwerfung und Kontrolle hin und her. Kapitulation ist dabei der Gleichgewichtspunkt, die Gesundheit und Gelassenheit, die wir erleben, wenn wir uns in unserer Höheren Macht sicher geborgen fühlen.

EINE BEZIEHUNG AUF GEGENSEITIGKEIT

In Schritt Zwei hast du begonnen, dich nach innen zu wenden, um Gott oder eine Höhere Macht zu finden, die für dich wirkt und die sich sicher anfühlt. Denke mal über die Art deiner Beziehung zu dieser heilenden Macht nach. Ist sie wie eine Eltern-Kind-Beziehung – oder ist diese Beziehung mehr auf gleicher Augenhöhe und von gegenseitiger Wertschätzung geprägt?

Speziell für Frauen liegt eine gewisse Gefahr in dem Gedankengang, dass wir von unserer Höheren Macht Gutes erhalten werden, wenn wir uns anständig verhalten, kindgleich und passiv. Aber anstatt unterwürfig zu sein, können wir uns auch eine interaktive Beziehung vorstellen, in der wir unsere Höhere Macht genauso aufbauend und stärkend umsorgen, wie diese Höhere Macht für uns sorgt.

Gabi, die zwanzig Jahre lang unter Fressanfällen und Alkoholmissbrauch litt sagt heute, dass sie in eine gegenseitig umsorgende Beziehung mit ihrer Höheren Macht eingetreten ist. „Meine Beziehung mit der Höheren Macht ist absolut gegenseitig – also in beide

Richtungen – ich werde umsorgt und ich sorge auch für die Höhere Macht", sagt sie.

„Wenn ich mich Gottes Willen anschließe, bedeutet das auch, dass ich genau das bin, was ich wahrhaftig sein kann. Und ich denke, das ist genau das, was meine Höhere Macht *von mir braucht*. Dies ist ein sehr aktiver Prozess meiner freiwilligen Selbstverpflichtung, meiner Zuwendung und Kapitulation vor etwas, das größer ist als mein individuelles Selbst."

Für Gabi bedeutet dies häufig, dass sie für sich selbst einsteht oder dass sie etwas tut, wovor sie eigentlich Angst hatte, beides Dinge, die für sie am schwierigsten sind. „Durch meine Bereitschaft zu handeln – also etwas auszuprobieren, das anders ist als das, was ich früher gemacht habe, und damit auch Fehler zu riskieren – kooperiere ich mit dieser expansiven Macht", sagt sie. „Ich weiß nicht immer, was als nächstes geschehen wird, und das machte mir zu Anfang Angst. Oft musste ich etwas wieder aufgegeben, weil meine Angst zu groß wurde. Jetzt aber fühle ich mich auch mit dem Unbekannten wohler. Ich erlaube dem Leben, mich zu überraschen, mit allem, was es mir bieten will."

FRAUEN UND EIGENWILLE

Was bedeutet es, mit unserer Höheren Macht zu kooperieren? In der Sprache der AA sagt man, „wir vertrauen unseren Willen an." Aber auch dieser Satz mag vielen nicht klar sein. Wie macht man das denn, etwas anvertrauen?

Ich stelle mir dieses Anvertrauen gerne so vor, als ob ich an etwas mit aller Macht festhalte - und dann meinen Griff lockere.

Wenn ich z.B. ein Problem habe, über das ich gar nicht aufhören kann, mir Sorgen zu machen, dann stelle ich mir vor, dass ich es so fest anfasse, wie ich nur kann. Und dann lasse ich es los – ich übergebe es dem Geist, der mich führt, ich vertraue es ihm an.

Einige Frauen im Genesungsprozess benutzen „Sorgensteine", die sie an das Loslassen erinnern sollen. Wann immer Franziska gar nicht aufhören kann, sich um eine Situation oder um eine Beziehung

Sorgen zu machen – indem ihre Gedanken ständig darum kreisen, wie sie das organisieren oder wie sie etwas dazu bewegen kann, sich in ihrem Sinne zu entwickeln – dann steckt sie sich einen dieser Sorgensteine in die Tasche und trägt ihn eine Weile mit sich herum. Dieser Stein muss schwer sein und so groß, dass sie ständig sein Gewicht spürt - wie es sie herunterzieht. Wenn sie dazu bereit ist, dann nimmt sie diesen Stein wieder aus ihrer Tasche und befreit sich auf diese Art und Weise von der Bürde, die er für sie geworden ist. „Es erinnert mich daran, dass das „Anvertrauen" so einfach ist, wie den Stein loszulassen", sagt Franziska.

Aber natürlich sind auch einfache Dinge nicht immer so einfach zu lösen. Dieser Schritt sagt, dass wir unseren Willen anvertrauen. Wenn wir an unserem Willen festhalten – unserer festen Überzeugung, dass sich alles immer nur nach unserer Nase entwickeln muss – dann werden wir immer mit irgendetwas in Konflikt stehen.

Unser Eigenwille sorgt ständig dafür, dass wir nicht mit dem Leben schwimmen, sondern immer dagegen ankämpfen. Wenn wir diesen Selbst-willen nicht aufgeben, wird es uns schwer fallen, überhaupt irgendetwas aufzugeben: Das „Anvertrauen" wird dann fast unmöglich.

Und was ist „unser Wille", der anvertraut werden soll? In der AA-Literatur findest du eine Menge Diskussionen über die Macht des Willens – speziell darüber, was man selbst will. Damit ist die Tendenz vieler Alkoholiker gemeint, ihren Willen für eigensüchtige Zwecke einzusetzen. „Mehr als alles andere müssen wir Alkoholiker uns von dieser Selbstsucht befreien"[*], warnt das Blaue Buch.

Frauen müssen Eigenwillen und Selbstsucht sehr sorgfältig definieren. Unsere Aufgabe ist es, uns von destruktiver Selbstsucht zu befreien, diesem selbstbezogenen Fokus auf uns selbst, ohne auf andere Rücksicht zu nehmen. Aber gleichzeitig wollen wir „selbsterfüllter" werden, was bedeutet, dass wir ein intensiveres Gefühl für uns selbst entwickeln. Nur zu häufig beginnen wir unseren Genesungsprozess, ohne dass wir ein richtiges Gefühl für uns selbst haben. Denn wir haben in unserer Sucht uns selbst verloren – unsere wahre Identität.

---

[*] *Anonyme Alkoholiker*, AAO, Seite 72

Anstatt nun unseren Willen und unsere Selbstbezogenheit komplett aufzugeben, können wir unsere Aufmerksamkeit neu ausrichten, indem wir tief in uns selbst hineinblicken. Dadurch werden wir sogar noch selbst-bewusster und entdecken unsere wahren Gefühle und Werte. Indem wir unser inneres Gewahrsein auf diesem Wege intensivieren, können wir ein neues *Bewusstsein* schaffen, das uns dabei hilft, mehr darüber zu lernen, wer wir wirklich sind und was wir wirklich brauchen.

Diese Aufmerksamkeit für dein inneres Selbst scheint vielleicht auf den ersten Blick im Widerspruch zu der AA-Philosophie zu stehen, die uns vor zu viel Selbstbestimmung warnt. „Wie hartnäckig bestehen wir auf dem Recht, alles selbst zu entscheiden, was wir denken und wie wir handeln sollen." [*] Die meisten Frauen müssen sich jedoch dieses Recht erst einmal erkämpfen. Zu viele von uns haben ihr Leben damit verbracht, selbstlos zu sein.

Dieser Mangel an Selbstbehauptung, der von unserer Gesellschaft häufig in Bezug auf Frauen als wünschenswert erachtet wird, kann aber dazu führen, dass wir mit unseren Abhängigkeiten zu kämpfen haben - und kann unsere Genesung behindern.

Denn ohne ein Selbstwertgefühl können wir weder mit einer Macht, größer als wir selbst, in Beziehung treten, noch können wir die Verantwortung für uns selbst übernehmen und darüber entscheiden, was wir kontrollieren können – und was nicht.

In der Genesung entdecken wir unser Recht, für uns selbst zu entscheiden. Wir lernen, unsere eigene Wahl zu treffen. Wir geben den Eigenwillen und die Selbstsucht auf, deren treibende Kraft unsere Angst war, und wir erhalten ein umfassenderes Gefühl dafür, wer wir sind.

Im Dritten Schritt machen wir uns die Gelegenheit zu Nutze, uns auf uns selbst zu konzentrieren – nicht auf das äußere Selbst, das auf Eigenwillen beruht, mit dem wir die Welt zwingen wollen, unseren Wünschen zu gehorchen, sondern in Bezug auf das innere Selbst, das mit dem Geist in Verbindung steht. Diese Verbindung führt uns, so dass wir unseren Willen in Harmonie mit dem Leben einsetzen - und nicht dagegen.

---

[*] *Zwölf Schritte und Zwölf Traditionen*, AAO, Seite 35

BEREITWILLIGKEIT

Bereitwilligkeit sagt Ja zum Leben. Der Unterschied zwischen *Eigenwillen* und *Bereitwilligkeit* ist dieser: Eigenwillen bedeutet, Macht über Menschen und Situationen gewinnen zu wollen; Bereitwilligkeit bedeutet, offen für neue Möglichkeiten zu sein.

Wir sind eigenwillig, wenn wir, getrieben von einer „Ich zuerst" Einstellung, andere dominieren wollen – und überhaupt alles, das sich uns in den Weg stellt. Wenn wir jedoch bereitwillig sind, dann gibt es ein Geben und Nehmen zwischen uns und den Mitmenschen, zwischen uns und dem Leben. Bereitwilligkeit lässt uns die Macht erfahren, die entsteht, wenn wir am Leben teilhaben und nicht versuchen, es zu kontrollieren.

Bereitwilligkeit hilft dir, bei der Genesung voran zu kommen. Du wirst herausfinden, dass du in den Zwölf Schritten wiederholt aufgefordert wirst, „bereit" zu sein – also etwas Neues auszuprobieren, offen für Veränderungen zu sein und die Vergangenheit loszulassen. Wenn du deinen Willen auf diese Art und Weise anvertraust, dann wirst du bereit-willig. Es ist ein Akt von Glaube und Vertrauen: Du bist bereit, auf dich zukommen zu lassen, was passiert, wenn du nicht mehr versuchst, Ergebnisse zu kontrollieren und stattdessen lieber das Leben seinen Weg finden lässt.

Es braucht Zeit zu realisieren, dass diese Bereitwilligkeit und das Loslassen Teile eines Prozesses sind, der eine gewisse Übung verlangt. Wir müssen ihn immer wieder wiederholen und in Kauf nehmen, dass wir es nie ganz „richtig" machen, was sehr frustrierend sein kann, wenn du eine Perfektionistin bist, wie ich. Wir alle machen die Erfahrung, dass Bereitwilligkeit kommt und geht. Und doch – wir brauchen nur ein bisschen davon, um uns selbst wieder in die Spur zurückzubringen.

Wir können aus den *Zwölf Schritten und zwölf Traditionen* der AA folgendes lernen: „Ein Anfang, sei er noch so bescheiden, genügt schon. Haben wir einmal den Schlüssel der Bereitschaft benutzt und die Tür ein wenig geöffnet, erkennen wir, dass wir sie immer weiter aufmachen können." [*] Und wenn die Tür einmal zufallen sollte,

---

[*] *Zwölf Schritte und Zwölf Traditionen*, AAO, Seite 33

können wir sie immer wieder öffnen. Es gibt von jetzt an immer mehrere Möglichkeiten, wenn wir bereit sind.

Um den Dritten Schritt gehen zu können, bedarf es der Bereitwilligkeit. Wenn du dabei Angst hast und unsicher bist, dass du nicht einen Moment mehr Ruhe finden könntest, dann kann es dich vielleicht beruhigen zu erinnern, dass du die Entscheidung im Dritten Schritt nicht nur einmal triffst. Vielleicht ist es für dich notwendig, dass du sie jeden Tag viele Male wiederholst, zumindest zu Anfang. Dies ist ein Prozess, der dich von einem Moment zum anderen führt.

Oft ist es einfacher, sich das „Anvertrauen" als eine nur zeitweise Kapitulation vorzustellen, immer nur für einen Tag. Auch lernen wir, von Tag zu Tag neu loszulassen: Nur für diesen Tag, für diese Stunde, für diese Minute entscheiden wir uns, nicht zu trinken, nicht in Fressorgien zu verfallen oder uns anderweitig zwanghaft zu verhalten. Auch können wir auf diese Weise aufhören, mit der Kontrolle zu kämpfen – *nur für heute.*

Immer kannst du dahin zurückkehren, Dinge in Zukunft wieder auf deine Weise zu machen, wenn du das möchtest, aber schau mal genau hin was passiert, wenn du nur eine Stunde oder einen Tag loslässt. Mach, was du kannst, immer nur für einen Tag.

EINEN ENTSCHLUSS FASSEN

Das subtile Geheimnis von Schritt Drei ist, dass es dabei um *den Entschluss* geht, loszulassen. Der Dritte Schritt sagt, „wir fassten den Entschluss", unseren Willen und unser Leben Gott anzuvertrauen. Wir entscheiden uns dafür, Dinge anders zu machen und einen anderen Standpunkt einzunehmen. Wir fassten den Entschluss, bereit zu werden, oder sogar, *den Willen aufzubringen, bereitwillig zu sein.*

In Schritt Drei steht dir die Wahl natürlich frei. Wenn du deinen Genesungsprozess beginnst, dann erlangst du Macht, Entschlüsse für dich selbst zu fassen, anstatt die Sucht dich und deine Art zu leben kontrollieren zu lassen.

Dies kann für diejenigen von uns, die noch nicht viel Erfahrung damit haben, bewusste Entscheidungen für sich selbst zu treffen, eine ganz neue Erfahrung sein. Vielen von uns ist seit der Kindheit beigebracht worden, andere für uns entscheiden zu lassen. Es kann uns also Angst machen, dass wir bei Eigenentscheidungen Fehler machen oder zu fordernd oder drängend erscheinen. Wir machen uns Gedanken, dass wir selbstsüchtig erscheinen oder Menschen um uns herum entfremden könnten, wenn wir unsere Entscheidungen jetzt selbst treffen. Entscheidungsfreude erscheint vielleicht als zu riskant, weil wir damit Konflikte und Alleingelassenwerden herbeiführen könnten.

Es ist doch eine Ironie, dass wir uns wahrscheinlich relativ wohl dabei fühlen, wenn wir Entscheidungen treffen in Bezug auf unsere Kinder, unsere Lieben, unseren Haushalt, unsere Ehepartner, Familien und unser Arbeitsleben – Entscheidungen, die wir dann treffen, wenn unsere *Rolle* ganz sicher fest steht. Aber wir sind vielleicht viel weniger zuversichtlich, wenn es darum geht, Entschlüsse in Bezug auf unser wahres Selbst zu fassen und dabei direkt unsere inneren Bedürfnisse und Wünsche zu befriedigen.

Sehr wenigen von uns wurde beigebracht, wie das geht. Wie stellen wir das an, selbst ermächtigende Entscheidungen für uns selbst zu treffen und dabei Beziehungen aufrecht zu erhalten? Wie können wir gut für uns selbst sorgen - und gleichzeitig für andere?

Wir lernen die Antworten auf diese Fragen in unserem Genesungsprozess. Die Schritte bieten uns Führung an, wenn wir lernen wollen, wie wir für uns selbst Verantwortung übernehmen und wie wir diese neu gefundene Selbstbehauptung mit einem uns führenden Geist verbinden. In den Meetings können wir von anderen Frauen lernen, wie diese in ihrer Genesung ein Gefühl für das Gleichgewicht zwischen sich selbst und anderen entdeckt haben. Und in den Beziehungen zu anderen im Genesungsprozess haben wir die Gelegenheit, unsere Fertigkeiten zu testen und ein größeres Zutrauen zu gewinnen, wenn es darum geht, selbst ermächtigende Entscheidungen zu treffen, die sowohl uns, als auch anderen Unterstützung bieten.

Es sind viele Entschlüsse, die wir im Dritten Schritt fassen. Wir können z.B. einen Entschluss fassen, wie unsere Höhere Macht ihren Platz in unserem Leben findet. Früher waren wir gewohnt, unser Leben ganz um unsere Suchtsubstanz herum zu organisieren. Nun können wir die Entscheidung treffen, Spiritualität in der Mitte unseres Lebens zu verankern.

Die Energie, die wir aufgewendet haben, um sie in unser Trinkverhalten, Essverhalten oder in unsere Spielsucht zu investieren können wir jetzt einsetzen, um mit Ebbe und Flut des Lebens zu kooperieren. Wir können den Entschluss fassen, bereitwillig mit den Gezeiten zu gehen, statt gegen sie anzukämpfen – indem wir uns aktiv für unsere Genesung engagieren, anstatt sie zu bekämpfen oder nur abzuwarten, dass sie sich von selbst einstellt.

Ganz wichtig ist unser Entschluss, die Vorstellung loszulassen, dass wir alle Antworten kennen.

Martha hat dies gut ausgedrückt: „Im Dritten Schritt lasse ich das los, was ich früher von mir und über mich dachte und dieses ganze Image, so dass jetzt etwas anderes kommen kann. Der Moment der Kapitulation ist der, in dem ich die Möglichkeit zulasse, dass ich mich auch anders verhalten kann, auch wenn ich noch gar nicht weiß, wie ich das anstellen soll. Ich mache dann eine Pause und sage zu mir selbst: ‚Ich weiß es nicht, und ich gebe es auf.' Ich weiß, dass ich nicht dahin zurück kann, wo ich herkomme. Was ich nicht weiß, ist, was jetzt als nächstes kommen soll. Es ist die Aufgabe meiner Höheren Macht, mir diese Antworten zu liefern."

Martha beschreibt hier sehr deutlich das Annehmen und Kapitulieren – als Bereitschaft. Wenn wir die Entscheidung treffen, unseren Willen und unsere Leben zu übergeben und anzuvertrauen, dann wird Kapitulation möglich. Wir geben unseren Kampf auf, Dinge immer in einer gewissen Weise herbeizwingen zu wollen. Wir hören auf, die Dinge zu bekämpfen, die wir gar nicht bekämpfen können. Wir vertrauen darauf, dass das Universum uns schon in die richtige Richtung leiten wird und uns das gibt, was wir brauchen. Damit treten wir in das tiefste Mysterium des Lebens selber ein.

KEINE SOFORTIGE BEFRIEDIGUNG

In einem frühen Stadium meiner Genesung erklärte mir meine Sponsorin, dass ich schon viele Jahre damit verbracht hätte, meinen Willen und mein Leben dem Alkoholismus anzuvertrauen. Wie bereitwillig hatte ich doch vor meinem zwanghaften Trinkverhalten kapituliert, indem ich den Alkohol zu meiner „Höheren Macht" gemacht und zugelassen habe, dass er meine Lebensqualität zerstörte. Nun, im Genesungsprozess, hatte ich die Möglichkeit, vor einer neuen Art der Macht zu kapitulieren – einer Macht, die mir ein Gefühl von Wohlbefinden, Selbstachtung und geistiger Gesundheit bietet.

Warum also soll die Kapitulation vor einer Höheren Macht schwieriger sein, als vor einer Sucht zu kapitulieren? Die größte Schwierigkeit könnte darin bestehen, dass wir die Ergebnisse nicht genauso schnell wahrnehmen. Als Süchtige ist unsere Triebkraft die sofortige Befriedigung: Wir wollen nicht abwarten – wir wollen alles – *jetzt!* Es kann sehr frustrierend sein zu entdecken, dass sich die Belohnungen und eine Befriedigung durch die Genesung nur schrittweise einstellen, und vielleicht sogar nur in einer völlig undramatischen Art und Weise.

Weil wir so sehr an sofortige Befriedigung gewöhnt sind fühlen wir uns vielleicht unwohl, wenn wir jetzt keine sofortige Erleichterung verspüren. In solchen Zeiten können wir uns auf unseren Glauben an eine Höhere Macht verlassen, um uns daran zu erinnern, dass wir nicht alle Antworten unmittelbar wissen müssen. Wir vertrauen ganz einfach darauf, dass wir Hilfe und Unterstützung finden und erinnern uns daran, dass das Leben sich auch ganz anders entwickeln kann, als wir es geplant haben.

Wenn wir Ja zum Leben sagen, dann kapitulieren wir. Leben wird auf diese Art und Weise unser Partner und nicht etwas, das wir kontrollieren oder von dem wir kontrolliert werden. Wir können uns entspannen, langsamer werden und eine heitere Gelassenheit genießen. Es kann schon eine gewisse Zeit dauern, bis du dich an diese neue Geschwindigkeit eines nüchternen Lebens gewöhnst. Aber wenn du erst einmal so weit bist, kannst du bewusste Entschlüsse fassen und eine Höhere Macht annehmen, die zu deinen Gunsten arbeitet. Indem du dieser Macht den Namen gibst, den du bevorzugst, kannst du mit ihr kooperieren, eine liebende Fürsorge für sie entwickeln und lernen, wie du vor ihrer Gnade und Barmherzigkeit kapitulierst.

Wenn wir also unsere wahre Kraft und Macht in Anspruch nehmen, Eigenwillen hinter uns lassen und stattdessen Bereitwilligkeit zeigen, dann sind wir eine freiwillige Selbstverpflichtung zu spirituellem Wachstum eingegangen.

Jetzt suchen wir die innere Weisheit, um den Unterschied zwischen dem, was wir kontrollieren können, und dem, was wir nicht kontrollieren können, zu erfahren.

VIERTER SCHRITT

Wir machten eine gründliche und furchtlose Inventur
in unserem Inneren.

Der vierte Schritt sieht vor, dass wir unsere Entdeckungsreise in unser eigenes Selbst fortsetzen, indem wir einen sorgfältigen und tiefschürfenden Blick auf uns selbst werfen und ganz speziell auf unsere Einstellungen, Verhaltensweisen und Erfahrungen, die zu unserem zwanghaften Handeln beigetragen haben. Bei unserer ersten Begegnung mit diesem Schritt mag es vorkommen, dass wir uns überwältigt fühlen: Gefühle wie Scham, Schuld, Verwirrung und Verletztheit sind üblich.

Wenn wir starke Schuldgefühle haben, dann können wir den Gedanken kaum ertragen, dass wir unsere früheren Handlungen nochmals überdenken sollen. Der Gedanke daran, wie wir andere verletzt haben – und uns selbst auch – mag uns vielleicht zu schmerzvoll erscheinen. Und dann stellen wir vielleicht in Frage, was es uns bringen soll, alte Wunden wieder aufzureißen und Szenen zu erinnern, die wir lieber vergessen möchten. Wäre es nicht besser, die Vergangenheit ruhen zu lassen und nach vorne zu blicken?

Genau das war auch meine erste Reaktion auf diesen Vierten Schritt. Wie sollte ich denn bloß einen „gründlichen und furchtlosen" Blick auf mich selber werfen? Wie viele Frauen in den frühen Stadien der Genesung fühlte ich mich vieler Dinge, die in meinem Leben passiert waren, schuldig und schämte mich. Doch ich konnte die anfängliche Angst überwinden, die der Vierte Schritt bei mir ausgelöst hatte, indem ich mit mir selbst schonend umging. Schrittweise fand ich heraus, dass ich diesen Schritt im Geiste der Selbstakzeptanz bewältigen konnte.

Und dann war es wie eine Offenbarung zu entdecken, dass es im Vierten Schritt nicht lediglich darum ging, mir qualvolle Gedanken über meine Vergangenheit zu machen. Stattdessen ging es darum, mich selbst besser kennen zu lernen. Eine Frau formulierte das so: „Wenn du auch nur eine winzige Kleinigkeit über dich selbst entdeckt hast, die dir auch nur ein kleines bisschen Einsicht vermittelt, dann hast du schon den Vierten Schritt getan."

WARUM EINE INVENTUR?

Der Vierte Schritt bietet uns eine Gelegenheit zur Selbsterforschung – vielleicht die erste solche Gelegenheit. Je mehr wir über uns selbst wissen – über unsere persönliche Geschichte, unsere Gefühle, Motivationen, Einstellungen und Verhaltensweisen – desto geringer ist die Wahrscheinlichkeit, dass wir wieder in Trink- oder Drogenkonsum verfallen (oder zu Zwangshandlungen wie Verschwendungssucht, Esssucht und weiteren zurückkehren). Stell dir diesen Schritt einfach so vor, als ob du in einem absolut finsteren Zimmer das Licht anschaltest: Wenn du in diesem dunklen Zimmer weiterhin im Finstern umherläufst, wirst du wahrscheinlich auch weiter über Möbelstücke stolpern und dir wehtun. Wenn du aber das Licht anschaltest, dann siehst du, wohin du läufst. Auf dieselbe Weise wirft die Inventur im Schritt Vier Licht auf die Hindernisse auf deinem Weg. Indem du diese Inventur durchführst, wirst du imstande sein, genau zu erkennen, was deiner Genesung im Wege steht.

Eine andere Vorstellungsweise für eine Inventur ist die eines rituellen Hausputzes. Du gehst durch dein Leben und sortierst Dinge aus, wie all die unerwünschten und überalterten Dinge, die dir Platz wegnehmen. Dabei entscheidest du, was sich zu behalten lohnt – und den Rest wirfst du weg. Nur so kannst du Raum für etwas Neues schaffen. Wenn dein inneres Haus erst einmal sauber und aufgeräumt ist, dann kann eine Höhere Macht deine Gedanken und Handlungen leiten.

WAS IST EINE INVENTUR?

Im Grunde genommen ist eine Inventur nichts anderes als eine Liste oder eine Beschreibung deiner persönlichen Geschichte.

Obwohl es viele verschiedene Wege gibt, eine Inventur durchzuführen, ist das Resultat doch immer eine Bilanz deines Lebens, üblicherweise in geschriebener Form, die Fragen wie die folgenden berücksichtigt: Was waren die wichtigen Ereignisse in deinem Leben? Wie hast du auf diese Ereignisse reagiert? Welche Art von Beziehungen hattest du mit anderen Menschen? Wie hast du dich in deinen Beziehungen verhalten? Was sind deine tiefsten und wahrsten Gefühle und deine Grundeinstellungen zum Leben? Und wie wurdest du der Mensch, der du heute bist?

Das Ziel dieser Selbstbefragung ist es, besser zu verstehen, welche Rolle du und andere dabei gespielt haben, deinem Leben eine Form zu geben. Du kannst den Vierten Schritt auch zusammenfassen, indem du dir selbst die folgenden beiden Fragen stellst: *Was hat alles zu dem beigetragen, wie mein Leben sich entwickelt hat? Auf welche Weise bin ich verantwortlich für den Weg, den mein Leben genommen hat?* Wenn du dich mit dir selbst und mit deiner Vergangenheit konfrontierst, dann beginnst du, dein eigenes Leben in die Hand zu nehmen.

Deine Inventur schriftlich zu machen, erleichtert es, deine Gedanken und Einsichten weiter zu verfolgen. Eine schriftliche Inventur bereitet dich auch auf die weiteren Schritte vor. Und das Schreiben selbst beschäftigt dich mit einer konkreten Handlung mit sichtbaren Ergebnissen.

Für einige Frauen ist dies der erste Schritt, der wirklich Sinn macht, weil er eine externe Aktivität beinhaltet. Die ersten Schritte sind dagegen eher abstrakt – in ihnen geht es mehr um innere Reflektion und Entscheidungsfindung. Im Vierten Schritt nehmen wir ein Blatt Papier und beginnen, unsere Erfahrungen aufzuschreiben – sowohl unsere inneren Gedanken und Gefühle, als auch die äußeren Umstände. Indem wir aufrichtig beschreiben, was wir und andere jeweils getan haben und wie wir uns in Bezug auf diese Ereignisse fühlen, lernen wir uns selbst besser kennen.

So ähnlich wie in einem Warenhaus eine Inventur durchgeführt wird, so sehen wir auch in unserem Leben nach, was tatsächlich vorhanden ist, was fehlt und was wir entweder ersetzen oder wegräumen müssen. Mit dieser Information können wir die Hindernisse und Unzulänglichkeiten in unserem Leben sehen und sie in Zukunft vermeiden oder wegräumen, bevor sie uns erneut verletzen.

DIE SUCHE NACH „FEHLERN UND SCHWÄCHEN"

Eine Inventur niederzuschreiben, würde uns wahrscheinlich weniger bedrohlich erscheinen, wenn es dabei nicht auch um das Wort *Moral* ginge. Einige Frauen reagieren so heftig auf dieses Wort, dass sie den Vierten Schritt jahrelang vermeiden. Ein häufiger Grund dafür ist die Furcht vor einer angedeuteten Verurteilung: *Wird sich herausstellen, dass ich moralisch versagt habe?* Konstanze z. B. war schon zwölf Jahre trocken, bevor sie ihre Inventur endlich begann, weil sie so viel Scham wegen ihres sexuellen Verhaltens empfand. Es war für sie zu bedrohlich, sogar vor ihr selbst, zu beschreiben, was sie getan hatte.

Die normale Erwartung im Vierten Schritt ist, dass wir nur nach unseren Sünden suchen. Die AA-Literatur schlägt sogar vor, dass wir die Liste der sieben Todsünden (Stolz, Geiz, Unkeuschheit, Zorn, Unmäßigkeit, Neid und Trägheit) [1] als Leitfaden nehmen, um zu identifizieren, wo wir schlecht angepasst sind, wo wir versagt und Fehler gemacht haben. Wenn wir das so machen, dann ist das Ergebnis unserer Inventur eine Liste von „Charakterfehlern", also von Verhaltensweisen, die wir verändern wollen, wie z.B. Unehrlichkeit und Selbstbezogenheit.

Nathalie, eine Studentin, schrieb eine ganz traditionelle AA-Vierter-Schritt-Inventur. Sie war sehr eifrig dabei – vielleicht zu eifrig – mit dieser Inventur zu beginnen. So wie die traditionelle AA-Literatur vorschlägt, schrieb sie erst einmal all ihren Groll gegen andere Menschen auf und hielt dabei die Konflikte genau im Auge, die sie in ihrem Leben gefühlt hat. Mit dieser langen Beschwerdeliste ging sie dann zum nächsten Vorschlag weiter:

> *Wir beschäftigen uns nicht mehr mit dem, was andere falsch gemacht haben, sondern suchen beherzt nach unseren eigenen Fehlern ... Obwohl wir nicht immer gänzlich an allem Schuld gewesen waren, versuchten wir, die Fehler der anderen gänzlich außer Acht zu lassen. Wo lag unsere Schuld?* [2]

---

[1] *Zwölf Schritte und zwölf Traditionen*, AAO, S. 46
[2] *Anonyme Alkoholiker*, AAO, S. 78

Dies beherzigend ging Nathalie daran, ihre Rolle in all diesen Konflikten aufzudecken. Das Ergebnis war eine detaillierte Liste ihrer vielen Versäumnisse. Sie kam zu dem Schluss, dass ihre Hauptfehler Stolz, Zorn, Ängstlichkeit und Eifersucht waren – die alle zum täglichen Unglücklichsein beitrugen. Diese Inventur gab ihr nützliche Informationen über die Art und Weise, wie sie sich gegenüber anderen Menschen verhält. Aber es war nicht genug, über diese „Charakterfehler" lediglich Bescheid zu wissen. Sie musste noch tiefer eindringen, um die Ursache und die Quelle dieser Verhaltensmuster zu finden.

Ausdrücke wie Mängel, Fehler und *Moral* können Frauen oft in die falsche Richtung leiten. Viele von uns konzentrieren sich in einer Art und Weise auf ihr Versagen, die uns mehr schadet als nutzt. Wenn wir wie Nathalie nach Mängeln suchen, finden auch wir sicherlich eine ganze Menge – wahrscheinlich finden wir Mängel im Überfluss – was lediglich dazu führt, dass wir das Gefühl, nicht zu genügen, nur noch stärker wahrnehmen. Wahrscheinlich haben wir ohnehin schon keine allzu gute Meinung von uns selbst, und wir fühlen uns noch schlechter, wenn wir uns nur noch auf unsere Fehler besinnen.

Die Suche nach Fehlern und Mängeln kann aber dann von Nutzen sein, wenn wir zu denjenigen gehören, die es nicht gewohnt sind, von sich selbst als mit Fehlern behaftet zu denken. Aber als Frauen neigen wir nur zu oft dazu, nach Fehlern bei uns zu suchen. Auch wenn wir nach außen hin gut mit Worten umgehen können und selbstsicher wirken, sind wir wahrscheinlich in unserem Inneren unsere größten eigenen Kritiker.

Auch sind wir als Frauen darauf konditioniert, immer etwas an uns selbst nicht gut zu finden. Nur zu schnell übernehmen wir die Schuld für alle möglichen Probleme, speziell wenn es darum geht, dadurch eine Beziehung zu retten oder jemandem zu gefallen. Nathalies Motivation war es, die beste Inventur abzuliefern, die ihre Sponsorin je gesehen hat. Aber wenn wir unablässig auf diese Art und Weise nach unseren „Defekten" suchen, dann übertreiben wir nur unsere selbstkritischen und selbst beschuldigenden Tendenzen.

NEUE WEGE ZUR SELBSTÜBERPRÜFUNG SCHAFFEN

So wie mehr und mehr Frauen in den Schritten nach persönlich relevanter Bedeutung suchen, schaffen wir auch neue Wege des Verstehens und der Nutzbarmachung der Inventur im Vierten Schritt.
Diese neuen Zugänge reagieren damit auf unsere Tendenz zur Selbstkritik wie auch auf unsere Furcht vor Verurteilung, die eine volle und Einsicht vermittelnde Erforschung vereiteln können.

So hat auch Julia einen anderen Zugang gefunden, um mit ihrer Inventur umzugehen. Sie findet es nützlicher, über *Abwehrhaltungen* statt über *Fehler und Mängel* nachzudenken. Dabei vermeidet sie den Begriff *Mängel,* weil sie das immer an ein defektes Auto erinnert, dass kurz vor einer Rückrufaktion steht. In ihren Worten: „Frauen sagt man weiß Gott oft genug, was sie alles für Charakterfehler hätten. In dieser Gesellschaft werden wir allzu oft allein deshalb als mangelhaft eingestuft, weil wir als Frauen geboren wurden!"

Und nur allzu oft verinnerlichen wir diese Botschaften der Unzulänglichkeit und der eingebauten Fehlerhaftigkeit, und schließlich glauben wir selbst, es sei wahr. Die Zwölf Schritte jedoch können uns tatsächlich dabei helfen, diese fehlerhaften Annahmen von uns selbst loszulassen.

Als Julia zu den AA stieß, war sie sehr auf ihren eigenen Schutz bedacht und defensiv. Sie war nicht bereit, Menschen nahe genug an sich heran zu lassen, so dass diese herausfinden könnten, wie sie sich wirklich innerlich fühlte. Ihre Abwehrhaltung hat sich ein ganzes Leben lang aufgebaut, beginnend in ihrer Kindheit mit dem Tod ihrer Mutter. Julia hatte sich selbst antrainiert, ihre wahren Gefühle zu verbergen, weil ihre Familie sie entweder ignorierte oder lächerlich machte, wenn sie ihre Emotionen ausdrückte. Stattdessen lernte sie, positive Aufmerksamkeit zu erregen, indem sie sich smart, artikuliert und unabhängig gab. Als Julia noch ein Kind war, half ihr ihre Selbstgenügsamkeit zu überleben und sich vor Ablehnung zu schützen. Als Erwachsene jedoch wurde sie zu einer Gefangenen ihrer eigenen Selbstgenügsamkeit, sie wurde innerlich isoliert.

Julias Inventur half ihr einzusehen, wie sie andere Menschen mit ihrem unverbindlichen Charme auf Abstand hielt. Sie zieht Menschen mit ihrer Intelligenz und ihrer kommunikativen Art erst an, um sie dann auf Abstand zu halten, wenn sie ihr zu nahe kommen. Obwohl sie in den 15 Jahren ihrer Nüchternheit niemals zuvor eine schriftliche Inventur gemacht hatte, so hatte sie bereits mit anderen Frauen im Genesungsprogramm über dieses Verhaltensmuster gesprochen und gelernt, dass sie diese Distanz aufgrund ihrer Angst vor Ablehnung und dem Verlassenwerden schafft. Dieses Verstehen hatte ihr geholfen, verletzbarer und offener zu werden.

Wir müssen also durchaus Mitleid mit uns selbst haben, wenn wir unsere Inventur aufschreiben, aber gleichzeitig müssen wir den Willen haben, offen zuzugeben, wo wir waren und was wir alles getan haben. Was sind unsere destruktiven Tendenzen? Was hält uns davon ab, gesunde Beziehungen zu anderen Menschen zu unterhalten? Was machen wir in steter Wiederholung, aber mit dem Wunsch, damit aufhören zu können? Wie haben wir andere Menschen behandelt? Und wie haben wir uns selbst behandelt?

Der Schlüssel ist eine ausbalancierte Perspektive – Verantwortung zu übernehmen, ohne für alles die Schuld zu tragen. Zu Anfang kann es durchaus Angst erregend sein, darüber nachzudenken, was wir alles angestellt haben, während wir betrunken waren oder unter Drogeneinfluss standen. Verantwortung dafür zuzugeben, mag wie ein erzwungenes Schuldbekenntnis erscheinen. Aber wir können lernen, unsere früheren Handlungen beim Namen zu *nennen*, ohne sie zu *beurteilen* – indem wir ganz tatsachenbezogen beschreiben, wie unser Leben abgelaufen ist, wie es sich angefühlt hat und wie wir uns verhalten haben. Indem wir unsere früheren Handlungen ohne Be- und Verurteilungen aufschreiben, beginnen wir auch damit, ehrlich mit uns selbst umzugehen und unsere Scham zu heilen.

Manchmal gelangen wir auf Umwegen zu dieser Ehrlichkeit uns selbst gegenüber, so wie es bei Kathie der Fall war. Kathie hatte eine weise und wunderbare Sponsorin, die sich einen ganz besonders kreativen Weg ausgedacht hatte, um es Kathie mit dem Vierten Schritt leichter zu machen. Anstatt also eine traditionelle Inventur der eigenen Fehler zu verlangen, erkannte Kathies Sponsorin, dass Kathie eigentlich auf das Genesungsprogramm wütend war und sich vielleicht auch davor fürchtete, und leitete sie deshalb in eine andere Richtung.

Von ihrem ersten Tag bei den Overeaters-Anonymous an hasste Kathie das Programm und die Menschen, die sie dort antraf. Ihre Sponsorin schlug ihr vor, dass sie über die Menschen, die sie so anstößig fand, schreiben solle. Obwohl Kathie eigentlich gar nicht verstand, wie ihr dies helfen könne, begann sie doch enthusiastisch über all die schrecklichen Menschen in ihrer OA-Gruppe zu schreiben. Dann las sie ihrer Sponsorin ihre umfangreichen Beschreibungen laut vor. Und diese gab Kathie die Aufgabe, alle Worte wie *beurteilend, aufgesetzt, drängend* und *nervtötend* zu umkringeln.

Und dann fragte sie Kathie, ob sie sich je selbst so verhalten hätte wie diese Menschen, gegenüber denen sie soviel Hass empfand. In anderen Worten, hatten die umkringelten Worte auch einen Bezug zu ihr selbst? „Na ja, sicherlich, manchmal", erinnert sich Kathie geantwortet zu haben. „Aber ich gehe da sehr subtil mit um, und diese Menschen sind so viel schlimmer." Nur allmählich kam Kathie zu der Erkenntnis, dass die Verhaltensmuster, die sie bei anderen Menschen so sehr hasste, in Wirklichkeit auch auf sie selbst zutrafen. Aufgrund dieser Einsicht konnte sie schließlich Persönlichkeitsmuster und Charakterzüge identifizieren, die die Schwierigkeiten in ihrem eigenen Leben verursachten.

DER GRÖSSERE ÜBERBLICK

Bis hierhin hast du vielleicht den Eindruck, das einzige Ziel des Vierten Schrittes sei es, deine Handlungen und Einstellungen zu untersuchen und zu benennen. Aber es gibt noch sehr viel mehr als das. Wenn du eine Inventur machst, hast du auch die Chance zu verstehen, *warum* du dich so verhältst, wie du es getan hast.

Und genau diese Einsicht fehlte in Nathalies Inventur. Sie hatte eine ausführliche Liste zusammengestellt, was sie alles falsch gemacht hatte, und ignorierte dabei die Fehler der anderen. Durch dieses schnelle Auslöschen des Unrechts anderer in ihren Gedanken vergaß sie ganz, *dass ihr Verhalten häufig eine Reaktion auf ihr Umfeld war.*

Wie viele andere Frauen auch war Nathalie so begierig, ihre eigenen „Übeltaten" einzugestehen, dass sie ganz vergaß, was sie eigentlich primär dazu motiviert hatte, so zu handeln. Warum war sie denn eigentlich so voller Angst, eifersüchtig und wütend? Wie hatten diese Gefühle ihr genutzt und sie beschützt? Ohne dieses grundlegendere Verstehen kam sie in eine Phase tiefer Verwirrung, als sie dann in den folgenden Schritten mit ihren „Mängeln" arbeiten wollte. Sie konnte keine Fortschritte erzielen, solange sie nicht innerlich die Quelle all ihrer wütenden und heftigen Emotionen und Verhaltensweisen gefunden hatte. Sie war nämlich nur oberflächlich über Erfahrungen des Verlassenwerdens und des Inzests in ihrer Vergangenheit hinweggegangen, weil sie es zu schmerzhaft fand. Erst später in ihrem Genesungsprozess war sie in der Lage, die Realitäten ihres Lebens anzusehen.

Wenn sich unsere Inventur also nur auf unsere Charakterfehler konzentriert, dann laufen wir Gefahr, den größeren Überblick zu verfehlen. Tatsächlich laufen wir Gefahr, in Bezug auf negative frühere Umstände entweder in Selbsttäuschung, Rachsucht, Arroganz oder Passivität zu verfallen. Denn unsere Charaktereigenschaften entstehen nicht in einem Vakuum. Wir entwickeln sie als Reaktionen auf reale oder angenommene Bedrohungen unseres physischen oder emotionellen Wohlbefindens.

Viele genesende Frauen kommen aus einem Umfeld, das absolut nicht unterstützend und nährend war und waren entweder offensichtlichem oder verstecktem Missbrauch ausgesetzt. Genesung ist die Zeit, in der viele Frauen erst einmal beginnen, von ihren Missbrauchserfahrungen zu heilen. Einige Frauen suchen sich zusätzlich zu ihrem Zwölf Schritte Programm noch professionelle Hilfe von außen. Auch wenn wir selbst keinem Missbrauch ausgesetzt waren, so mag es doch sein, dass wir verletzt wurden, als unsere Ursprungsfamilien oder unsere Freunde uns früher ignorierten, uns missverstanden oder durch ihre unsensible Art verletzt haben. Viele von uns sind mit dem Gefühl groß geworden, dass wir weder wertvoll noch liebenswert seien, dass *wir da einfach nicht hingehörten*.

Aber auch wenn wir von einem relativ stabilen Familienhintergrund herkommen, leben wir in einer Gesellschaft, die Frauen als weniger wichtig einschätzt als Männer.

Als Antwort darauf haben wir vielleicht defensive Verhaltensweisen entwickelt, die uns vor expliziten oder impliziten Verurteilungen und Kritik beschützen.

Diese Schutzmechanismen sind genau die Art von Charaktereigenschaften, die wir im Vierten Schritt aufdecken. Wenn wir in unseren Inventuren realisieren, dass wir uns manipulativ, schüchtern, ausweichend oder herausfordernd verhalten, dann können wir uns selbst die Frage stellen: „Welche anderen Möglichkeiten hätte ich denn gehabt? Hätte ich es wirklich besser machen können, angesichts dieser Umstände?"

Und wieder sind wir an dem Punkt, wo wir versuchen, die äußeren Umstände mit unserer Verantwortung in Einklang zu bringen. Es ist nicht gesund für uns, wenn wir uns selbst nur als Opfer sehen. Genauso kann unsere Weigerung, uns selbst verantwortlich zu fühlen, weil wir ein Trauma-Opfer sind, unsere Genesung beeinträchtigen. Und gleichzeitig müssen wir die Auswirkungen in unsere Überlegungen einbeziehen, die gewisse Ereignisse in unserem Leben gehabt haben.

Wenn wir erst einmal den Kontext sehen können, in dem sich unser Leben entwickelt hat und in dem unsere Verhaltensweisen ihren Ausdruck fanden, dann sehen wir auch, dass wir oft das Beste daraus gemacht haben, was wir nur konnten im Hinblick auf die Gegebenheiten, mit denen wir es zu tun hatten. Und jetzt, wo wir nüchtern und abstinent sind, können wir andere Entscheidungen treffen, auch wenn wir noch die Narben einer schmerzvollen Vergangenheit tragen, und können für unser heutiges Leben mehr Verantwortung übernehmen.

FURCHTLOSIGKEIT

Was bedeutet es, furchtlos an unsere Inventuren heranzugehen? In Wahrheit macht wahrscheinlich keine von uns ihre Inventur ganz ohne irgendwelche Befürchtungen. Wenn wir so lange warten würden, bis wir keine Angst mehr hätten, dann würden wir wahrscheinlich nie anfangen! Anstatt zu warten, bis wir vielleicht irgendwann einmal furchtlos sein werden, können wir uns besser *weigern, uns durch die Furcht von weiteren Schritten abhalten zu lassen.* Wir können voran machen, auch wenn es uns Angst macht, auch wenn wir uns überwältigt oder beschämt fühlen. Denk daran, Mut bedeutet nicht gleichzeitig die Abwesenheit von Furcht und Angst, es bedeutet, trotz Angst und Furcht zu handeln. Und wir können jederzeit um Hilfe bitten, uns durch die Furcht hindurch zu führen.

Du bist ganz sicher nicht alleine mit dem Gefühl der Furcht, wenn du den Vierten Schritt beginnst. Es ist in Ordnung, wenn du all die Dinge, die du getan oder erlebt hast, nicht wieder erinnern willst. Wenn du dich ganz besonders unwohl und verletzlich fühlst, dann bist du vielleicht noch nicht bereit, diesen Vierten Schritt zu tun und solltest vielleicht besser warten, bis du etwas mehr Zeit in deinem Genesungsprozess verbracht hast. Vielleicht ist es auch nur nötig, dass du es in kleinen Schritten angehst, langsam und bedächtig. Es kann ruhig eine Weile dauern, bis du dich für einen Einstieg in diesen Schritt entscheidest, und es kann auch ruhig eine Weile dauern, bis du damit durch bist.

Die meisten Frauen haben den Eindruck, dass der Vierte Schritt eine langsame Entwicklung ist. Aber sogar diejenigen von uns, die sich kurz entschlossen hineinwerfen, bleiben häufig stecken oder entscheiden an irgendeiner Stelle, dass es doch zu sehr schmerzt. Fast alle von uns haben mit irgendwelchen Schwierigkeiten zu kämpfen. So wie Sabine es ausdrückt: „Mir ist es passiert, dass ich etwas aufgeschrieben habe und gleichzeitig die Empfindung hatte, ich möchte nicht, dass das wahr ist! Es hat so wehgetan, Teile von mir anzuerkennen, die ich niemals zuvor wirklich zugelassen habe!" Wenn wir an diesem Punkt ankommen, dann haben wir vielleicht das Bedürfnis, erst einmal anzuhalten und zu unterbrechen, oder langsamer weiterzumachen, oder aber uns durch Tränen, Wut und Unwohlsein hindurchzukämpfen.

Auch ist dies die Zeit, uns an eine Höhere Macht, an das innere Selbst oder unsere spirituelle Quelle zu wenden, um Führung zu erhalten. Wie wir es häufig im Zwölf-Schritte-Programm hören, sind die Schritte aus ganz bestimmtem Grund in einer speziellen Abfolge angeordnet.

Schritt Drei ist deshalb dem Vierten Schritt vorgeschaltet, weil er hilft, eine Beziehung mit einer spirituellen Führung aufzubauen, bevor wir mit unserer Inventur beginnen.

Wir können uns von dieser spirituellen Führung sagen lassen, wann wir bereit sind und wie schnell wir vorangehen. Wenn wir unseren Willen und unser Leben einer heilenden Macht anvertrauen können, dann können wir ihr auch unseren Vierten Schritt anvertrauen.

Auch eine sensible Sponsorin oder die Unterstützung durch andere Frauen im Programm können dazu beitragen, den Vierten Schritt weniger beängstigend zu machen. Gretchen z. B. hatte eine mitfühlende Sponsorin, die ihr riet, langsam vorzugehen und ihre Inventur behutsamer anzugehen: „Meine Sponsorin sagte dazu: ‚Ich höre hier eine Menge Schuld heraus. Ich glaube nicht, dass du schon bereit bist.'" Und tatsächlich hatte sie Recht. Ich wollte so schnell wie möglich fertig werden, gerade weil ich mich so schuldig fühlte. Ich hatte Angst davor, was noch alles passieren würde, wenn ich meine Inventur *nicht* machen würde. Letztendlich war es besser, noch abzuwarten und erst einmal durch diese Angst hindurchzugehen."

Wenn wir uns wegen des Vierten Schrittes Sorgen machen, dann hilft es zu erinnern, dass wir dabei nicht vollkommen und perfekt sein müssen. Die meisten von uns werden diese Inventur ohnehin im Laufe ihrer Genesung mehrfach machen, so dass all dasjenige, was nicht gleich in der ersten Inventur auftaucht, ganz sicher später noch eine Rolle spielen wird. Bei den AA sagt man, „mehr wird noch offenbart werden". Da aber viele von uns Perfektionistinnen sind, haben wir das Gefühl, dass wir etwas nicht richtig gemacht haben, wenn wir nicht gleich in unserer ersten Inventur jedes mögliche Detail aufgedeckt haben.

Die Wahrheit ist, dass einige von uns beim ersten Mal ganz wichtige Informationen auslassen. So vergaß eine verheiratete Frau bei ihrem ersten Vierten Schritt zu erwähnen, dass es da noch ein kleines Detail gab: Sie hatte nämlich eine Affäre – während sie ihre Inventur aufschrieb. Eine andere Frau hatte die Erinnerung ausgeblendet, dass sie Jahre zuvor noch ihre Tochter misshandelt hatte. Beide Frauen waren später in der Lage, sich intensiver mit diesen Verhaltensweisen zu beschäftigen, aber in ihren ersten Inventuren waren sie einfach noch nicht bereit dazu.

Wie wirst du herausfinden, ob du bereit bist, der Wahrheit über dich selbst zu begegnen? Vertraue deiner inneren Stimme. Du wirst lernen, was du handhaben kannst – und was noch nicht.
Und du wirst auch erkennen, wenn du etwas vermeidest, nur um dir das Leben leichter zu machen.

Verführerisch ist es natürlich, die Dinge auszulassen, für die du dich am meisten schämst, oder die wirklich schwierigen Wahrheiten schönzureden. Aber vielleicht brauchst du im Moment genau das. Vielleicht musst du ja die Wahrheit abstreiten, um am Leben bleiben zu können; vielleicht bist du nicht stark genug, um alles Leugnen wegfallen zu lassen. Aber die Wahrheit wird da sein und dich stören wie ein Steinchen im Schuh. Du wirst selbst herausfinden, dass das Ignorieren oder Leugnen eines wichtigen Themas in deinem Leben nicht dazu führt, dass es wie von Zauberhand verschwindet.

Die Wahrheit zu vermeiden kann so sein, als hättest du einen entzündeten Zahn und weigertest dich dennoch, zum Zahnarzt zu gehen. Eine lange Zeit realisierst du vielleicht nicht, wie wichtig und ernst das Problem ist. Oder du triffst die Entscheidung, dass es immer noch besser ist, den Schmerz der Infektion auszuhalten, als in einem Zahnarztstuhl zu sitzen. Irgendwann jedoch wird der Schmerz für dich zu groß werden. Die Ironie dabei ist, dass du wahrscheinlich eine enorme Erleichterung verspürst, wenn du endlich den Zahn ziehen lässt, und du dich dann wunderst, warum du nicht viel früher auf diese Idee gekommen bist.

Wenn du jetzt also mit deiner Inventur beschäftigt bist, dann frage dich selbst einmal „Was trage ich da eigentlich mit mir herum, das ich loslassen müsste? An welchem unnötigen Schmerz halte ich mich fest? Und was möchte ich eigentlich über mich selbst gar nicht wissen?" Je mehr du bereit bist, auch die härtesten Wahrheiten anzuschauen, desto eher wirst du dir selbst die Chance geben, dich besser zu kennen und zu akzeptieren.

TYPISCHE FRAUENTHEMEN

Alle Menschen im Genesungsprozess – sowohl Männer als auch Frauen – haben gewisse Übereinstimmungen in ihren Inventuren. Ganz sicher werden alle von uns von impulsivem Verhalten und Groll heimgesucht.

Wir alle haben unterschwellig Angst, die wir zu vermeiden trachten, indem wir Alkohol oder Drogen nehmen (oder Sex, Essen, Geld oder ungesunde Beziehungen).

Und es gibt typische Frauenthemen. Gewisse Grundmuster scheinen aus unserem Bedürfnis nach Beziehungen zu stammen. Vielleicht geben wir uns einfach *zu* viel Mühe, um mit anderen Menschen in Kontakt zu sein. Das Ergebnis kann sein, dass wir uns selbst Frust bereiten und wir es uns in Wirklichkeit immer schwerer machen, neue Beziehungen einzugehen. Vielleicht findest du ja auch, dass du einige dieser Grundmuster immer wieder wiederholst:

PERFEKTIONISMUS

Viele Frauen fühlen einfach den Zwang, alles perfekt machen zu müssen. Wenn wir in den Strudel des Perfektionismus geraten, dann ergreift dieser gewöhnlicherweise jeden Bereich unseres Lebens. So meinen wir z. B., dass wir immer attraktiv aussehen müssten, nie Fehler machen dürften und jederzeit genau das Richtige sagen und tun müssten.

Ein sicheres Zeichen für Perfektionismus ist auch die Einstellung, dass die Inventur nach dem Vierten Schritt absolut untadelig sein muss! Alles, das weniger als perfekt ist, führt vielleicht dazu, dass du dich verunsichert und ungenügend fühlst.

Wir gehen deshalb so unbarmherzig mit uns selbst um, weil wir Angst haben, andere könnten uns ablehnen oder gar verletzen, wenn wir weniger als perfekt auftreten. Wir wollen einfach nicht glauben, dass wir auch dann liebenswert und annehmenswert sind, wenn wir unsere menschliche und fehlerhafte Seite zeigen. Ironischerweise könnten wir aber gerade dann, wenn wir zu intensiv versuchen, perfekt zu sein, Menschen von uns entfremden, die wir eigentlich beeindrucken wollen.

ES ALLEN RECHT MACHEN WOLLEN -
ZUSTIMMUNG HEISCHEN

Für Frauen sind Beziehungen eine Quelle tiefer Befriedigung. Aber wie weit bist du bereit zu gehen, um eine Beziehung aufrecht zu erhalten? Vielleicht konzentrierst du dich wie viele andere Frauen so sehr darauf, der anderen Person zu gefallen, dass du darüber deine eigenen Bedürfnisse und Wünsche vergisst.

Im Umgang mit etlichen ihrer Freunde spielte Norma immer die Tatsache herunter, dass sie einen Universitätsabschluss hatte, weil sie früher deswegen als hochnäsig bezeichnet wurde. Ihre Reaktion war typisch für viele Frauen, die etwas haben, auf das die eigentlich stolz sein könnten: Sie versteckte ihre Errungenschaften und Leistungen, um das Ego der Menschen um sie herum zu schützen. Eine lange Zeit versuchte Norma, sich selbst als die Person darzustellen, die ihre Freunde bereit waren zu akzeptieren. In ihrer Inventur stellte sich jedoch heraus, dass sie für diese Art von ,es allen recht machen wollen' einen zu hohen Preis bezahlt hatte. Mit der Zeit suchte sie sich neue Freunde, die sie akzeptierten als das, was sie war, inklusive Universitätsabschluss.

Es kommt oft vor, dass wir Talente oder Zukunftspläne herunterspielen, nur um jemand anderem nahe zu bleiben, und dabei ignorieren wir unsere eigenen Träume, indem wir vorgeben, dass wir gar keine eigene Meinung oder Gefühle haben. Die Motivation ist dabei, eine Beziehung gut am Laufen zu halten. Innerlich aber fühlen wir ganz genau, dass wir uns selbst nicht treu geblieben sind. Wir fühlen uns einsam, auch wenn wir von unseren Lieben umgeben sind, weil wir nicht die sein können, die wir in Wirklichkeit sind.

MISSBRAUCH LEUGNEN

Wenn sich jemand in einer Art und Weise zu uns verhält, die wir als Missbrauch empfinden, dann mag es sicherer scheinen, dieses Verhalten zu ignorieren. Welches Gefühl haben wir aber uns selbst gegenüber, wenn wir das leugnen, was in Wirklichkeit mit uns geschieht?

Kathies Chef z. B. heimste immer den Erfolg für Arbeiten ein, die eigentlich sie geleistet hatte. Als sie sich darüber beschwerte, erinnerte er sie daran, dass er der Chef sei und sie wahrscheinlich wieder dem Alkohol und der Esssucht verfallen würde, wenn sie sich schon über solche Kleinigkeiten aufregen würde. Verletzt durch diese Beleidigungen versuchte Kathie, sich selbst zu überzeugen, dass sie einfach zu sensibel und selbstbezogen sei. Sie versuchte, genau herauszufinden, welcher ihrer eigenen Charakterfehler der Grund für dieses Problem sein könnte. Als jedoch ihre Inventur immer genauer wurde, fand sie heraus, dass ihr wirklicher Irrtum darin bestand, ihren Chef zu entschuldigen und sich selbst dafür die Schuld zu geben. Infolgedessen beschloss sie, ihn damit zu konfrontieren. Das Ergebnis war anfangs schmerzhaft, langfristig aber positiv: Zwar wurde sie von ihrem Chef gefeuert, doch sie fand kurz darauf eine bessere Stellung.

Wenn man auf die Konsequenzen schaut, mag es nicht immer die beste Wahl sein, jemanden zu konfrontieren, dessen Verhalten man als Missbrauch erlebt. Das bedeutet aber nicht, dass es eine gute Idee ist, den Missbrauch zu leugnen. Wenn wir nämlich versuchen, uns selbst davon zu überzeugen, dass der Missbrauch uns eigentlich nichts ausmacht oder letztendlich unsere eigene Schuld ist, dann verletzen wir uns selbst nur noch mehr. Der Schlüssel ist, das missbräuchliche Verhalten als das anzusehen, was es in Wirklichkeit ist. Wir können dann entscheiden, ob wir einen weiteren Schritt tun, so wie Kathie, und unseren Standpunkt vertreten.

PASSIVITÄT

Loretta fand heraus, dass ihr selbstdestruktivstes Muster daraus bestand, sich zurückzunehmen und ihr eigenes Leben zu beobachten. Passiv ließ sie zu, dass andere Menschen Entscheidungen für sie trafen. Ihre Beziehungen waren oberflächlich, und es schien so, als ob ihr nicht wirklich etwas daran läge, ob diese Beziehungen nun fortgesetzt würden oder versandeten.

Loretta hatte Angst, sich selbst die Erlaubnis zu geben, zu Menschen oder Dingen Bindungen aufzubauen. So hatte sie sich nie erlaubt, sich intensiver mit anderen Menschen einzulassen. Sie konnte keine Entscheidungen mehr für sich selbst treffen – also in ihrem Leben aktiv sein – weil sie zu große Angst davor hatte, einen Fehler zu machen oder enttäuscht zu werden.

Viele von uns machen zu, so wie Loretta, und ziehen sich in ihre Angst zurück, anstatt richtig an ihrem eigenen Leben teilzuhaben. Es fühlt sich sicherer und einfacher an, uns selbst weiszumachen, dass uns das alles gar nicht so wichtig sei – aber das ist nicht sehr belohnend.

In der Genesung können wir beginnen zu realisieren, wie viel wir schon dadurch verpasst haben, dass wir unsere Leben passiv verbringen.

SCHULD

Für Frauen, die alkoholsüchtig sind oder Drogen nehmen, ist Schuld wahrscheinlich das vertrauteste Thema von allen. Wie die meisten von uns, so war auch ich in den frühen Stadien der Nüchternheit davon überzeugt, dass die meisten Dinge, die in meinem Leben schief gegangen waren, irgendwie meine Schuld waren: Ich hätte es besser wissen sollen, ich hätte mich selbst besser kontrollieren sollen, ich hätte etwas unternehmen sollen, damit alles seine Richtigkeit hat. Ich sah mich selbst als ungenügend und fühlte mich einfach schrecklich mit mir selbst.

Sogar diejenigen von uns, die gewöhnlich anderen die Schuld geben, teilen insgeheim dieses Gefühl von Schuld. Wenn wir das Gefühl haben, dass wir Schuld sind, dann zeigen wir vielleicht schnell mit dem Finger auf jemand anderen, um dieses furchtbare und nagende Schuldgefühl zu vermeiden.

Vielleicht bist du weniger Schuld als du meinst. Warst du wirklich imstande, dich unter den gegebenen Umständen anders zu verhalten? Hattest du wirklich andere Wahlmöglichkeiten? Schuld in eine Perspektive zu stellen – Schuld also auf das richtige Maß zurechtzustutzen –, ist nicht einfach. Dem Schuldgefühl aber weiterhin zu erlauben, dich zu überwältigen, ist selbstzerstörerisch. Wenn du also in einem ständigen Zustand der Selbstbeschuldigung und Selbstverurteilung lebst, dann wirst du nur immer damit weitermachen, dich selbst unnötigerweise zu bestrafen.

Diese Themen können uns eine Menge über unser eigenes Leben erzählen, speziell wenn wir dabei unter die Oberfläche schauen. Es gibt dort einen verborgenen roten Faden, der durch all diese Themen hindurchgeht. Ich finde es besonders hilfreich, diesen roten

Faden in meinem eigenen Genesungsprozess zu verfolgen: Viel von unserem Elend kommt von den Dingen her, die wir *nicht* getan haben. Als Frauen haben wir häufig nicht die Wahrheit darüber gesagt, wie wir uns fühlen oder was wir denken.

Wir sind nicht für uns selbst eingestanden oder waren unseren eigenen Gefühlen gegenüber nicht wahrhaftig. Wir sind immer der Tagesordnung von irgendjemand anderem gefolgt und haben uns nicht einmal selbst die Frage gestellt, ob es das ist, was wir wirklich wollen.

Wenn wir nicht in der Lage sind, mit unserem inneren Selbst in Verbindung zu bleiben, erzeugen wir Elend und Sorge.

GLEICHGEWICHT FINDEN

Es ist wichtig, daran zu denken, dass es im Vierten Schritt um *Gleichgewicht* geht. Deine Inventur ist kein Kreuzverhör, in dem du schwörst, nur die Wahrheit zu sagen, die ganze Wahrheit und nichts als die Wahrheit. Du hast natürlich ein Interesse daran, so wahrhaftig zu sein, wie du nur kannst, aber du räumst dir dabei selbst noch den Vorteil des Zweifels ein. Denke immer gut von dir – nimm das Beste über dich an. Denke an deine Inventur als einen Weg, um festzustellen, wo dein Leben aus dem Gleichgewicht geraten ist – wie deine Fehler oder deine Verteidigungsstrategien dich vom Kurs abbringen –, so dass du die nötigen Schritte tun kannst, um den Kurs zu korrigieren.

In diesem Geist, eine neue Balance zu finden, müssen wir an dieser Stelle auch unsere positiven Eigenschaften wahrnehmen, wenn wir unsere Inventur machen. Zusammen mit der Liste unserer Beschränkungen müssen wir auch eine Liste unserer Stärken anfertigen, indem wir uns selbst fragen: Was mache ich eigentlich am besten? Was sind meine Erfolge? Wann habe ich das Richtige getan? Was mag ich an mir selbst?

Unsere Stärken zu identifizieren, kann überraschenderweise schwerer sein, als es sich anhört. Viele von uns finden es sehr schwierig, ihre Stärken aufzuzählen. Wir haben vielleicht das Gefühl, dass wir übertreiben oder in Angeberei verfallen, wenn wir diese Stärken aufschreiben.

Auch wenn du dich dabei unwohl fühlst, so schreibe deine Stärken dennoch auf. Du wirst in diesem Prozess etwas Wichtiges über dich selbst herausfinden. Was sagt das denn über dich aus, wenn du nicht auf die besten Seiten an dir Stolz bist? In der Entdeckung und Akzeptanz der eigenen Tugenden liegt nämlich etwas sehr kraftvolles.

Und noch eine Überraschung: Viele von uns finden unerwarteterweise versteckte Stärken in unseren „Beschränkungen". Eine Frau kämpfte jahrelang mit ihrer „schlechten Laune" und fand dann heraus, dass sie ihren leidenschaftlichen Zorn auf Dinge richten konnte, die wirklich wichtig waren, so z. B. der Schulleitung zu widersprechen, als diese das sexuell unangemessene Verhalten eines Lehrers herunterspielen wollte. Eine andere Frau fand heraus, wie sehr ihre Ängstlichkeit ihr auch von Nutzen war, um schlechte Beziehungen und ungesunde Entscheidungen zu vermeiden. Aber erst musste sie herausfinden, dass ihre Angst auch eine Art von Führung war - und nicht nur die treibende Kraft in ihrem Leben. So wie diese beiden Frauen kann jede von uns entdecken, dass die Dinge, die wir eigentlich am liebsten loswerden möchten, es wert sind, sie zu behalten.

Wenn du an dieser Vorstellung von Selbstakzeptanz festhältst, wird es dir wahrscheinlich leichter fallen, diesen Vierten Schritt durchzuarbeiten. Denk immer daran, du bist dabei, dich selbst kennen zu lernen – ein Gleichgewicht zu finden zwischen deinen Stärken und Schwächen. Lass dir Zeit und gehe sanft mit dir um – und versuche gar nicht erst, perfekt zu sein. Mach dir vor allem nicht zu viele Sorgen darüber, ob du dich „moralisch" verhalten hast – oder nicht. Lass den Prozess sich langsam entwickeln und lass deinen guten Geist dir den Weg zeigen. Du bist nämlich dabei, einige sehr wichtige Dinge über dich selbst zu lernen und die Wirklichkeit auf eine neue Weise zu sehen.

Eine Inventur zu machen, kann also unsere Selbstwahrnehmung schärfen und unsere Ehrlichkeit im Umgang mit uns selbst und unseren Selbstrespekt erhöhen. Wenn wir jetzt zum nächsten Schritt übergehen, dann nehmen wir uns selbst besser an, ganz gleich, was wir früher getan haben oder wie wir früher einmal waren.

FÜNFTER SCHRITT

Wir gaben Gott, uns selbst und einem anderen Menschen gegenüber unverhüllt unsere Fehler zu.

Vielleicht näherst du dich anfangs dem Fünften Schritt mit Misstrauen. Vielleicht voller Angst und überzeugt davon, dass du erniedrigt und abgelehnt werden wirst, wenn irgendjemand erfährt, was du in der Vergangenheit alles angestellt hast. Es ist schwer genug, im Vierten Schritt uns selbst genau anzuschauen. Aber unsere Inventur auch noch mit anderen Menschen zu teilen, das scheint unmöglich.

Als ich mich damals anschickte, den Fünften Schritt zu tun, da war ich auch besorgt: Was wird dieser andere Mensch von mir denken? Wird sie mich weiter mögen und wird sie weiter meine Sponsorin sein wollen? Ich kämpfte mit meiner Angst und machte dann doch mit dem Fünften Schritt weiter, weil ich dem Rat der Frauen vertraute, die schon länger nüchtern waren als ich.

Zu meiner großen Überraschung erlebte ich jedoch eine enorme Erleichterung, als ich meinen Fünften Schritt machte. Meine Sponsorin akzeptierte mich so wie ich war, mit meinen Geheimnissen und allem überhaupt. Sie verurteilte mich nicht. Stattdessen hörte sie mir gut zu – und verstand. Für mich war das ein gewaltiger Schritt heraus aus der Isolation und hin zu einem neuen Begriff von Zugehörigkeit. Indem ich eine unkritische Akzeptanz von einer anderen Frau erlebte, begann ich mich selbst zu akzeptieren und Schuld und Sühne loszulassen, die ich schon seit langer Zeit mit mir herumschleppte.

Zahllose andere Frauen haben ähnliche Erfahrungen mit dem Fünften Schritt gemacht. Unsere Scham beginnt, sich zu verringern, wenn wir merken, dass es da jemanden gibt, der zu uns steht, *ganz egal, was wir alles getan haben mögen.*

„EIN ANDERER MENSCH"

Nachdem wir uns im Vierten Schritt uns selbst gegenüber die Wahrheit eingestanden haben, machen wir dasselbe jetzt in Schritt

Fünf, indem wir die Wahrheit einem anderen Menschen offenbaren. Wir können dazu unsere Inventur aus dem Vierten Schritt einem anderen Menschen im gesamten Umfang laut vorlesen oder mündlich zusammenfassen, was wir aus unserer Inventur gelernt haben. Wenn dir das zu formell oder strukturiert vorkommt, dann kannst du auch einer guten Zuhörerin einfach dein Leben erzählen.

Achte besonders gut darauf, dass du dafür jemanden wählst, die/ der versteht, was du zu bewerkstelligen versuchst und die deine Privatsphäre und Anonymität respektieren wird. Du brauchst dafür jemanden, die/der bei dir bleibt, dich durch all deine Tränen, deine Schmerzen und deine Angst – und vielleicht auch dein Lachen – hindurch begleitet, wenn du dein Leben beschreibst und die Gefühle, die du dabei hattest. Die Offenheit und Bereitwilligkeit zum Zuhören sind dabei die wichtigsten Eigenschaften deiner Zuhörerin. Das Heilen geschieht durch das Mitteilen und das Angehört-werden.

Vielleicht entscheidest du dich auch dazu, verschiedene Teile deiner Lebensgeschichte mit unterschiedlichen Menschen zu besprechen. Vielleicht teilst du einiges aus deiner Inventur einer Sponsorin mit und andere Teile wiederum deiner Therapeutin, einem Geistlichen oder einer Freundin oder einem Freund. Das Wichtige dabei ist, dass du alles aus deinem Leben mitteilst – nichts auslässt – und dafür Menschen wählst, die sich nicht durch irgendetwas von dem, was du offenbarst, persönlich angegriffen fühlen. So sind z. B. dein Ex-Ehemann oder dein derzeitiger Partner wahrscheinlich nicht die beste Wahl, um deinen Fünften Schritt anzuhören.

Der Vorteil dessen, den Fünften Schritt mit einer anderen Frau im Genesungsprozess durchzugehen, ist, dass auch sie ihre eigene Geschichte zu erzählen hat. Dies mag sich zuerst etwas merkwürdig anhören – schließlich bist du an der Reihe, deine Geschichte zu erzählen. Aber es geschieht etwas Interessantes, wenn dir eine andere Frau sagt, dass sie ganz ähnliche Erfahrungen hatte: Wir finden auf diese Weise auf ganz persönliche Art heraus, dass wir auch in unseren Schmerzen und mit unseren Fehlern nicht einzigartig sind, dass wir nicht die einzige Frau sind, die dort war, wo wir gewesen sind. Wenn eine andere genesende Frau unseren Fünften Schritt hört, dann lernen wir vielleicht, dass sie genauso deprimiert, unaufrichtig oder ihren Kindern gegenüber missbräuchlich war wie wir – und vielleicht sogar noch mehr als wir.

Wir bekommen dadurch einen Sinn für die Perspektive, wenn eine andere Frau uns erzählt, dass sie ganz ähnliche Dinge getan hat. Und wir können Hoffnung aufkeimen fühlen, wenn wir sehen, wie andere ihr Leben verändert haben.

Marie-Luise entschied sich, ihre Inventur verschiedenen Menschen vorzulesen. Durch diesen Akt wollte sie sich reinigen, aus ihrem System ausbrechen. Ihr Gefühl sagte ihr, der beste Weg, dies zu erreichen, sei das laute Vorlesen ihrer Inventur und zwar so vielen Menschen wie möglich. Aber einen Teil ihrer Inventur hob sie sich für einen ganz speziellen Menschen auf. Sie hatte kein gutes Gefühl dabei, die Geschichte ihrer Sexualität mit jeder anderen zu teilen, und so las sie diesen Teil nur Tanja vor. Tanja, die schon mehrere Jahre nüchtern war, besaß die Aura einer ruhigen Weisheit. Marie-Luise wusste, dass sich auch Tanja durch viel Scham hindurchgearbeitet hatte, deren Ursprung in ihrem Sexualleben lag.

Mit Tanja war es Marie-Luise möglich, Erlebnisse zu erinnern, über die sie die meiste Scham empfand: wie sie beliebige Männer in Bars aufgegabelt, Sex vor den Augen ihrer kleinen Kinder hatte und den Ehemann einer Freundin verführte. Sie hatte eine lange und schwierige Geschichte zu berichten.

Während der ganzen Zeit, in der Marie-Luise ihre Geschichte erzählte, hörte Tanja intensiv zu und steuerte von Zeit zu Zeit ihre eigenen Erfahrungen bei. Auch sie beschrieb, wie sie ihren Körper benutzt hatte, um sich ihren Nachschub an Drogen und Alkohol zu besorgen. Auch sie hatte mit zahllosen Männern geschlafen und sich all dem unterworfen, was diese wollten, inklusive Gewalt. In der Genesung merkte sie, dass sie ein Leben führen konnte, in dem Alkohol und Drogen keinen Platz mehr hatten und dass sie sich jeder Art von Sex verweigern konnte, die sie nicht wollte.

Obwohl die Details von Tanjas Geschichte andere waren als die von Marie-Luise, vermittelte Tanjas Erfahrung ihr doch: „Ich war da auch!" Diese emotionelle Verbindung half Marie-Luise, ihre Scham und Schuld leichter zu machen. Allein das Wissen, dass eine selbstbewusste Frau wie Tanja sich auch einmal so verzweifelt verhalten hatte wie sie selbst, half Marie-Luise, Mitleid mit sich selbst zu entwickeln. Und es war eine Offenbarung für sie, dass eine Frau durchaus die Macht hatte, nein zu sagen. Als eines der Ergebnisse ihres Fünften Schrittes hatte Marie-Luise eine neue Perspektive im Hinblick auf ihre früheren Verhaltensweisen – und einige neue Optionen, sich in Zukunft anders zu verhalten.

Nicht jeder Fünfte Schritt bringt dieses Ausmaß an Gegenseitigkeit mit sich. Es kann sogar sein, dass deine Zuhörerin dir sehr wenig von ihrer eigenen Geschichte preisgibt. In meinem Fünften Schritt hörte meine Sponsorin lediglich geduldig zu und gab dabei einige unterstützende Kommentare, erzählte mir aber kaum etwas aus ihrem Leben. Und doch hatte ich die ganze Zeit über das Gefühl, dass sie bei jedem Schritt meines Weges bei mir war.

GEFÜHLE VON FURCHT, WERTLOSIGKEIT ODER ERNIEDRIGUNG

Auch wenn sich mittlerweile der Fünfte Schritt so anhört, als ob er doch eine gute Idee sei, mag es auch sein, dass wir uns immer noch unsicher fühlen, ob wir so viel von uns selbst jemand anderem offenbaren sollten. Schließlich geht es um eine ganze Menge, wenn wir unsere Seelen einem anderen Menschen so bloßlegen. Viele von uns sind voller Zweifel und Schrecken, wenn sie diesen Schritt beginnen.

Ironischerweise fühlen sich die meisten Frauen ganz wohl dabei, wenn sie Ereignisse aus ihrem Privatleben mit anderen Frauen austauschen. Wir rufen unsere beste Freundin an, um unsere Probleme mit ihr zu diskutieren, oder wir berichten unserem Therapeuten von unseren Beziehungen und von den täglichen Herausforderungen. Aber der Fünfte Schritt ist anders. Im Fünften Schritt gehen wir erheblich tiefer, um zu entdecken und zu erinnern, oft tiefer, als wir je zuvor gegangen sind. Es ist ja gut möglich, dass sogar unsere beste Freundin und unsere langzeitige Therapeutin nichts von den Geheimnissen ahnen, die wir am Besten gehütet haben. Wir hatten vielleicht manchmal das Gefühl, dass wir gewisse Fakten und Gefühle besser zurückhalten, um Beziehungen aufrechterhalten zu können.

Viele von uns haben diese „Geheimnisse" sogar vor sich selbst versteckt und erst dann wieder entdeckt, als wir die Inventur machten.

Für Frauen, die in Familien groß wurden, in denen das Verstecken von Geheimnissen vor der Welt üblich war, ist diese Besinnung auf die Wahrheit manchmal Schrecken erregend. Nicht selten erleben wir Frauen eine kindische Panik, wenn wir uns endlich anschicken, „alles auf den Tisch zu legen". Wir sind ganz sicher, dass etwas Schreckliches passieren wird, wenn wir das tun, aber wir wissen nicht genau, was dieses Schreckliche ist. Manchmal, wenn wir versuchen, Vorfälle des Missbrauchs in unserem Fünften Schritt zu beschreiben, werden wir so von unseren Angstgefühlen überwältigt, dass wir nicht weitersprechen können.

Wenn du solche Angstgefühle bekommst, während du die Wahrheit berichtest, dann versuche, dich daran zu erinnern, dass du nicht länger in Gefahr bist. Du kannst alles sagen im Fünften Schritt – und immer sicher sein. Wenn du durch deine Angst hindurchgehst, dann bereitest du dir die Möglichkeit, Erleichterung und Mitgefühl mit dir selbst zu erleben.

Vielleicht zögerst du ja auch, den Fünften Schritt zu beginnen, weil du der Meinung bist, dass du diese intensive Aufmerksamkeit von einer anderen Person gar nicht verdienst. Frauen haben manchmal das Gefühl, dass sie zu selbstzentriert sind, wenn sie irgendetwas für sich selbst erbitten. Aber wenn du in deinem Genesungsprozess fortschreiten willst, dann musst du andere bitten, dir zuzuhören, dir Zeit und Aufmerksamkeit zu schenken und sich deine Geschichte anzuhören.

Wenn wir andere darum bitten, sich unseren Fünften Schritt anzuhören, dann zeigen wir Liebe und Respekt für uns selbst. Wir zeigen uns selbst, dass wir uns wichtig sind, wenn wir voraussetzen, dass wir die Zeit und die Aufmerksamkeit anderer wert sind. Auch wenn wir noch nicht endgültig überzeugt sind, dass wir das wert sind, können wir doch so tun, als ob – wir können jedenfalls immer jemanden fragen, ob sie sich unseren Fünften Schritt anhört.

Die traditionelle AA-Literatur sagt uns immer wieder, dass dieser Schritt zu einem Abbau unseres überzogenen Ichs führt.[*]

---

[*] *Zwölf Schritte und Zwölf Traditionen*, AAO, S. 52

Man kann annehmen, dass es auch für uns erniedrigend ist, zu einem anderen Menschen zu gehen und mit ihm über die persönlichsten Dinge unseres Lebens zu sprechen. Dies trifft aber noch mehr für Männer zu, die sich normalerweise gar nicht wohl dabei fühlen, über solche Details ihres Lebens sprechen zu müssen. Die meisten Frauen jedoch haben eine lebenslange Erfahrung darin, persönliche Geschichten auszutauschen. Jegliche Erniedrigung, die wir vielleicht wahrnehmen, hat wahrscheinlich einen hohen Anteil an Angst. Obwohl wir es gewöhnt sind, uns mitzuteilen, fühlen wir uns vielleicht nicht wohl dabei, jemanden zu bitten, sich mit uns hinzusetzen und sich unsere Lebensgeschichte anzuhören. Vielleicht denken wir, es nicht wert zu sein. Und deshalb hat paradoxerweise dieser Fünfte Schritt für Frauen häufig den Effekt, dass er zu einer Ego-*Ermächtigung* führt. Denn im Fünften Schritt wird unser Selbstwert anerkannt – er sagt uns, dass wir es wert sind, dass man uns anhört.

„FEHLER" ZU WÖRTLICH NEHMEN

Der Fünfte Schritt fordert uns dazu auf, die „genaue Art unserer Fehler" anzugeben. Wenn wir diese Aufforderung zu wörtlich nehmen, dann könnten wir annehmen, dass wir uns jetzt nur noch auf unsere Fehler und Unzulänglichkeiten konzentrieren. Von dieser Perspektive aus ist es kein Wunder, dass wir erwarten, im Fünften Schritt be- und verurteilt und abgelehnt zu werden.

In Wirklichkeit geht es im Fünften Schritt um Offenheit und eine freiwillige Selbstverpflichtung, tiefer in uns selbst hineinzuschauen. Worte wie *Fehler* und *Mängel* zu benutzen, hilft uns vielleicht nicht dabei, unsere Vergangenheit anzusehen oder unsere Gegenwart zu verstehen. Wenn wir diese Worte lesen oder hören, kann es sein, dass wir uns automatisch schuldig fühlen und selbstkritisch werden. Und das brauchen wir eigentlich nicht noch mehr. So wie es eine Freundin von mir ausdrückt: „Wir hatten genug von dieser Botschaft, dass als Frau geboren zu werden von vornherein bedeutet, auf der falschen Seite des Lebens geboren worden zu sein."

Anstatt in diesen Kategorien von Richtig und Falsch zu denken, sollten wir uns lieber darauf konzentrieren, unsere Stärken und Begrenzungen ohne Beurteilung oder Schuldzuweisung anzuerkennen. Der Fünfte Schritt ist unsere Chance, unsere Verhaltensweisen und Erfahrungen nüchtern und faktenbezogen zu beschreiben. Dies bedeutet nicht, dass wir unsere Inventur ganz emotionslos lesen, so als ob es unsere Wäscheliste sei. Im Gegenteil kann es viele Tränen und wütende Augenblicke auf unserem Weg geben. In meiner eigenen Erfahrung des Fünften Schrittes habe ich Vieles davon erlebt, aber auch völlig unerwartete und sehr heilsame Momente von Lachen und Fröhlichkeit. Meine Sponsorin war sehr gut darin, mir den absurden Humor in einigen meiner zerstörerischsten Erfahrungen aufzuzeigen.

Der Punkt ist, dass du es gar nicht nötig hast, die schwierigsten Teile herunterzuspielen, und du brauchst sie auch nicht zu dramatisieren. Du teilst einfach nur deine Vergangenheit mit, so dass du sie nicht länger als ein Geheimnis mit dir herumschleppen musst. Hier ist deine Chance, es heraus- und loszulassen. Jetzt kannst du Geheimhaltung und Isolation durchbrechen und wagen, dass dich jemand wirklich kennen lernt. Aber mach *dich nicht selbst* dabei zu einem Fehler.

Franziska, eine Studentin, denkt an den Fünften Schritt mit den Worten: „Auf den Boden der Wirklichkeit kommen – mit einem anderen Menschen." Für sie geht es um emotionelle Aufrichtigkeit – imstande sein, zuzugeben, wie sie wirklich fühlt. Sie hat zuerst einen ganz formellen Fünften Schritt gemacht, indem sie sich mit ihrer Sponsorin hingesetzt hat, um ihr ihre Inventur mitzuteilen. Und nach dem Fünften Schritt weiß sie jetzt, wie man das macht, eine wirklich tief schürfende Konversation mit anderen zu führen. Sie bezeichnet solche Begegnungen jetzt als einen spontanen Mini-Fünften-Schritt.

Eines Tages bemerkte Franziskas Freundin Julia nach einem AA-Meeting, wie Franziska sich einer anderen jungen Frau gegenüber, die sie beide kannten, sehr unhöflich verhielt. „Du magst sie wirklich nicht, nicht wahr?", fragte Julia.

Und tatsächlich, bis zu diesem Moment hatte Franziska nie bemerkt, dass sie dabei ganz starke Empfindungen hatte.

Es stimmte nämlich. Franziska gefiel die Art und Weise überhaupt nicht, wie diese andere Frau in den Meetings Aufmerksamkeit auf sich selbst lenkte.

Zuerst war Franziska geschockt und fühlte sich peinlich berührt, dass ihre Freundin ihre Gefühle so deutlich wahrnehmen konnte. Aber nachdem sie eingesehen hatte, dass Julia lediglich ihre Beobachtung mitgeteilt hatte und gar nicht kritisch war, wurde es Franziska möglich, offen darüber zu sprechen, warum das Verhalten jener Frau sie so ärgerte. Und anstatt sich nun selbst als fehlerhaft einzustufen, benutzte Franziska diese Gelegenheit, um mit Hilfe einer einfühlsamen Freundin etwas über sich selbst zu lernen.

Unsere „Fehler" zuzugeben, hilft uns, die Wirklichkeit von Vergangenheit und Gegenwart aufzudecken so dass wir in der Lage sind, uns zu verändern. Im Fünften Schritt geht es also mehr um Wahrheit und Lernen, als um „Fehler". Wenn die Vorstellung von Fehlern mit der Chance, etwas über uns selbst zu lernen, im Widerspruch steht, dann überlege dir Fragen wie die folgenden, um es dir leichter zu machen, deine Lebensgeschichte anderen zu erzählen:

- Wo ist mein Leben nicht im Gleichgewicht?
- Warum lebe ich nicht so, dass ich mein Potential wirklich ausschöpfe?
- Auf welche Art und Weise habe ich meine wahren Gefühle verleugnet – oder mich sogar widersprüchlich zu ihnen verhalten?
- Welche Verhaltensmuster möchte ich in Zukunft nicht mehr wiederholen?
- Wofür bin ich verantwortlich - und wofür nicht?
- Wo übernehme ich zu viel Schuld?

Wie schon im Vierten Schritt kannst du dir auch selbst die Erlaubnis geben, über deine Erfolge zu berichten. Vielleicht fällt dir auf, dass es dir noch schwerer fällt, deine besten Qualitäten einem anderen Menschen mitzuteilen. Wie fühlst du dich dabei, wenn du jemandem von deinen Stärken berichtest? Wir sind es uns schuldig, das herauszufinden. Indem wir in unsere Lebensgeschichte auch unsere Erfolge einschließen, offenbaren wir die wahre Art unseres *Selbst* – und nicht nur die „genaue Art unserer Fehler."

DAS SEXUELLE IDEAL

Auch wenn wir jetzt beginnen, anders über unsere „Fehler" nachzudenken, mag vielleicht das Gefühl noch vorhanden sein, dass etwas mit uns nicht stimmt, wenn wir zum Thema Sex kommen. Und richtig oder falsch, Sex hat immer einen ganz speziellen Platz im Fünften Schritt. Wir alle sind sexuelle Wesen, und wir können unsere Lebensgeschichte nicht vollständig erzählen, ohne zumindest einige Diskussion über unsere Sexualität zuzulassen. Aber es kann sein, dass wir uns so unwohl fühlen, darüber in einer direkten Art und Weise zu berichten, dass wir kaum wissen, wie wir beginnen sollen.

Im Blauen Buch der AA finden wir die Empfehlung, einen bedeutsamen Teil unserer Inventur im Vierten Schritt unserem Sexualleben zu widmen, indem wir uns darauf konzentrieren, ob und wie viel Schaden wir durch unsere sexuellen Aktivitäten angerichtet haben mögen.[*] Wenn wir aber diesem Vorschlag folgen, bekommen wir nur einen Teil der Geschichte. Ja, es kann gut sein, dass wir andere Menschen und auch uns selbst mit unserem sexuellen Verhalten geschadet haben – indem wir Affären hatten, Sex verweigert haben, um andere zu bestrafen oder zu kontrollieren, oder indem wir uns verführerisch gegenüber Menschen verhalten haben, damit diese unserem Willen gehorchen. Aber viele von uns schämen sich ganz einfach deswegen ihres Sexuallebens, weil wir eines haben!

Unglücklicherweise gibt es in unserer Gesellschaft immer noch eine Doppelmoral in Bezug auf sexuelles Verhalten. Das Ergebnis ist, dass wir in Bezug auf unsere Sexualität Schuld empfinden. Obwohl es heutzutage üblich ist, dass wir Frauen sehr viel offener Interesse an unserer Sexualität zeigen als früher, werden wir immer noch mit widersprüchlichen Botschaften bombardiert. Man erwartet zwar

---

[*] *Anonyme Alkoholiker*, AAO, S. 79-81

von uns, sexy zu sein, aber nicht zu fordernd. Wir sollen ruhig selbstbewusst sein – aber nur zur rechten Zeit. Man erwartet von uns, dass wir sexuell weltklug und raffiniert sind, aber ein Zuviel an Erfahrung schreckt auch ab.

Die meisten von uns fühlen sich sehr unsicher und ängstlich, wenn sie versuchen, diese „Spielregeln" herauszufinden. Wir alle glauben daran, dass es ein sexuelles Ideal zu erreichen gibt – aber wie machen wir es denn richtig? Das Ideal scheint doch zu sein, dass wir die Phantasie von jemand anderem erfüllen. Und wenn wir sie erfüllen, dann werden wir vielleicht geliebt.

Tatsache ist doch, dass ein sexuelles Ideal sehr wohl existiert – aber du wirst es nicht in der Phantasie eines anderen Menschen finden. Das Ideal liegt alleine bei dir. Ich habe für mich herausgefunden, dass mein einziger Weg, um mich mit meiner Sexualität wohl zu fühlen, ist, gut auf mich selbst zu achten und herauszufinden, was sich für mich richtig anfühlt. Meine sexuellen Erfahrungen im Fünften Schritt durchzusprechen, war mir eine große Hilfe dabei, genau dieses Ideal für mich persönlich zu finden.

Der Fünfte Schritt kann also auch einen sicheren Ort darstellen, um über sexuelle Dinge zu sprechen. Und gerade wenn du über Sex sprichst, findest du vielleicht heraus, wie weit du von deinem inneren Ideal abgewichen bist.

Manchmal sind wir so darauf aus, anderen sexuell zu gefallen, dass wir aus den Augen verlieren, was eigentlich uns selbst gefällt und uns befriedigt. Vielleicht hatten wir Sex mit Menschen, die wir nicht mochten, zu denen wir uns noch nicht einmal hingezogen fühlten. Wir taten es nur, weil wir das Gefühl hatten, dass es von uns erwartet wurde. Wir fühlen uns vielleicht zu Frauen hingezogen und kämpfen dann mit uns, wann und auf welche Weise wir unsere Gefühle ausdrücken können. Fast alle von uns haben sich schon mal mit unserer sexuellen Anziehungskraft beschäftigt, und wir haben unsere eigenen Körper gehasst, weil wir entweder zu dick, zu dünn, zu faltig, zu hängebusig oder zu hässlich sind – und diese Liste kann noch eine ganze Weile fortgesetzt werden. Wir haben vielleicht im wahrsten Sinne des Wortes unsere Körper verkauft oder uns in gefährliche oder degradierende Situationen begeben, nur um damit unser Suchtmittel bekommen zu können.

Dies sind nur einige Beispiele sexueller Verirrungen und Themen, die vielleicht in unserem Fünften Schritt zur Sprache kommen.

Konstanze wartete so lange mit dem Vierten und Fünften Schritt, bis sie zwölf Jahre clean und nüchtern war, weil sie es nicht ertrug, über ihr sexuelles Vorleben nachzudenken. Sie wuchs in den 50er Jahren des letzten Jahrhunderts auf, als die „guten Mädchen" gar keinen Sex hatten, und diejenigen, die welchen hatten, waren automatisch die „bösen Mädchen". Konstanze hatte damals Sex, mit vielen Männern und Frauen, wann immer sie betrunken war. Und dessen schämte sie sich derartig, dass sie diesen Teil ihres Lebens für alle Zeiten geheim halten wollte.

Dazu gibt es einen AA-Ausspruch, der besagt, dass wir nur so krank sind wie unsere Geheimnisse. Wie so viele von uns hat auch Konstanze herausgefunden, dass ihre Versuche, die Wahrheit zu ignorieren, nur dazu führten, dass sie sich nachher noch schlechter fühlte. Jahrelang wurde sie von Erinnerungen an ihre geheime Vergangenheit gefoltert. Und erst nach langer Zeit wurde ihr klar, dass der Vierte und Fünfte Schritt ihr dabei helfen konnten, endlich ihre Vergangenheit loszulassen und sich selbst besser zu fühlen. Sie entschied, dass sie sich gar nicht schlechter fühlen könne als jetzt, nachdem sie ihren Schmerz durch zwölf lange Jahre der Nüchternheit getragen hatte.

Als sie endlich ihre Geschichte erzählte, entdeckte Konstanze plötzlich etwas Unerwartetes über sich selbst. Es wurde ihr auf einmal bewusst, dass es ihr gar nicht wichtig war, dass sie die gesellschaftlichen Regeln in Bezug auf das sexuelle Verhalten für Frauen gebrochen hatte. Stattdessen fühlte sie sich traurig und depressiv, weil sie ihre eigene innere Leitlinie verletzt hatte, ihre eigenen wichtigsten Werte.

Sie weinte bei der Erinnerung daran, wie schlecht sie sich selbst behandelt hatte, wenn sie sich betrank. Sie sah ein, wie wenig Respekt sie sich selbst erwiesen hatte, und es wurde ihr erschreckend deutlich, wie sie sich damit selbst geschadet hatte.

In ihrem Fünften Schritt konnte Konstanze auch ihre Scham in Bezug auf ihre lesbischen Affären loslassen. Indem sie ihre Gefühle und Erfahrungen durchsprach, merkte sie, dass sie sich deshalb schämte, weil die Gesellschaft ihr eingetrichtert hatte, dass Frauen keinen sexuellen Beziehungen mit anderen Frauen haben sollten. Als sie jedoch herausfand, dass sie diese Meinung nicht teilte, da wurde es ihr auf einmal möglich, ihre Scham loszulassen. Sie entdeckte die Wichtigkeit ihrer eigenen Werte.

DIE SCHULD EINER MUTTER

Viele Frauen begegnen im Fünften Schritt einer weiteren Herausforderung: Mutterschaft. Wie zahllose andere Frauen im Genesungsprozess so schämte auch ich mich tief, wenn ich daran dachte, wie ich meine eigenen Kinder behandelt hatte. Dies war bei weitem der härteste Teil in meinem Fünften Schritt. Wie konnte ich nur jemand anderem erklären, auf welch vielfältige Weise ich meine Kinder verletzt hatte?

Viele von uns kämpfen innerlich mit dieser Qual der „Mutterschuld". Ob wir uns nun unseren Kindern gegenüber gewalttätig verhalten haben, ob wir sie vernachlässigten oder emotionell für sie unerreichbar waren, immer kann uns diese Erinnerung zu der Vermutung führen, dass diese Dinge jenseits aller Entschuldigung liegen. Wir alle fühlen diesen enormen Druck, die perfekte Mutter zu sein zu müssen – aber keine von uns ist es!

Es gibt eine fast unendliche Liste der Dinge, für die wir uns als Mutter schuldig fühlen können. Oft waren wir ja vielleicht auch überfürsorglich, d. h. so voller Angst, dass unseren Kindern irgendetwas zustoßen könnte, dass wir sie fast nicht aus den Augen gelassen haben. Vielleicht haben wir uns ja auch an unsere Kinder geklammert, um Gefühle der Einsamkeit und des Verlassenseins zu vermeiden. In beiden Fällen haben wir unsere Kinder mit der Erwartung belastet, dass sie sich um unsere emotionellen Bedürfnisse kümmern. Schließlich können sie nicht ihr eigenes Leben führen, solange wir immer angstvoll oder auch unfähig, sie loszulassen, über ihnen schweben.

Das andere Extrem ist, dass wir vielleicht unseren Kindern gegenüber gleichgültig waren. Vielleicht waren wir von unserem Trinkverhalten oder unserem Drogenkonsum (oder vom Einkaufen, Essen oder Sex haben) derart besessen, dass wir die Grundbedürfnisse unserer Kinder vernachlässigten. Viele von uns sind so abgestumpft, dass wir gar nicht merken, dass unsere Kinder vielleicht in Gefahr sind. Es mag sein, dass wir sie allein zu Hause lassen, obwohl sie wirklich noch zu klein sind, um für sich selbst sorgen zu können. Vielleicht übersehen wir Anzeichen von sexuellem Missbrauch.

Oder wir merken gar nicht, dass sie isoliert wurden, weil sie sich einfach zu sehr schämen, ihre Freunde mit nach Hause zu bringen. Wenn wir uns nicht einmal um uns selbst kümmern können, dann ist es auch für uns nicht möglich wahrzunehmen, was wirklich in den Leben unserer Kinder passiert.

Ich war eine abwesende Fremde für meine Kinder, weil ich ständig in einem Alkoholnebel verloren war. Als ich endlich nüchtern wurde, war es schrecklich einzusehen, wie sehr wir uns voneinander entfremdet hatten. Ich war für sie einfach nicht verfügbar gewesen – und ich kannte sie kaum. Ich musste ganz von vorne anfangen, Beziehungen zu meinen Kindern aufzubauen.

Wie durch ein Wunder hat meine Vernachlässigung meinen Kindern keinen schweren physischen Schaden zugefügt. Aber einige von uns sind nicht so glücklich dran. Vielleicht lassen wir fahrlässig Drogen herumliegen, wo unsere Kleinen sie in die Hand bekommen können. Vielleicht schlafen wir auf unserem Sofa ein oder werden ohnmächtig mit einer brennenden Zigarette in der Hand. Oder wir setzen uns ans Steuer, wenn wir wirklich sturzbetrunken sind, und fahren in diesem Zustand unsere Kinder durch die Stadt. Im betäubten Zustand des Alkoholrausches oder auch in der Wut des Katers nach einer Sauftour schlagen wir sie vielleicht oder verletzen sie mit Worten. Unser Leichtsinn und unsere Wutanfälle können irreversible Tragödien auslösen. Manchmal werden unsere Kinder verletzt oder in solchen Umständen sogar getötet.

Was auch immer unsere Geschichte ist, es ist wichtig, dass wir uns erinnern: Wir lernen das Elternsein von unseren eigenen Eltern. Oft sind ja schon unsere eigenen Eltern als Kinder verletzt worden und sind mit nur begrenzten Fähigkeiten aufgewachsen, sich ordentlich um uns zu kümmern. Ohne gute Rollenmodelle konnten auch wir keine guten Elternfertigkeiten erlernen. Jetzt müssen wir uns selbst beibringen, Eltern zu sein.

Die Schuld einer Mutter ist eine schwere Last. Und diese Last wird auch nicht als Ergebnis deines Fünften Schrittes wie von Zauberhand von dir genommen. Vielleicht wirst du immer eine Regung von Reue spüren, und vielleicht ist das auch ganz gut so. Aber es ist nicht nötig, von dir selbst zu denken, dass es für dich keine Erlösung gäbe. Indem du deinen Schmerz und deine Reue anderen mitteilst, kannst du einen großen Schritt in Richtung Selbstheilung machen. Du kannst angenommen werden, ganz gleich, was du getan hast. Je schmerzhafter deine Geschichte ist, desto nötiger ist es für dich, sie einer mitfühlenden Zuhörerin im Fünften Schritt mitzuteilen. Dies war einer der heilsamsten Aspekte im Fünften Schritt, und er kann es auch für dich werden!

„WIR GABEN GOTT GEGENÜBER ZU..."

Viel von der Kraft in diesem Fünften Schritt hat ihren Ursprung in unserer Interaktion mit einem anderen Menschen. Die Ergebnisse sind offensichtlich und unmittelbar. Wir berichten unsere Geschichte und sehen dabei das Mitgefühl im Gesicht der anderen. Während des Berichts werden unsere Geschichten wahr – wir begreifen sie als real, wenn sie laut zu einem anderen Menschen gesprochen werden, der für uns da ist.

Aber auch unsere Verbindung mit unserem spirituellen Urgrund ist eine Quelle der Kraft im Fünften Schritt. Indem wir unserer Höheren Macht unsere Lebenswahrheit mitteilen, öffnen wir von uns aus die Tür zu tieferer Kommunikation. Dies mag das erste Mal sein, dass wir direkt mit unserem spirituellen Ursprung sprechen. Dies mag das erste Mal sein, dass wir die liebende Anwesenheit einer Höheren Macht und die Möglichkeit erfahren, mit unserem Ursprung eins zu sein.

Aber wie bewerkstelligen wir jetzt diese Kommunikation – Gott gegenüber die genaue Art unserer Fehler zuzugeben? Dies hängt davon ab, welche Vorstellung wir von dieser Macht haben, die größer ist als wir selbst.

Martha z. B. denkt sich ihre Höhere Macht als einen universellen Geist. Sie erfährt ihn als allgegenwärtig zu jeder Zeit – innerhalb und außerhalb von ihr. Ihr Gott ist nicht einer, der „eine Beichte ab-hört", und deshalb ist ihr die Vorstellung fremd, etwas vor Gott zu bekennen, und dieses Bekennen-müssen stimmt auch nicht mit ihrer Vorstellung überein, was/wie Gott sein mag. Stattdessen stellt sich Martha diesen Teil des Fünften Schrittes so vor, dass sie darin ganz einfach die Wahrheit anerkennt. Wenn sie ehrlich zu sich selbst ist, so glaubt sie jedenfalls, ist es dasselbe, als ob sie mit ihrer Höheren Macht ganz aufrichtig ist.

Als Christin hat Lene eine andere Orientierung. Als Teil ihres Fünften Schrittes verbrachte sie eine lange Zeit im Gebet und sagte darin erst einmal Gott, was sie später ihrer Sponsorin berichten wollte. Einige Zeit in Gebet und Kontemplation zu verbringen war für sie wichtig. Die Kommunikation half ihr, ihre Gedanken und Gefühle zu sortieren, und gab ihr ein Gefühl der Vollständigkeit.

Eine andere Frau fand zu ihrer Höheren Macht, während sie ihren Fünften Schritt machte. Bis dahin war es Elena nicht möglich, die Idee einer höheren Macht zu akzeptieren. Ihre religiöse Herkunft machte es ihr unmöglich, sich einen Gott vorzustellen, der sie be-dingungslos liebt. Aber dann besprach sie ihre Inventur mit ihrer Sponsorin. Und zu ihrem großen Erstaunen erfuhr sie die Liebe und die Unterstützung ihrer Sponsorin als ihre Höhere Macht. Diese Macht kam zu ihr durch die Beziehung von Mensch zu Mensch, die sie im Fünften Schritt erlebte.

In bestimmter Hinsicht vertieft der Fünfte Schritt den zweiten, in dem es darum ging, zum Glauben an eine Macht zu kommen, grö-ßer als wir selbst. Beide Schritte bringen uns aus unserer Isolation heraus. Wenn wir im Zweiten Schritt zum Glauben an diese Macht kommen, dann merkten wir, dass wir nicht länger alleine sind. Wir beginnen, uns in Verbindung zu fühlen – mit einer Höheren Macht und mit anderen Menschen im Genesungsprozess. Diese Beziehung wird im Fünften Schritt noch weiter vertieft. Indem wir unsere Le-bensgeschichte mit einer geneigten Zuhörerin teilen, kommen wir zu dem Wissen, dass wir nicht alleine sind, und wir entwickeln sogar einen Sinn für Intimität und Zugehörigkeit.

Dies ist genau der Geist, der mit dem „Wir gaben Gott gegenüber zu" gemeint ist. Wie auch immer du es anlegst, du schaffst eine neue Qualität der Verbundenheit mit anderen und des Mitgefühls mit dir selbst. Berichte deine Lebensgeschichte deinem Gott, deiner Göttin, dem universellen Geist oder der inneren Führung, wie auch immer es gut für dich ist. Erlaube dir selbst, dieses Gefühl der Akzeptanz und des Mitgefühls zu erleben, das nur darauf wartet, von dir entdeckt zu werden.

EINE NEUE ART DER BEZIEHUNG

Der Fünfte Schritt bietet Heilung an. Er zeigt uns, wie man eine neue Art der Beziehung zu anderen Menschen aufbaut. Wir öffnen uns, lassen zu, dass wir dadurch verletzlich werden und erlauben uns, als das gesehen zu werden, was wir wirklich sind – vielleicht zum ersten Mal in unserem Leben. Wir erleben eine sich entwickelnde Beziehung, die auf Aufrichtigkeit und Vertrauen basiert. Die meisten von uns haben sich diese Art von Beziehung schon lange schmerzlich gewünscht, aber wussten bisher nicht, wie man eine solche Beziehung schafft.

Jetzt gehen wir das Risiko ein, mit anderen Menschen auf der E-bene der Wahrhaftigkeit umzugehen. Wir können dabei lernen, dass wir sowohl den Zeitaufwand als auch den seelischen Aufwand wert sind. Wir haben entdeckt, dass es nicht immer in einer Katastrophe endet, wenn wir die Wahrheit sagen, und dass das eine große Befreiung und Erleichterung sein kann.

Der Fünfte Schritt bietet uns auch eine Chance, eine neue Art der Beziehung zu uns selbst zu beginnen. Auch wenn wir bis dahin schon unser Bestes getan haben, um in der Inventur des Vierten Schrittes pfleglich mit uns umzugehen, sind wir vielleicht doch im Fünften Schritt sehr be- und verurteilend mit uns umgegangen. Viele von uns können anscheinend gar nicht mitfühlend mit sich selbst umgehen. Wenn wir aber empfänglich dafür sind, kann uns die Person, die sich unseren Fünften Schritt anhört, dabei helfen, dass wir uns selbst mit mehr liebevoller Freundlichkeit behandeln.

Vielleicht ist es wirklich eine Kunst, diese Art der Selbstakzeptanz und auch der Selbstvergebung zu entwickeln, eine Kunst, die du lernen kannst. Und wenn du dir das angewöhnst, wenn du die Kunst des Mitgefühls für dich selbst praktizierst, öffnest du dich für eines der großen Versprechen in der Genesung: „Wir wollen die Vergangenheit weder beklagen, noch die Tür hinter ihr zuschlagen." [*]

Nein, wir werden die Vergangenheit nicht bedauern, aber wir wollen sie auch nicht wiederholen. Weil wir im Vierten und im Fünften Schritt einen wahrhaftigen Blick auf unsere Vergangenheit geworfen haben, können wir jetzt die Verhaltensmuster und Erfahrungen genau erkennen, die uns verletzt und zurückgehalten haben. Vielleicht wissen wir jetzt auch schon, welche Verhaltensweisen wir am dringendsten verändern wollen. Aber unsere Verhaltensmuster zu erkennen und sie aufzugeben, das sind zwei völlig verschiedene Dinge. Im nächsten Schritt werden wir deshalb bereit zum Loslassen.

---

[*] *Anonyme Alkoholiker*, AAO, S. 97

SECHSTER SCHRITT

Wir waren völlig bereit, all diese Charakterfehler
von Gott beseitigen lassen.

Dieser Sechste Schritt mag sich vielleicht zuerst extrem anhören.

Wie können wir denn wohl „völlig bereit" werden, all unsere Fehler aufzugeben? Was bedeutet das denn, sie von Gott beseitigen zu lassen? Wie wird unser Leben ohne sie aussehen?

Es hört sich vielleicht so an, als ob der Sechste Schritt dich auffordert, dich zu öffnen und alles auf einmal loszulassen – und das macht dir vielleicht erst einmal Angst. Es scheint mehr zu sein, als du leisten kannst – und mehr, als du leisten willst. Und doch bittet dich der Sechste Schritt lediglich darum, dass du dich darauf vorbereitest.

In diesem Schritt werden wir bereit, für Veränderungen offen zu sein, bereit, Gewohnheiten oder Verhaltensweisen loszulassen, die der Grund dafür sind, dass unser Leben so aus dem Gleichgewicht geraten ist. Wir öffnen uns damit einem tieferen Wissen und einem klareren Blick.

Welche ungesunden Verhaltensweisen scheinst du immer zu wiederholen? Die Zyklen deines Alkohol- oder Drogenkonsums sind ein klares Beispiel dafür: Es ist ein Muster, das du immer wiederholt hast, trotz deines Gespürs dafür, dass es dir Schaden zufügt. Und als du dazu bereit warst, hast du losgelassen.

Dasselbe kannst du mit deinen anderen Verhaltensmustern machen. Du weißt aus deinem Vierten und Fünften Schritt, womit du beginnen willst – von welchen gewohnheitsmäßigen Verhaltensweisen und Einstellungen du gerne befreit sein möchtest, so dass du bessere Beziehungen zu anderen Menschen und zu dir selbst haben kannst.

NACH INNEN WENDEN

Wie in den früheren Schritten wollen wir uns hier nicht so sehr auf Fehler und Mängel konzentrieren und nicht zu kritisch uns selbst gegenüber werden. Aber wir wollen aufrichtig sein im Hinblick auf unsere Fehler und die destruktive und verletzende Art und Weise, wie wir uns verhalten haben.

Denke einmal folgendermaßen über den Sechsten Schritt nach: *Was möchtest du am dringendsten bei dir ändern?* Deine Liste von Verhaltensmustern enthält vielleicht einiges, das viele andere Menschen mit dir teilen: exzessive Schuldgefühle, Perfektionismus, Gefallsucht, den Hang zu Schuldzuweisungen, Selbsthass, Passivität oder Unehrlichkeit. Vielleicht warst du ja emotionell distanziert oder hast ganz zu gemacht, warst kontrollierend, be- und verurteilend oder übermäßig verantwortungsbewusst. Vielleicht möchtest du selbstbewusster sein, dich selbst besser annehmen können oder in Bezug auf deine Sexualität ehrlicher sein. Oder vielleicht möchtest du weniger abhängig von deiner Familie sein, und weniger kritisch bei deinen Kindern.

Wir alle möchten Verhaltensmuster verändern, die andere Menschen schädigen oder uns selbst Schmerzen bereiten. Aber unsere Verhaltensmuster erkennen und dann etwas dagegen tun, sind zwei sehr unterschiedliche Dinge. Die meisten von uns entdecken, dass ein Muster sich noch lange nicht verändert, nur weil wir es jetzt erkennen können. Wir müssen auch bereit sein zu kapitulieren, *vollständig bereit sein,* es loszulassen. Wenn wir das tun, dann entdecken wir, dass eine Macht, größer als wir selbst, uns dabei hilft.

In Schritt Sechs bereiten wir uns auf Veränderung vor, indem wir jedes Verhaltensmuster und jeden Charakterzug einzeln anschauen und uns dann die Frage stellen: Was hält mich davon ab, dieses Verhaltensmuster aufzugeben? Auf welche Weise halte ich mich daran fest? Was muss ich tun, um es loszulassen? Und was passiert, wenn ich es losgelassen habe? Wenn wir auf diese Art und Weise tiefer in uns hineinschauen, dann beginnen wir zu sehen, wie sehr wir in alten Verhaltens- und Beziehungsmustern gefangen sind.

Dieser Schritt mag überraschend erscheinen. Anscheinend gibt es nichts zu tun. In den Schritten Vier und Fünf hast du eine Inventur aufgeschrieben und jemandem deine Lebensgeschichte erzählt. Du hast etwas Konkretes und Sichtbares getan. Der Schritt Sechs aber ist ein „Inside-Job", also etwas, das im eigenen Inneren getan werden muss.

Du wendest dich nach innen und prüfst deine Motive und die Gründe, die hinter deinen Verhaltensmustern zu finden sind.

Einige Frauen schreiben auch hier wieder ihre Einsichten auf, während sie sich mit diesem Schritt beschäftigten. Andere sprechen mit ihren Sponsorinnen und Freundinnen oder teilen ihre Gedanken bei den Meetings mit. Und einige von uns „machen" diesen Schritt formell gar nicht, sondern nutzen die darin vorgestellten Ideen als Hilfsmittel, um mehr über uns selbst zu lernen. Wie auch in den anderen Schritten macht jede von uns das, was für sie jeweils am sinnvollsten ist.

DIE ANGST, LOSZULASSEN

So wie wir uns jetzt durch jedes Verhaltensmuster hindurcharbeiten, entdecken wir vielleicht, dass das Aufgeben dieser Angewohnheiten eine große Ähnlichkeit hat mit dem Aufgeben von Alkohol, Drogen oder irgendwelchen anderen Dingen, die wir zwanghaft getan haben. Erst wird uns bewusst, was wir da eigentlich machen – und dann beginnen wir Schritt für Schritt zu überlegen, ob, und wie wir das aufgeben können. Die meisten von uns wissen, dass unser Trinkverhalten oder unser Drogenkonsum schädlich für uns ist, lange bevor wir in der Lage sind, diese Gewohnheiten aufzugeben. Und häufig sind Angst und Furcht das Hindernis, das uns dieses Loslassen so schwer macht.

Ich selbst habe weiter getrunken, obwohl ich längst spürte, dass ich ein Problem habe. Bevor ich loslassen konnte, musste ich erst eine lange Zeit mit dem Wissen um mein Problem leben, das mich schließlich für Veränderungen bereit machte. Das Trinken wurde mit fortschreitender Bewusstwerdung der negativen Erfahrungen weniger und weniger ein „Vergnügen". Nach einer Weile merkte ich, dass das Trinken mir ernste Schwierigkeiten einbrachte – aber die

Vorstellung, ganz ohne Alkohol leben zu müssen, machte mir Angst. An diesem Punkt machte ich die Erfahrung meiner Machtlosigkeit: Ich sah, wie wenig Kontrolle ich über den Alkohol hatte und wie er mein Leben bestimmte. Schließlich kam der Tag, an dem ich bereit war, etwas zu ändern, bereit, irgendetwas – ja, wirklich alles zu versuchen.

So ähnlich wie meine Angst davor, den Alkohol aufzugeben, war auch die Angst davor, andere destruktive Muster loszulassen. Aus meiner jetzigen Erfahrung heraus und nach allem, was ich von anderen Frauen in der Genesung gehört habe, kann ich verstehen, dass es gute Gründe dafür gibt, dass wir nicht loslassen wollen.

Es scheint wie ein Widerspruch, aber die meisten von uns halten genau an den Mustern und Verhaltensweisen fest, die uns am meisten Schmerz bereiten. Der Grund dafür ist ein Gefühl der Sicherheit, das sich einstellt, wenn wir das tun, was uns vertraut und geläufig ist. Tatsächlich haben uns diese Verhaltensmuster beim Überleben geholfen und in der Welt vorangebracht. Sie sind Verteidigungsmechanismen, die uns gut beschützt haben, *wann immer wir Schutz gebraucht haben*. Wut kann uns z. B. davon abhalten, dass wir uns depressiv und hilflos fühlen. Wenn wir zu den Gefallsüchtigen oder den Kümmerern gehören, dann sind wir so mit anderen beschäftigt, dass wir nicht einmal wahrnehmen, wie schrecklich unglücklich wir selbst sind. Wir schaffen Verhaltensmuster wie diese, um uns von unseren Schmerzen zu isolieren.

Wir werden unsere Verteidigungsmechanismen und diese Art von „Schutz" jedoch zunehmend weniger nötig haben, je stärker wir werden. Unser Gefühl für Sicherheit nimmt zu, je mehr wir um uns herum eine Unterstützergruppe von Menschen und eine spirituelle Verbindung zu einer Höheren Macht aufbauen.

Zu Anfang wirst du dich wahrscheinlich noch unsicher und schutzlos fühlen, wenn du deine alte Verteidigungshaltung verlässt. Das ist vielleicht ein ähnliches Gefühl wie bei einem Kleinkind, das zum ersten Mal alleine auf seinen beiden Beinchen steht. Wenn du dich dabei desorientiert oder unsicher fühlst – dann bist du in guter Gesellschaft. Denn wir alle haben uns früher oder später bereits einmal so gefühlt, während wir lernten, uns von unseren alten und vertrauten Verhaltensmustern zu verabschieden.

SCHRITTE INS UNBEKANNTE

Hanna beschreibt sich selbst als eine Frau, die passiv und angepasst war – Verhaltensmuster, die ihr zwar Sicherheit, aber kein Wohlbefinden gebracht hatten.

Als sie ihr Genesungsprogramm von ihrer zwanghaften Esssucht begann, da wurde ihr auch langsam klar, warum sie solche Angst davor hatte, dieses Verhalten aufzugeben.

Hannas Geliebte, Lisa, war eine Alkoholikerin, und auch all ihre Freunde tranken sehr viel Alkohol. Hanna mochte diese Leute zwar nicht, wagte aber auch nicht, Lisa offen ihre Meinung zu sagen oder eigene Freundschaften aufzunehmen. Stattdessen begann sie, sich auf Essen zu verlegen, um sich nicht so isoliert zu fühlen und um gleichzeitig ihre Gefühle abzustumpfen.

Erst als sie mit dem übermäßigen Essen aufhörte, realisierte Hanna, dass sie eigentlich in der Beziehung mit Lisa unglücklich war und Angst davor hatte, in dieser Beziehung für sich selbst einzustehen. In ihrer Inventur und im Fünften Schritt entdeckte sie dann dieses Muster von Anpassung und Passivität. Immer wieder unterwarf sie sich den Wünschen anderer. Sie lebte kaum ihr eigenes Leben.

Um dieses Muster zu durchbrechen, stellte sich Hanna im Sechsten Schritt die Frage, *warum* sie eigentlich zuließ, dass andere sie dominierten. Was hielt sie davon ab, selbst gut für sich zu sorgen? Die Antwort darauf war, dass *sie einfach nichts anderes kannte*. Diese Rolle war vertraut und sicher. Wenn sie diese Rolle nicht spielte – wer war sie dann? Wie würde sich das wohl anfühlen, wenn sie ihre Wünsche und Vorstellungen artikulieren oder darum bitten würde? Wie würde Lisa wohl reagieren?

Mit der Zeit, während sie immer stärker wurde und sich schließlich sicher genug fühlte, um sich mit ihrer Angst vor dem Unbekannten zu konfrontieren, wurde Hanna selbstbewusster und suchte sich eigene Freundinnen. Weil Lisa ihr neues Selbstbewusstsein jedoch nicht akzeptieren konnte, zog Hanna bei ihr aus und machte sich selbständig.

Wie Hanna sind auch wir vielleicht so an unsere Muster und Rollen gebunden, dass wir uns ganz mit ihnen identifizieren. Sie geben uns ein Gefühl der Sicherheit. Wenn wir daran denken, sie aufzugeben, dann stehen wir vor einer Krise: Wer werden wir sein, wenn wir diese Rolle nicht spielen und uns nicht auf diese Art und Weise verhalten? Was wird wohl passieren, wenn wir uns verändern? Es ist schon unangenehm, wenn wir vertraute Muster loslassen — denn sie sind so komfortabel und vorhersehbar. Wir wissen genau, was passiert, und wir wissen genau, was von uns erwartet wird. Wir wissen, wo wir in Bezug auf die Menschen um uns herum stehen. *Die Alternative ist, etwas Neues auszuprobieren ohne genau zu wissen, was die Ergebnisse sein werden.*

Für mich fühlte sich das so an, als ob dort nur ein schreckliches Nichts sein würde, wenn ich meine alten Muster aufgäbe — ein großes, schwarzes Loch von Nichts. Ich hatte genau dieses Gefühl bei der Vorstellung, mit dem Trinken aufzuhören. Was sollte ich denn bei Einladungen und anderen sozialen Anlässen tun, ohne ein Glas in der Hand? Wie würde ich die Zeit vom Abendessen zum Schlafengehen ohne mehrere Drinks überstehen? Ohne Alkohol wäre es zu schwierig für mich, mit meinen Kindern, meiner Ehe und meinem Beruf fertig zu werden. Der Alkohol erleichterte mir meinen Stress und baute meine unterschwellige Ängstlichkeit ab. Und mehr als alles andere füllte er eine Leere in meinem Leben. Wie sollte ich mit dieser Leere umgehen, ohne zu trinken? Ich war mir sicher, wenn ich den Alkohol wegließe, dann wäre da nichts mehr.

Als ich nüchtern wurde, entdeckte ich natürlich, dass ich ohne Alkohol sogar besser funktionierte. Dieses Bewusstsein half mir auch, als ich beim Sechsten Schritt gegen eine emotionale Wand lief. Als ich Panik in mir aufsteigen fühlte, überzeugt davon, dass ich mich selbst nicht mehr spüren würde, wenn ich meine alten Verteidigungen und Gewohnheiten aufgäbe, da erinnerte ich mich daran, wie ich mich vor kurzem noch gefühlt hatte, als es darum ging, den Alkohol aufzugeben. Ich *vertraute* einfach darauf, dass ich imstande sein würde weiterzuleben, auch wenn ich nicht genau wüsste, wie ich das anstellen sollte. Dieses Vertrauen basierte auf meiner wachsenden Beziehung zu meiner Höheren Macht. Ich war zum Glauben an eine Macht, die größer ist als ich selbst, gekommen, und ich hatte all die Dinge, die jenseits meiner Kontrolle lagen, dieser Macht übergeben.

In meinen Kämpfen mit dem Sechsten Schritt fand ich heraus, dass diese selbe spirituelle Quelle auch hier präsent war, um mich durch meine Angst vor dem Unbekannten hindurchzuführen.

Dies ist ein Teil von dem, was im Schritt Sechs heißt: „Von Gott alle diese Charakterfehler beseitigen lassen." Eine Höhere Macht ist präsent, um die Bedeutung unserer Schutzmaßnahmen und Gewohnheiten zu offenbaren. Und diese Macht unterstützt uns, wenn wir uns verändern.

Es gab bei meiner Kapitulation in Schritt Sechs auch noch einen sehr praktischen Aspekt. Denn bei einigen Mustern und Fehlern hatte ich einen Umkehrpunkt erreicht, an den viele von uns kommen: Es gab Momente, in denen ich wahrnahm, dass es *schmerzhafter war, im alten Muster zu verharren, als etwas Neues und Unbekanntes zu riskieren.* Mit anderen Worten, das Unbekannte begann, mir die bessere Alternative zu sein. An diesem Punkt konnte ich beginnen, loszulassen.

DAS „SICH-BEWUSST-WERDEN" VOR DEM HANDELN

Oftmals wird uns ein Verhaltensmuster deutlich, lange bevor wir bereit sind, es loszulassen. Dies kann eine unserer größten Herausforderungen sein.

Es ist ganz normal, eine gewisse Hassliebe in Bezug auf unsere Wahrnehmung zu empfinden. Zuerst kann es ja eine große Erleichterung sein, wenn wir uns unserer unterschwelligen Motive und Muster bewusst werden. Es ist so, als ob ein Licht angehen würde – diese Art von Aha-Gefühl. Mit einem neuen Bewusstsein kommt auch ein neues Gefühl von Hoffnung: Wir können uns tatsächlich ändern. Diese Hoffnung kann aber schnell wieder vergehen, wenn wir bemerken, dass wir noch nicht bereit sind, aufgrund unserer neuen Einsichten auch anders zu handeln.

So könntest du z. B. bemerkt haben, dass du tendenziell dazu neigst, zu viel zu arbeiten. Während die Tage vergehen, beobachtest du dich selbst dabei, wie du ein weiteres Projekt annimmst, *obwohl du das eigentlich gar nicht willst.* Hört sich das vertraut an? Das ist so ähnlich, als ob du dich selbst dabei beobachten würdest, wie du eine halbe Schokoladentorte aufisst oder 1/8 g Koks schnupfst oder Sex mit einem völlig Unbekannten hast, obwohl du dir geschworen hast, das nie wieder zu tun. Du bist dir darüber im Klaren, was du tust — aber du bist noch nicht in der Lage, aufzuhören. Dies kann eine schmerzhafte und erniedrigende Erfahrung sein.

Eine meiner Freundinnen beschrieb mir einmal, dass ihre kleine Tochter jedes Mal, bevor sie eine neue physische Fertigkeit zuwege brachte, wie z. B. das aufrecht Sitzen oder die ersten Schritte, sehr quengelig wurde. Ihr Baby ging also durch Perioden von intensiver Unruhe und Weinen, die ganz plötzlich aufhörten, sobald sie die neue Fertigkeit bewältigte, also aufrecht Sitzen, Stehen oder Laufen. „Es sieht so aus, als ob sie wüsste, was sie als Nächstes machen will, aber sie kann es einfach noch nicht." Und meine Freundin erklärte weiter: „Auf diese Art und Weise wird sie einfach frustriert. Und total wütend."

Wie dieses Kleinkind werden auch wir unruhig, schlechter Laune und manchmal auch sehr wütend, wenn wir zwar wissen, was wir tun wollen, aber es noch nicht tun können. Es kann sehr frustrierend sein, wenn wir weiterhin zu viel arbeiten oder lügen oder jähzornig werden — nachdem wir diese Muster oder Defekte, die wir gerne ändern möchten, als solche längst identifiziert haben.

Im Schritt Sechs ist dieses *„sich bewusst sein"* vor dem eigentlichen Handeln ein ganz natürlicher Teil des Prozesses. In den AA- und anderen Zwölf-Schritte-Meetings hören wir immer wieder Menschen sagen, dass wir über die Dinge sprechen, bevor wir sie tatsächlich in die Tat umsetzen. Das bedeutet, dass wir oft genau *wissen*, was wir tun sollten, bevor wir imstande dazu sind, es tatsächlich *zu tun*.

VERKLEIDETE GESCHENKE

Das Leben wird uns immer wieder Gelegenheiten dazu bieten, unsere Verhaltensmuster zu erkennen und daraufhin zu entscheiden, ob wir schon bereit sind, sie aufzugeben. Es ist ein häufig zitierter Spruch in Zwölf-Schritte-Gruppen, dass das Leben uns keine Probleme oder Traumata oder Katastrophen bringt – es serviert uns „Wachstumschancen". Dies können verkleidete Geschenke sein.

Sabine, die mit einem Verhaltensmuster von zwanghaftem Lügen kämpfte, fand heraus, dass ihr der Besuch von AA-Meetings sogar noch eine zusätzliche Motivation gab, unehrlich zu sein. Wenn sie trank, dann log sie, um sich selbst nicht in Schwierigkeiten zu bringen. In den Meetings fand sie heraus, dass sie Lügen erzählte, um Aufmerksamkeit und Sympathie zu erregen. Sabine merkte irgendwann, dass die Lügerei ein Schutzmechanismus vor ihren Gefühlen der Unsicherheit war. Im Kreise der AA fühlte sie sich nicht in ihrem Element und sie wusste nicht, wie sie diese neue Gruppe von Menschen beeindrucken sollte. Also erfand sie Geschichten und übertrieb die Wahrheit. Als sie sich endlich selbst die Frage stellte, inwiefern dieses Muster ein Schutz für sie darstellte, sah sie, dass es ihr ein Gefühl der Sicherheit vermittelte. Sie hatte also ein „falsches Selbst" geschaffen und glaubte, dass dieses für andere Menschen akzeptabler als ihr wirkliches Selbst sei.

Für Sabine bestand dieses „völlig bereit werden", nicht mehr zu lügen, auch im Aushalten des Risikos, dass andere Menschen sie nicht mögen würden, wenn sie sich so gäbe, wie sie ist. Sie musste also bereit sein, Ablehnung zu riskieren. Erst nach einer Periode von mehreren Monaten und nach vielen Episoden von Rückfällen im Lügen, nach denen sie sich jedes Mal schrecklich fühlte, war sie endlich in der Lage, dieses Verhalten aufzugeben. Sabine musste vergleichen, wie es sich anfühlt, wenn sie eine Lüge erzählt, und wie es sich anfühlt, wenn sie die Wahrheit sagt. Wie es sich anfühlt, in ihr altes Verhalten zurückzufallen oder etwas Neues auszuprobieren. Als sie erst einmal ihre anfängliche Ängstlichkeit überwunden hatte, entdeckte sie, dass es für sie leichter war, ehrlich und aufrichtig zu sein und sich den anderen so zu zeigen, wie sie wirklich war.

Monika, die zwanghaft Sex- und Beziehungssüchtig war, fand heraus, dass eine ihrer größten Herausforderungen das Ablegen des Verhaltens sein würde, Männer zu manipulieren, indem sie sich verführerisch aufführte. In ihrem Vierten und Fünften Schritt wurde ihr bewusst, dass sie sich meistens im Zusammensein mit älteren, konservativ auftretenden und väterlichen Männern so verhielt.

Als Teil ihrer Genesung erlegte sich Monika auf, in Zukunft eine sichere Distanz zu solchen Männern zu wahren. Aber eines Tages bekam sie einen neuen Vorgesetzten – einen älteren, konservativen und väterlichen Mann! Monika wurde also die perfekte Chance präsentiert, sich durch ihre Zwangsmuster durchzuarbeiten.

Zu ihrer eigenen Bestürzung ertappte sich Monika dabei, wie sie im Umgang mit ihrem neuen Vorgesetzten wiederum die „femme fatale" spielte.

Sie fand heraus, dass sie Angst hatte, er würde sie nicht attraktiv finden, wenn sie sich ihm gegenüber nicht verführerisch verhielte und sie sei dadurch unsichtbar oder unwert.

Wie viele Frauen glaubte sie, dass sie nur dann etwas wert und geachtet sei, wenn ein Mann sie als erstrebenswertes Sexualobjekt betrachtete.

Monika war also nicht bereit, ihr verführerisches Verhalten aufzugeben, weil sie sich sonst unattraktiv und unwichtig fühlte. Andererseits wollte sie aber auch diese Rolle nicht weiter spielen. Ihre Aufgabe war es also, sich mit ihrem inneren Gefühl der Wertlosigkeit auseinanderzusetzen. Als sie schließlich stark genug dazu war, dieses Gefühl erleben und aushalten zu können, anstatt sich davor zu verstecken, da war sie auf einmal auch willens und bereit, ihr verführerisches Verhalten loszulassen. Denn nun konnte sie ein inneres Gefühl ihrer Wertigkeit schaffen.

Monikas und Sabines Erfahrungen sind nicht ungewöhnlich. Während der Genesung haben wir alle Möglichkeiten, unsere Muster auszuleben und dabei mehr über uns selbst zu lernen. Das scheint nicht ganz fair zu sein. Vielleicht vermittelt es uns zu Anfang sogar den Eindruck, als ob es unser Schicksal sei, gewisse Muster ewig fortzusetzen.

Wenn dieses Gefühl, dass du immer wieder in deine schlimmsten Gewohnheiten zurückgezogen wirst für dich wie ein Albtraum wirkt, dann stell es dir folgendermaßen vor: *Eine Höhere Macht gibt dir genau das, was du brauchst, um schließlich loslassen zu können.*

FORTSCHRITT – NICHT PERFEKTION

Während du dich durch den Sechsten Schritt hindurcharbeitest und dabei feststellst, wie bereit du schon bist, deine Verhaltensmuster aufzugeben, dann erinnere dich stets an diesen bewährten Spruch der AA: „Wir streben eher nach spirituellem Fortschreiten als nach spiritueller Vollkommenheit." * In anderen Worten: Du kannst dich ganz auf deinen Fortschritt konzentrieren und einfach akzeptieren, dass du noch *un*vollkommen, *nicht* bereit und noch *un*willig bist.

Der Schlüssel zum Sechsten Schritt ist es, aufrichtig zu bleiben, also die Art von Aufrichtigkeit aufrecht zu erhalten, die wir während der vorigen Schritte entwickelt haben – und mit dir selbst geduldig zu sein. Viele von uns werden wütend auf sich selbst, wenn sie zwar ein Muster erkennen, es aber anscheinend nicht loslassen und aufgeben können. Und dann schämen wir uns, weil wir so unvollkommen sind. Erinnere dich daran, dass du dich nicht dazu zwingen kannst, bereitwillig zu sein, so wie du dich auch nicht dazu zwingen konntest, den Alkohol oder die Drogen aufzugeben. Wenn du noch nicht bereit bist, dann akzeptiere dich selbst. Vertraue darauf, dass du bereit sein wirst loszulassen, wenn die Zeit dafür gekommen ist. Vertraue darauf, dass eine Macht, größer als du selbst, dich, dein Gleichgewicht und deine Ganzheit wiederherstellen wird.

Die traditionelle AA-Literatur drängt uns dazu, nach Perfektion zu streben, selbst wenn wir sie nicht erreichen können.* Die Begründer der AA wollten auf diese Art und Weise sicherstellen, dass wir mit uns selbst nicht zu gnädig verfahren. Sie waren besorgt, dass wir als Alkoholiker versuchen könnten, immer nur so viel Verbesserung anzustreben, dass wir mit unserem Verhalten gerade noch durchkommen. Während einige Menschen zwar dazu neigen mögen, Ab-

---

* *Anonyme Alkoholiker*, AAO, S. 69
* *Zwölf Schritte und zwölf Traditionen*, AAO, S. 65

114

kürzungen zu suchen, strengen sich viele von uns schon fast zu sehr an, um den möglichst perfekten Sechsten Schritt hinzulegen – auch ohne diese Aufforderung.

Das Ziel des Sechsten Schrittes ist es, zu einem tieferen Wissen zu gelangen, um so sehr Selbst zu werden, wie es nur geht. In unserem Streben nach Perfektion können wir unsicher und verwirrt werden. Es geht uns besser, wenn wir den Versuch aufgeben, den Sechsten Schritt perfekt zu machen, und uns stattdessen erlauben, sanft mit uns umzugehen, dem Prozess zu vertrauen und uns selbst mit Geduld und Respekt zu behandeln.

BEREIT WERDEN

Der Sechste Schritt mag dir immer noch etwas mysteriös vorkommen, auch nach dieser langen Diskussion noch. Wie also führst du ihn durch? Der einfachste Weg ist, nochmals durch deine Inventur der Verhaltensmuster und Angewohnheiten hindurchzugehen und dir immer nur ein Muster auf einmal vorzunehmen. Hierbei stellst du dir die Frage, inwiefern dieses Muster dich vor etwas schützt. Wovor hast du Angst? Was könnte passieren, wenn du aufhörst, dich auf diese Weise zu verhalten? Vielleicht fällt dir sofort eine Antwort ein, vielleicht möchtest du aber erst mit jemandem darüber sprechen oder eine zeitlang in Ruhe darüber nachdenken. Es kann auch passieren, dass du noch ein oder zwei Mal eines dieser Muster ausagierst oder sogar noch öfter, bis du dieses Muster schließlich völlig durchschaust und verstehst. Es mag eine Weile dauern, bis du aus deinen eigenen Handlungsweisen schlau wirst.

Wenn du erst einmal einsiehst, was alles hinter diesem Verhalten oder diesem Verhaltensmuster steckt – also welche Gefühle sie vermeiden helfen – dann kannst du dir die Frage stellen, ob du bereit bist, dich mit diesem unterschwelligen Gefühl zu konfrontieren. Wenn du dich bereit fühlst, dann brauchst du dieses Muster vielleicht gar nicht länger zu deinem Schutz. An diesem Punkt kannst du bereit sein, es loszulassen – vielleicht sogar „völlig bereit".

Aber bereit zu was? Der Sechste Schritt sagt, wir werden „völlig bereit, all diese Charakterfehler von Gott beseitigen zu lassen". Was bedeutet es wohl zu sagen, dass Gott sie beseitigen wird? Dies wird vielleicht nicht mit der Vorstellung einiger Frauen von ihrer Höheren Macht oder dem Höheren Selbst übereinstimmen.

Andere wiederum haben kein Problem damit, sich eine Macht oder eine Gnade vorzustellen, die Charakterfehler beseitigt oder aufhebt.

Im nächsten Kapitel, Schritt Sieben, werden wir darüber sprechen, wie diese Verhaltensmuster „von uns genommen" werden können. Aber jetzt fordert uns der Sechste Schritt lediglich dazu auf, völlig bereit zu werden. Wir stellen uns selbst die Frage, was wir am meisten verändern wollen, und wir entscheiden, wie verletzlich wir dabei zu werden bereit sind. Sind wir schon bereit, uns zu öffnen und dem Leben auf eine andere Art zu begegnen? Sind wir bereit zu glauben, dass eine Höhere Macht mit uns zusammenarbeitet? Dies ist der Geist des Sechsten Schrittes. Er erfordert, dass wir genauer hinschauen, dass wir noch ehrlicher und nachdenklicher sind. Der Sechste Schritt hilft uns, uns selbst auf eine neue Art zu verstehen und bereitet uns auf die noch ausstehenden weiteren Schritte unserer Genesung vor.

SIEBTER SCHRITT

Demütig baten wir Ihn, unsere Mängel von uns zu nehmen.

Im Sechsten Schritt wurden wir bereit zur Veränderung. Im Siebten Schritt bitten wir um Hilfe, um diese Veränderungen durchzuführen. Wie wir dieses Bitten anstellen – durch Gebet, durch eine andere Art spiritueller Praxis oder ganz einfach, indem wir nur darüber nachdenken – das bleibt ganz uns überlassen.

Wie im Sechsten Schritt werden wahrscheinlich unsere „Mängel" nicht sofort „von uns genommen" werden. Die Muster und Angewohnheiten, die wir ein Leben lang aufgebaut haben und die wir am meisten zu verändern trachten, bleiben uns wahrscheinlich noch eine ganze Weile erhalten, sogar wenn wir schon dazu bereit sind und uns mit der Bitte um Hilfe an die Höhere Macht gewendet haben.

Vielleicht fühlst du dich jetzt deswegen frustriert und stellst dir die Frage, wie der Siebte Schritt wohl funktioniert oder *ob er überhaupt* funktioniert. Wenn das dein momentanes Gefühl ist, hilft es dir vielleicht, darüber nachzudenken, dass der Siebte Schritt eine Vorgehensweise ist, mit der du dich selbst für eine Verhaltensänderung öffnest – indem du um Hilfe bittest und die Höhere Macht den Rest erledigen lässt.

Im Siebten Schritt arbeiten wir in Partnerschaft mit unserer Höheren Macht oder mit dem höheren Selbst, um einen Wandel in unserem Leben zu vollbringen. Wir lernen *zu handeln und das Ergebnis offen zu lassen*, um unseren Teil zu erledigen und ergebnisoffen weiterzuleben.

Viele von uns entdecken, dass wir durchaus zur Veränderung bereit sein können, bereit auch, unsere am wenigsten geschätzten Muster aufzugeben und aufrichtig um Hilfe zu bitten, aber dass das bereits alles ist, was wir aus eigener Kraft zu tun vermögen. Die Wahrheit ist, *dass wir nicht völlig beeinflussen können, wann und in welcher Weise sich unser Leben verändern wird – weder auf der Innen- noch auf der Außenseite unseres Seins.* Wir können nur so viel tun, wie wir imstande sind und dann offen lassen, was als Nächstes geschieht, wobei wir mit unserem höheren Selbst oder der spirituellen Quelle kooperieren, so gut wir eben können. Den Siebten Schritt zu gehen, bedeutet wahrzunehmen, dass Veränderung und Kontrolle durch uns selbst seine Grenzen hat. Das alleine kann schon eine demütigende Erfahrung sein.

Wahrscheinlich hast du schon Ähnliches erlebt, als du aufgehört hast, Alkohol, Drogen oder was auch immer deine Missbrauchssubstanz war zu nehmen. Essen zählt hier nicht zu, weil man ja nicht aufhören kann, sich zu ernähren. Vielleicht hast du ja auch versucht, für eine gewisse Zeit damit aufzuhören, aber du konntest dein Verhalten nicht endgültig ändern, bis in einem Moment der Gnade dieses quälende Verlangen von dir genommen wurde oder du auf einmal die Stärke in dir gefunden hast, weiterzuleben, ohne der Sucht zu unterliegen.

Im Siebten Schritt erwarten wir diese Momente der Gnade, der uns hilft, unsere alten Verhaltensmuster aufzugeben. Wir bleiben dabei bewusst, sind uns unserer Handlungen gewahr und bitten um Hilfe, loslassen zu können.

DEMUT, NICHT ERNIEDRIGUNG

Viele Frauen, die als Erstes das Wort *demütig* im Siebten Schritt sehen, wissen gar nicht, wie sie darauf reagieren sollen. Das Wort *demütig* bedeutet ja im landläufigen Sinne, dass wir uns selbst „niedriger" oder „weniger als" machen und Abstand davon nehmen, selbstbewusst aufzutreten. Es erinnert uns daran, dass wir häufig Druck empfinden, der uns demütig machen soll. Es wurde uns beigebracht, nicht zu fordernd oder direkt zu sein in Bezug auf das, was wir wollen. Wenn wir etwas für uns erbitten, dann haben wir oft das Gefühl, uns gleichzeitig entschuldigen zu müssen. Viele Frauen haben hier die Sorge, dieser Schritt würde uns dazu auffordern, passiv oder entschuldigend zu sein.

Wir können von Frauen wie Elena lernen, dass wahre Demut bedeutet, ein ganz starkes Gefühl dafür zu haben, wer wir sind. Sie erklärt, dass die Schritte Vier, Fünf und Sechs für diese Art von Demut den Weg bereiten, indem sie uns eine tiefere Einsicht erlauben in Bezug auf das, was wir tatsächlich sind.

Elena erklärt, dass auch sie Schwierigkeiten mit dieser Vorstellung des „demütigen Bittens" hatte, bis sie realisierte, dass es nichts anderes bedeutet, als um Hilfe zu bitten. Mit einem besseren Verständnis ihrer selbst und der Veränderungen, die sie vorhatte, geht einher, dass sie genau weiß, dass sie diese Veränderungen nicht allein zustande bringt. Sie weiß, dass sie nicht perfekt ist – und niemals sein wird – also bittet sie ihre Höhere Macht um Führung und Unterstützung. „Demut bedeutet auch, dass ich eine spirituelle Quelle, die größer ist als ich selbst, anerkenne", sagt sie.

In den Zwölf Schritte Programmen finden wir häufig, dass Menschen über den Unterschied zwischen Demut und Erniedrigung sprechen. Wir alle kennen Momente der Erniedrigung – diese peinlichen Szenen, den Kontrollverlust, die Scham, die wir über eigenes Verhalten empfinden. Wir alle kennen diese Momente, in denen wir am liebsten im Boden versunken wären. Wir alle hatten die Befürchtung – oder wussten mit einer schrecklichen Sicherheit – dass es jemanden gibt, der genau gesehen hat, was wir auf unserer letzten Sauftour getan haben. Oder wir sind durch und durch erniedrigt worden, als wir die Wahrheit über uns selbst kennen lernten.

Demut ist etwas anderes als Erniedrigung. Es ist die klarsichtige Perspektive, die die Fakten weder verkleinert noch vermeidet. Demütig sein heißt, dass wir imstande sind zu sagen: „Das ist, was ich getan habe – und das war´s!" Wir streiten nichts ab, aber wir verurteilen uns selbst auch nicht.

Eine Frau sagt: „Meine Fehler sind einfach nur meine Fehler; sie *definieren* mich nicht mehr." Diese Unterscheidung zu treffen, ist entscheidend wichtig. Wenn wir nämlich durch unsere Fehler charakterisiert werden, dann sind wir erniedrigt. Wenn wir sie aber als das sehen können, was sie sind – nämlich nur Fehler – dann können wir demütig auch uns selbst vergeben und um Hilfe bitten, dass wir das nächste Mal anders handeln können. Es stellt sich eine stille, reflektive Selbstakzeptanz ein, die in Verbindung mit Demut auftritt.

Marianne hatte gute Freundinnen, die sie beiseite nahmen und ihr in Ruhe ihr Konzept von Demut erklärten. „Dabei geht es nicht darum, zu Kreuze zu kriechen", sagten sie ihr. Es geht stattdessen um Selbstkenntnis, Selbstannahme und das Wissen, was dein Platz im Universum ist. Marianne führt dazu aus: „Ich habe das so aufgefasst, dass ich mich zu dem bekennen kann, der ich bin, und mich nicht dafür entschuldige. Es war ein ganz wichtiger Moment für mich, als ich endlich verstand, was das eigentlich bedeutet – dass ich nämlich einen göttlichen Platz im größeren Zusammenhang der Dinge hatte, an dem ich einfach *sein* durfte."

Ganz in diesem Sinne hören wir Menschen in den Genesungsprogrammen sagen, dass Demut für sie bedeutet, in der Lage zu sein, die Dinge so zu sehen, wie sie sind. Das bedeutet auch anzunehmen, was wir tun können – und was nicht. Ich persönlich habe im Siebten Schritt gelernt, dass ich verantwortlich für die Veränderungsprozesse in meinem Leben bin, *aber dass ich nicht die Kontrolle darüber habe*. Dies war zuerst eine erniedrigende Erfahrung für mich. Elena sagt dazu, dass sie sich durchaus mit dem Faktum anfreunden konnte, dass sie nicht alles weiß, und das führte dazu, dass sie sich gleichzeitig demütig und erleichtert fühlte. Es gab ihr die Erlaubnis, unvollkommen zu sein und um Hilfe zu bitten, wann immer sie Hilfe braucht.

Es ist ganz wichtig, dass wir nicht das Demütigsein mit Bescheidenheit, Reserviertheit oder Unterwürfigkeit verwechseln. Wir wollen ja schließlich nicht die Demut so weit treiben, dass wir kein Lob mehr für das annehmen, was wir gut machen. Das ist nicht die Absicht des Siebten Schrittes. Wahre Demut bedeutet, dass wir einen starken Sinn dafür haben, wer wir sind – *wir wissen, wo unsere Grenzen liegen und bekennen uns zu unseren Stärken.*

Ein Zitat, das ich vor vielen Jahren an meinen Kühlschrank geklebt habe, half mir zu verstehen, was Demut ist. Es besagt: „Der wahre Weg zur Demut ist nicht, dich niederzumachen, bis du kleiner bist als in Wirklichkeit, sondern deine tatsächliche Größe mit etwas zu vergleichen, das größer ist als du und das dir zeigt, wie klein deine Größe noch ist." Ich mag besonders die Vorstellung, gleichzeitig groß und klein zu sein. Ein weiteres Paradox der Genesung.

Wir machen uns also nicht klein, sondern richten uns zu unserer vollen Größe auf und beanspruchen auch die Kraft und die Macht, die wir zur Verfügung haben: *Die Macht, eine Wahl zu treffen, die Macht zu handeln und für uns selbst zu entscheiden.* Aber wir stellen auch unsere persönliche Macht in die richtige Perspektive, indem wir einsehen, dass es da etwas von größerer Art gibt – eine Macht, größer als wir selbst – die viel größer und kraftvoller ist als wir mit unserem individuellen Selbst. Wir können uns vorstellen, wir seien ein funkelnder Stern – signifikant am Himmel, und doch klein verglichen mit der endlosen Dimension des Raumes um uns herum.

Auf diese Weise können wir uns selbst in Bezug auf unsere Höhere Macht positionieren. Es gibt so Vieles, das jenseits unserer Fähigkeiten liegt und so Vieles, von dem wir keine Ahnung haben, aber das macht den Umfang unseres Wissens nicht kleiner und schmälert auch unsere Handlungsmöglichkeiten nicht. Wir können uns demütig fühlen, wenn wir sehen, wie unsere Stärken zum Wohle des Ganzen beitragen.

EIN GEIST DER KOOPERATION

Warum ist Demut im Siebten Schritt so wichtig? Weil wir ohne die Demut den Siebten Schritt in dem Glauben beginnen könnten, alles, was wir zu tun hätten, bestünde darin, den *Willen* zu Veränderungen aufzubringen. Vielleicht denken wir auch, dass wir uns selbst von all diesen alten, destruktiven Mustern und Charakterzügen lösen können, wenn wir es nur intensiv genug versuchen.

Die Wahrheit ist, dass wir uns nicht zu Veränderungen zwingen können, genauso wenig wie wir uns zwingen konnten, mit dem Alkohol, den Drogen oder den anderen Süchten aufzuhören. Wenn es nur eine Sache der Willenskraft wäre, dann hätten wir wahrscheinlich schon längst unser Leben verändert. Aber tatsächlich liegt die Kraft zur Veränderung jenseits unserer Kontrolle. Im Siebten Schritt lernen wir, uns selbst mit der Höheren Macht in Einklang zu bringen und eine gemeinsame Frequenz zu finden, um die Veränderungen zu ihrer eigenen Zeit eintreten zu lassen.

Wir bringen uns durch demütiges Bitten in Übereinstimmung.
Aber wen bitten wir demütig, und worum? Der Siebte Schritt sagt, dass wir „Ihn demütig baten, unsere Mängel von uns zu nehmen". Aber was genau bedeutet das?

Fangen wir mal an mit dem „Ihn". Wie wir in den Schritten Zwei und Drei gelesen haben, fühlen sich einige Frauen durchaus wohl mit einem „Er" als ihrer Höheren Macht. Diese Frauen haben ein männliches Gottesbild, das für sie seinen Sinn erfüllt und gleichzeitig bestätigend und bestärkend ist. Andere Frauen empfinden dies nicht so und denken deshalb in einer anderen Art und Weise an ihre Höhere Macht.

Jasmin ersetzt in ihrem Siebten Schritt „Er" durch „Sie". Obwohl sie nicht glaubt, dass Gott entweder männlich oder weiblich ist, so gebraucht sie doch die weibliche Ausdrucksweise, weil sie dabei ein Gefühl von *Einbeziehung* hat. „Wenn ich ‚Sie' sage, dann mache ich die Erfahrung, wie es sich anfühlt, eine Gottheit mit einer weiblichen Macht zu verbinden", sagt sie. Wenn sie sich mit dieser spirituellen Kraft identifiziert, dann fühlt sie sich auch imstande, mit ihr zu kooperieren.

Du kannst in diesem Schritt die Benennungen beliebig austauschen, wie sie für dich Sinn machen und dich unterstützen. Marianne zum Beispiel bittet immer um Weisheit und Klarheit, anstatt dass etwas von ihr genommen wird. Sie bittet ihren großen Geist, ihr zu zeigen, wie sie ihr optimales Selbst sein kann. Indem sie den Siebten Schritt so versteht, beansprucht sie ihren Platz im Universum und bittet gleichzeitig um Führung, um das Beste aus ihren Fähigkeiten machen zu können. Ihre Höhere Macht ist also weder ein „Er" noch eine „Sie", sondern ein wohlwollender Geist, dem sie vertraut und den sie dadurch verehrt, dass sie ihr wahres Selbst lebt.

JEDER DAS IHRE

Deine Interpretation des Siebten Schrittes wird so individuell ausfallen, wie du selbst bist. Indem du den für dich stimmigen Weg herausfindest, macht es Sinn, auch einige der folgenden Möglichkeiten zu bedenken. Einige der nun folgenden Beispiele schließen auch Gebete ein. Denke jedoch daran, dass der Siebte Schritt dies nicht verlangt. Du kannst ihn auf jegliche Art und Weise durchführen, die du für dich bestimmst – es hängt einzig davon ab, wie du mit deiner Höheren Macht kommunizierst.

DAS GEBET DES SIEBTEN SCHRITTES

Lara glaubt an eine göttliche Barmherzigkeit, die ihre destruktiven Gewohnheiten aufhebt so wie zuvor schon ihre Crack- und Kokainsucht. Sie betet zu Gott – in ihrem Fall ein männlicher, christlicher Gott, und gleichzeitig der erste Mann, von dem sie das Gefühl hat, bedingungslos geliebt worden zu sein – mit der Bitte um Hilfe dabei, Befreiung von anderen Hindernissen zu finden, die ihr Schwierigkeiten bereiten.

Lara benutzt für ihren Siebten Schritt das Gelassenheitsgebet aus dem Blauen Buch der AA, welches lautet:

„Mein Schöpfer, ich bin nun willig, mich Dir ganz auszuliefern, mit allen meinen guten und schlechten Seiten. Ich bitte, die Charaktermängel jetzt von mir zu nehmen, die mich daran hindern, Dir und meinen Mitmenschen gegenüber nützlich zu sein. Gib mir Kraft, von jetzt an Deinen Willen auszuführen. Amen" *

In diesem Gebet findet sie Trost – es hilft ihr, sich offen und bereit zu fühlen, um alles auszukosten, was das Leben bringt. Dieses Gebet bestärkt sie darin, dass Gott sie annimmt und ihr Hilfe und Unterstützung bietet für alles, was als nächstes kommen mag.

Einige Frauen fühlen sich jedoch mit der Ausdrucksweise dieses Gebetes nicht wohl und ziehen es deshalb vor, Worte zu gebrauchen, die eine aktivere und gleichwertigere Beziehung mit einer Höheren Macht beschreiben. Und doch kann dieses Gebet einen nützlichen Rahmen bieten, um deine eigene Gebetsform zu finden.

Der Geist dieses AA-Gebetes im Siebten Schritt ist: „Hier bin ich, so, wie ich bin, mit all meinen Stärken und Grenzen. Ich bin bereit und willens, meine alten Muster zu verändern, wenn die rechte Zeit dazu gekommen ist. Ich habe meine Hausaufgaben dafür gemacht, und jetzt brauche ich Deine Hilfe, um anders weiterleben zu können. Was muss ich als Nächstes tun, um mit dem Leben zu kooperieren und das Beste zu sein, was ich sein kann?" Vielleicht gebrauchst du ähnliche Worte, oder auch andere, die du magst, um eine Version dieses Gebets für dich maßzuschneidern.

---

* *Anonyme Alkoholiker*, AAO, S. 87

DAS GELASSENHEITSGEBET

Der Siebte Schritt hilft Nathalie, nicht länger mit Dingen zu kämpfen, die sie doch nicht ändern kann – sie selbst eingeschlossen. Um diesen Schritt durchzuführen, nutzt sie das Gelassenheitsgebet:

Gott, gebe mir Gelassenheit,
Dinge hinzunehmen, die ich nicht ändern kann –
den Mut, Dinge zu ändern, die ich ändern kann –
und die Weisheit, das eine vom anderen zu unterscheiden. [*]

Nathalie wendet sich in diesem Gebet nicht an „Gott", weil sie sich ihre Höhere Macht mehr als eine Art „inneres Wissen" vorstellt.
Aber sie sagt sich das Gelassenheitsgebet als eine Art Bekräftigung laut auf. Es vermittelt ihr einen Sinn für Demut und erinnert sie daran, dass sie nur eine begrenzte Kontrolle hat.

Nathalie hat herausgefunden, dass ihre meist zerstörerischen Muster – Wut, Eifersucht und lähmende Angst – sich mit der Zeit verändert haben. Sie fand zum Beispiel heraus, dass sie nicht mehr in Jähzorn ausbricht, wenn jemand sie auf der Autobahn beim Einscheren schneidet. Zu Beginn versuchte sie sich zu zwingen, nicht wütend zu reagieren, fand aber heraus, dass sie dadurch nur noch wütender wurde. Sie merkte bald, dass sie an ihre Grenzen gestoßen war, dieses Muster aus eigener Kraft zu verändern. Es war Zeit, um Hilfe zu bitten.

„Das Gelassenheitsgebet aufzusagen, hilft mir zu erinnern, dass ich nicht alles alleine machen kann", erklärt Nathalie. „Es erinnert mich daran, dass die Dinge sich nicht immer in meinem Sinne oder nach meinem Zeitplan entwickeln. Gleichzeitig erinnert es mich auch, mich immer wieder selbst anzunehmen, egal wo ich mich gerade befinde."

Aufgrund ihrer Bereitwilligkeit und ihrer Fähigkeit, ihrer inneren Weisheit zu vertrauen, hat Nathalie gelernt, auf Reize jetzt in anderer Form zu reagieren. Sie hat herausgefunden, dass sie intuitiv weiß, wie sie mit Situationen umgehen kann, die sie früher verblüfft haben – dies ist übrigens eine der Versprechen der AA. Wenn wir merken,

---

[*] *Zwölf Schritte und Zwölf Traditionen*, AAO, S. 39

dass wir anders auf Situationen reagieren, die früher einmal unsere destruktiven Verhaltensweisen auslösten, dann können wir sicher sein, dass unsere alten Muster durch neue ersetzt werden.

Die Schritte Drei und Sieben beinhalten beide, den Versuch aufzugeben, Dinge kontrollieren zu wollen, die jenseits unserer Kontrollmöglichkeiten liegen. Im Dritten Schritt sind wir ja eine freiwillige Selbstverpflichtung eingegangen, unseren Willen und unser Leben einer Macht zu überantworten, die größer ist als wir selbst. Nun, im Siebten Schritt, übergeben wir *uns selbst* und lassen unsere heilende Macht den Rest besorgen.

EIN GOTTESKÄSTCHEN ANLEGEN

Eine populäre Methode im Siebten Schritt ist es, ein „Gotteskästchen" oder eine „Gottesbox" im Rahmen eines Rituals oder einer Zeremonie anzulegen, die diesem Schritt mehr Wirklichkeitsbezug verleiht. Einige Frauen legen sich dafür ein spezielles Sammelkästchen an – das kann ein Schuhkarton sein, ein früheres Schmuckkästchen oder auch eine schön dekorierte Kaffeedose – als einen speziellen Ort, wo sie die Dinge hineintun, die sie der Höheren Macht übergeben wollen. Wann immer sie bereit sind, ein Verhaltensmuster loszulassen, schreiben sie eine genaue Darstellung davon auf ein Blatt Papier und legen dieses in ihr Gotteskästchen als einen symbolischen Akt, dieses Verhalten aufzugeben. Wenn es erst einmal im Gotteskästchen ist, dann ist es auch der Sorge der Höheren Macht anvertraut. Und wenn sie der Meinung sind, dass sie doch wieder Kontrolle ausüben können, nehmen sie das entsprechende Blatt Papier wieder aus dem Kästchen heraus.

Dieses Ritual, also dein destruktives Verhaltensmuster, ob es nun Unehrlichkeit, Gefallsucht oder Pessimismus oder was auch immer ist, in einen Karton zu legen und dann den Deckel zu schließen, hat eine beruhigende Wirkung. Du kannst nämlich auch die Namen von Menschen, Orten und anderen Dingen dort hinterlegen, die du zu kontrollieren versucht hast. Wenn du all dies erst einmal in dein Gotteskästchen gelegt hast, legst du es im wahrsten Sinne des Wortes aus der Hand und kannst es dort auch liegen lassen.

Natürlich brauchst du dieses Kästchen nicht das Gotteskästchen zu nennen, wenn „Gott" gar nicht der Name ist, den du deinem führenden Geist gibst. Nenne dieses Kästchen, wie immer du magst oder lege dir eine andere Vorgehensweise zu, die dir dabei hilft, das Loslassen zu visualisieren. Einige Frauen schreiben ihre Muster auf ein Blatt Papier, verschließen es dann in einem Umschlag und schicken es mit einer Fantasieadresse an ihre Göttin oder ihr Inneres Selbst oder an den universellen Geist, oder sie schicken diesen Brief an ihre Sponsorin. Eine andere Gruppe von Frauen nahm all diese Zettel, auf denen sie ihre unerwünschten Muster aufgeschrieben hatte, mit an den Strand und verbrannte sie dort in einem Freudenfeuer. Sei ruhig kreativ. Der Prozess ist das Wichtige dabei.

ZUSAMMENARBEIT AUFBAUEN

Meine Freundin Gabi hat Probleme mit der Ausdrucksweise „demütig baten wir Ihn, unsere Charakterfehler zu beseitigen", weil es ihr zu passiv klingt. Diese Ausdrucksform vermittelt ihr den Eindruck, dass sie rein und perfekt gemacht wird, wenn sie nur höflich und freundlich darum bittet und Gott bei guter Laune antrifft. Für Gabi hört sich das einfach nicht wahr und richtig an. „Ich denke, bei mir ist das so, dass ich meine Höhere Macht nicht darum bitte, irgendetwas *für mich* zu tun", sagt sie, „Statt dessen bitte ich meine Höhere Macht, *mit mir* zu arbeiten. Ich mach´ meine Sache, und Gott macht Seine!"

Gabi nimmt also eine aktive und beziehungsorientierte Rolle im Siebten Schritt ein. Sie tritt mit ihrer Höheren Macht in einen Dialog indem sie sagt: „Ich bin bereit und brauche Deine Hilfe. Zeig mir bitte, in welche Richtung ich von hier aus gehen soll." Sie stellt sich dabei eine Partnerschaft vor, die nach zwei Seiten hin funktioniert und auf ihrer Bereitschaft basiert, ehrlich mit sich selbst umzugehen und dem Unbekannten gegenüber offen zu sein.

Gleichzeitig glaubt sie daran, dass sie ihrer Höheren Macht ein Geschenk macht, indem sie sich mit ihr auf einer Ebene zusammenfindet. Ihre Kooperation macht also die Höhere Macht noch mächtiger.

Im Siebten Schritt handelt es sich also um Zusammenarbeit. Es ist eben nicht dasselbe, als wenn du mit deinem Auto zur Werkstatt fährst und den Wagen dort dem Meister übergibst und sagst: „Jetzt sind Sie dran! Es sieht so aus, als ob die Bremsen und das Getriebe eine größere Reparatur nötig hätten. Wann kann ich ihn wieder abholen?“

Stattdessen stellst du es dir besser so vor, als ob du mit jemandem ein Duett singen willst. Deine Höhere Macht spielt die Melodie und du singst dazu. Auf diese Art und Weise erschafft ihr beide, deine Höhere Macht und du, zusammen die Musik.

Das Ergebnis ist anders, wenn wir uns darauf versteifen, weiter Solo zu singen. Ohne unsere Kooperation wird das Leben weiterhin die Melodie spielen, aber es kann uns passieren, dass wir den richtigen Ton nicht treffen und aus dem Rhythmus geraten. Genau das haben wir nämlich gemacht, als wir zwanghaft unseren Drogen, Sex, Beziehungen oder Essen nachgelaufen sind und uns wenig darum gekümmert haben, wie gerade diese Handlungen unser Leben immer komplizierter machten. In einem neuen Geist der Zusammenarbeit können wir der Melodie des Lebens lauschen und uns mit ihr in Einklang bringen.

EIN WORT ÜBER DIE „MÄNGEL"

Wenn wir über uns selbst nur als mit „Mängeln" behaftet nachdenken, kann es passieren, dass wir uns so intensiv nur auf die Negativseiten konzentrieren, dass wir am wahren Punkt vorbeigehen. Speziell bei diesem Schritt arbeiten wir in Partnerschaft mit einer Macht, größer als wir selbst, zusammen. Sie verlangt nicht, dass wir uns selbst in eine Unterwürfigkeitshaltung bringen, indem wir uns nur auf unsere Negativseiten konzentrieren. Stattdessen präsentieren wir uns demütig gegenüber unserer Höheren Macht, *so, wie wir sind*, und schauen nach einer Führung aus, die uns beim Weitergehen hilft.

Bitte denke auch daran, dass „Fehler" und „Mängel" auch gute Seiten haben, die sie mit der Zeit offenbaren. Sei also vorsichtig bei deinem Versuch, etwas vollständig „von dir zu nehmen". Es mag sein, dass auch verborgene Stärken in den Verhaltensmustern versteckt sind, auch wenn du diese als höchst ärgerlich erlebst.

Vielleicht ist eine deiner schädlichsten Verhaltensmuster übermäßige Sorge. Vielleicht fällt es dir schwer, jemanden ohne deine Hilfe sein eigenes Leben leben zu lassen. Du mischst dich so übermäßig in das Leben anderer Menschen ein und sorgst dich so sehr um sie, dass du deine eigenen Bedürfnisse kaum mehr wahrnimmst. Im Genesungsprozess realisierst du, dass dein eigenes Leben gesunder und deine Beziehungen besser werden, wenn du andere Menschen ihr eigenes Leben leben lässt - und du dein eigenes lebst. Du hast also dieses Muster als eines von denen identifiziert, die du gerne loslassen möchtest.

Aber bevor du die Fürsorge jetzt bereitwillig aufgibst, richte etwas von dieser Energie auf dich selbst. Wenn du so darauf konzentriert bist, dich um andere zu kümmern, dann hast du dich bis jetzt wahrscheinlich nicht sehr gut um dich selbst gekümmert. Jetzt findest du vielleicht heraus, dass du dieselbe Aufmerksamkeit, die du früher anderen geschenkt hast, nun auf dich selbst richten kannst. Schau mal genau nach, ob es nicht einen Weg gibt, deine Fürsorge auf etwas zu richten, dass sich nützlich für dich selbst auswirkt.

Hier ist ein weiteres Beispiel: Wie viele Frauen findest auch du dich vielleicht durch deinen eigenen Perfektionismus gelähmt. Dabei bist du in einem ständigen Zustand gespannter Angst, weil alles deinen eigenen Qualitätsansprüchen genügen muss. Es ist dir nicht möglich, einfach einige Freunde zum Essen einzuladen, ohne dass du dir Gedanken machst, was sie denn wohl über dein Essen denken oder was sie von dir als Hausfrau halten oder von deiner Wohnungseinrichtung. Und gibt es nicht immer noch etwas, was du noch in allerletzter Sekunde verändern kannst, um einen noch besseren Eindruck bei ihnen zu hinterlassen? Obwohl du dich jetzt schon völlig verausgabt hast, gibt es immer noch ein weiteres Detail, das dich der Perfektion näher bringen würde.

Wenn dieses Szenario deine Lebenseinstellung wiedergibt, dann ist dies wahrscheinlich ein Verhaltensmuster, das du gerne aufgeben würdest. Eine Obsession zum Perfektionismus kann dich depressiv und im wahrsten Sinne des Wortes verrückt machen.

Aber bevor du jetzt deinen Perfektionismus vollständig aufgibst, denke auch noch einmal darüber nach, wo er dir nützlich sein könnte. Wenn du perfektionistisch bist, dann hast du wahrscheinlich einen sehr feinen Sinn für Details und einen Wunsch nach Qualität und Hervorragendem, der dir auf anderen Gebieten deines Lebens nützt. Bei deiner Arbeit kann es sein, dass du für deinen Hang zum Perfektionismus gelobt und auch entsprechend belohnt wirst. In deinem persönlichen Leben mag dieses Muster dir dabei helfen, dass du dich nicht mit dem Zweitbesten zufrieden gibst. Der Schlüssel ist hier, dass du deinen Perfektionismus so einsetzt, dass er dir hilft, statt dich zu behindern. Anstatt ihn also als eine Schwäche zu werten, nimm ihn als eine Stärke und eine Hingabe, um das Beste für dich herauszuholen.

Ich selbst hatte eine ähnliche Erfahrung mit zuviel Arbeit – ich war ein Workaholic. Es gab Zeiten, in denen ich zugelassen habe, dass meine Arbeit mich völlig vereinnahmt hat, sehr zum Nachteil der Beziehungen zu den Menschen, die ich eigentlich sehr liebe. Als ich schließlich einsah, wie zwanghaft mein Verhältnis zur Arbeit geworden war, wie groß meine Angst war, was passieren würde, wenn ich *nicht* so viel arbeiten würde, da begann ich mich zu fragen, ob ich es nicht ändern sollte. Ich dachte damals daran, dass ich vielleicht mehr einen Routinejob übernehmen sollte oder eine Arbeit, die weniger anspruchsvoll sei. In anderen Worten dachte ich darüber nach, ins andere Extrem zu verfallen.

Aber als ich begann, mehr nach innen zu schauen, um meine eigenen Werte und die Quellen meiner Befriedigung zu finden, da wurde mir auch deutlich, wo meine Interessen, meine Begeisterung und meine Einsatzfreude für das herkamen, was ich beruflich mache. Aber ich erkannte auch die Gefahr, dass ich es zu weit treiben könnte. Für mich bedeutete das Aufgeben des arbeitssüchtigen Verhaltensstils, eine neue Balance zu finden – indem ich weniger Projekte annahm und lernen musste, nein zu sagen. Ich wurde bereit und willens, den Teil des Verhaltensmusters loszulassen, der mit meinem Leben nicht in Einklang zu bringen war.

Aber ich fand auch heraus, dass ich meine Begeisterung und meine Selbstverpflichtungen behalten konnte. Ich konnte also mit der Arbeit fortfahren, die ich so liebte.

Auf dieselbe Weise findest vielleicht auch du heraus, dass deine Belastungen gleichzeitig auch deine Vorteile repräsentieren.

Vielleicht findest du in deinen Mustern nichts Behaltenswertes, aber du kannst wenigstens die Möglichkeiten dazu ausloten. Wenn ein Mangel sich wirklich als ein solcher herausstellt, dann versuche ihn so zu verstehen, dass er eine Einschränkung deines Potentials bedeutet. Schau genau auf deine Gewohnheiten und Verhaltensweisen, die dir Ärger oder Sorgen bereiten, und betrachte sie als Gebiete für persönliches Wachstum. Wie kannst du es schaffen, ein Verhaltensmuster für dich nützlich zu machen?

SELBSTBEJAHUNG UND SICHERHEIT

Im Siebten Schritt kommen wir zur Selbstbejahung. In den letzten Schritten haben wir langsam ein größeres Gewahrsein dafür entwickelt, Muster zu erkennen, die uns davon abhalten, ein befriedigendes und ausfüllendes Leben zu führen. Aber trotz allen Bewusstwerdens kann es sein, dass wir uns selbst immer noch nicht akzeptieren und bejahen. Schritt Sieben bietet uns eine Möglichkeit, von der Selbstwahrnehmung zur Selbstbejahung zu gelangen.

Das Annehmen ist nämlich der Schlüssel zu jeder Veränderung. Ein weiteres Paradox, das ich in der Genesung kennen gelernt habe, ist dass ich mich, wenn ich mich selbst so akzeptiere, *wie ich nun einmal bin*, auch ändern kann. Wenn wir jedoch so sehr damit beschäftigt sind, uns selbst zu kritisieren und bei uns Fehler zu finden, ist die Wahrscheinlichkeit viel größer, dass wir in unseren alten Mustern und Routinen stecken bleiben.

Wenn wir im Siebten Schritt „demütig" bitten, dann praktizieren wir sowohl Selbstannahme als auch Kapitulation. Wir sagen: „Ich akzeptiere, dass ich nicht perfekt bin, dass ich nicht alles weiß und dass ich nicht die Einzige bin, die meinen Veränderungsprozess bestimmt. Aber ich bin willens, das beizusteuern, was immer ich kann, und ich bin bereit für das, was als Nächstes kommt." Wenn wir bitten, akzeptieren wir unseren angestammten und richtigen Platz im

Universum – sowohl unsere Größe als auch unsere Kleinheit als Teil des sehr viel größeren Sternbilds des Lebens.

Den Siebten Schritt machen wir ganz allein mit unserer spirituellen Quelle. Mit den Buchstaben EOB der Genesung – Ehrlichkeit, Offenheit und Bereitschaft *– machen wir uns selbst für Veränderungen bereit und lassen die Höhere Macht den Rest erledigen. Viele von uns fühlen sich viel zuversichtlicher, seitdem wir uns auf eine Macht, größer als wir selbst, verlassen. Und mit dem Geschenk der Selbstbejahung und der damit einhergehenden Sicherheit sind wir auch bereit für den Achten Schritt, bereit, um all das, das wir in den ersten sieben Schritten gelernt haben, in alle anderen Beziehungen unseres Lebens einzubringen.

---

* (Anm. der Redaktion: Im Amerikanischen Original steht hier: The HOW of recovery – Honesty, Openness and Willingness)

ACHTER SCHRITT

Wir machten eine Liste aller Personen, denen wir Schaden zugefügt hatten und wurden willig, ihn bei allen wieder gutzumachen.

Der Achte Schritt bereitet uns darauf vor, auf eine neue Art und Weise mit der Welt in Beziehung zu stehen. Indem wir in jedem Schritt mehr über uns selbst lernen, werden wir immer mehr bereit, die Vergangenheit wegzuräumen und ehrliche und offene Beziehungen einzugehen.

Im Fünften Schritt teilten wir unsere Inventur mit einem anderen Menschen und wurden dabei mitfühlend angenommen. Im Sechsten Schritt kamen wir zu einem tieferen Wissen und einer klareren Sicht der Dinge. Und im Siebten Schritt baten wir unsere Höhere Macht um Hilfe, da wir einsahen, dass wir den Veränderungsprozess nicht alleine schaffen. Mit all diesen bisher gemachten Erfahrungen als Unterstützung können wir uns nun weiter entwickeln – indem wir einen Geist der Offenheit und Aufrichtigkeit in alle unsere Beziehungen einfließen lassen.

UNERLEDIGTE GESCHÄFTE

Im Achten Schritt entscheiden wir, welche unserer Beziehungen eine eingehende Zuwendung am nötigsten haben und bringen diese Beziehungen in eine Rangliste. Wie auch in den vorherigen Schritten achten wir dabei besonders darauf, wo unser persönliches Leben aus der Balance geraten ist. Aber diesmal halten wir vor allem nach Gleichgewichtsstörungen in unseren Beziehungen Ausschau – den Beziehungen zu unseren Familien, FreundInnen, PartnerInnen, Ex-PartnerInnen, NachbarInnen, ArbeitgeberInnen, KollegInnen, Seelsorgern und Geistlichen, Schulen, staatlichen Institutionen, aber auch zu Autohändlern, Handwerkern und überhaupt zu allen möglichen Menschen.

Die *Zwölf Schritte und Zwölf Traditionen* der AA beschreiben den Achten Schritt als den Anfang der „bestmöglichen Beziehungen zu jedem Menschen, den wir kennen". Um mit diesem Schritt zu beginnen, konzentrieren wir uns auf die Situationen, in denen wir wirklich Schaden angerichtet haben.

Wo finden wir in unseren Beziehungen anhaltende Bitterkeit, Angst oder Feindseligkeit? Gegen wen hegen wir Groll, oder wem gehen wir aus dem Weg und vermeiden sie/ihn? Wen haben wir bedroht, wem Angst gemacht oder verunsichert? Und wo haben wir – mit oder ohne Absicht oder auch nur fahrlässig – jemanden unglücklich gemacht? All diese Fragen können uns auf den rechten Weg bringen, um herauszufinden, welchen Schaden wir anderen in der Vergangenheit zugefügt haben mögen.

Aber wenn wir uns intensiver mit diesem Schritt beschäftigen, realisieren wir auch, dass das Wort „Schaden" noch andere Bedeutungen hat. Vielleicht wollen wir auch über Beziehungen nachdenken, von denen wir das Gefühl haben, dass sie noch unerledigt sind, dass sie ungeklärt im Raum stehen – wobei es ganz gleich ist, ob wir dabei jemandem Schaden zugefügt haben oder nicht. Gibt es irgendwo noch unerledigte Geschäfte, um die wir uns kümmern müssten? Mit welchen Menschen wollen wir in Zukunft in einer anderen Form umgehen? Müssen wir bei gewissen Menschen Schaden wieder gutmachen oder uns entschuldigen, oder müssen wir einfach nur Frieden schließen oder Dinge klarstellen? Wir können uns an dieser Stelle damit beschäftigen, wo wir Schaden angerichtet haben, und wo wir nur die Atmosphäre reinigen müssen und allein damit schon eine gesundere Beziehung herstellen.

Manchmal bedeutet dieses „Schaden wieder gutmachen" ganz einfach nur, jemandem mehr Respekt und Aufrichtigkeit zu zollen. Mit diesem Gedanken im Hinterkopf können wir jetzt eine *Liste mit all den Menschen aufstellen, mit denen wir in Zukunft ehrlicher und aufrichtiger umgehen wollen.* Und das kann auch unsere Liste des „Schaden wieder gutmachens" sein.

Aber vielleicht willst du noch andere Möglichkeiten durchdenken. Kann es sein, dass dein Leben sich nur um eine einzige ganz bestimmte Beziehung rankt? Bist du vielleicht zu sehr eingebunden in das Leben eines anderen Menschen? Bist du vielleicht unglücklich in deiner Beziehung mit jemandem, hast aber zu viel Angst, es dieser Person direkt zu sagen? Gibt es Beziehungen, bei denen du versuchst, indirekte Kontrolle auszuüben? In welchen Beziehungen bist du nicht in der Lage, aufrichtig und offen zu sein? Und – wo fügst du *dir selber* Schaden zu? All diese Fragen lassen sich zu einer Kardinalfrage zusammenfassen, die wir uns zu Anfang des Achten Schrittes stellen müssen: *In welchen Beziehungen bin ich mir selbst gegenüber nicht offen und mache mir etwas vor?* Wenn du hierbei einen solchen Denkansatz benutzt, dann liegt dieser voll auf der Linie des Geistes des Achten Schrittes, der uns nämlich dazu anregen will, Beziehungen herzustellen, die so gut sind, wie es nur geht. Wenn es uns gelingt, unsere Beziehungen jetzt, in der Gegenwart, anders anzugehen, dann werden wir von der Vergangenheit befreit.

DAS SPEKTRUM DER SCHÄDEN

Unglücklicherweise *ist es wirklich so*, dass wir Menschen verletzen, wenn wir unserer Sucht nach Alkohol, Drogen, Geldausgeben oder zuviel Essen nachgeben. Wenn die Sucht das Zentrum unseres Lebens ist, dann leiden andere Menschen darunter.

Es gibt zahllose Wege, auf denen wir andere Menschen verletzen. In unserer zwanghaften Lust nach mehr Sex, Alkohol, Liebe, Pillen oder Essen neigen wir dazu, fast alles zu machen, um unseren Nachschub sicherzustellen – und das kann Lügen, Stehlen, Betrügen und offenkundige Verantwortungslosigkeit und Unzuverlässigkeit beinhalten. Manchmal geht dies so weit, dass wir jemanden physisch misshandeln oder verbal missbrauchen, wenn wir einen Kater haben, die Wirkung unserer Suchtmittel nachlässt oder wir einfach nur frustriert sind, weil wir nicht das bekommen, was wir wollen. All diese Verhaltensweisen sind schädlich und verletzend für denjenigen am empfangenden Ende.

Franziska fand es deshalb einfach zu verstehen, was im Achten Schritt mit dem Wort „Schaden" gemeint ist. Für sie war es nicht schwer einzusehen, wie sie durch ihr Alkoholikerverhalten ihre Familie beschädigt hatte. Als sie in den ersten Monaten ihrer Nüchternheit die Zwölf Schritte wiederholt las, leuchtete ihr dieser Schritt am meisten ein.

Franziska erinnert sich an viele Szenen, die ihre Familienmitglieder erniedrigt oder ihnen Angst gemacht hatten. So hatte sie ihre Mutter in eine peinliche Lage gebracht, als sie bei einer Feier in der Nachbarschaft sturzbetrunken auftauchte. Ein anderes Mal trank sie bis zur völligen Bewusstlosigkeit und jagte damit ihrer Schwester einen Heidenschrecken ein, weil diese nicht mehr in der Lage war, sie aufzuwecken. Franziska fielen schnell Menschen ein, die sie in ihrem Achten Schritt auflisten konnte, als sie über diese Situationen nachdachte.

Wie Franziska wollen auch wir den Schmerz anerkennen, der sich aus unserem Verhalten ergeben hat, aber wir wollen auch die anderen Aspekte betrachten, die aufzeigen, dass unsere Beziehungen aus dem Gleichgewicht geraten waren. Einige unserer Muster sind vielleicht subtiler als diese offensichtlich destruktiven Verhaltenweisen, aber die Ergebnisse sind gleich schädlich und verletzend.

ÜBERTRIEBENE VERANTWORTLICHKEIT

Wenn wir uns bei allen Menschen um alles und jedes kümmern, dann geben wir diesen Menschen nicht die Gelegenheit, ihre eigenen Entscheidungen zu treffen und ihre eigenen Fehler zu machen. Dies ist ganz besonders schädlich für Kinder, die nur dann lernen und wachsen können, wenn sie die Chance haben, Verantwortung für sich selbst zu übernehmen. Auch die Erwachsenen um uns herum leiden, wenn wir versuchen, ihnen alles aus der Hand zu nehmen. Unsere Sucht nach Kontrolle kann leicht zu Machtkämpfen führen und andere Menschen mit dem Gefühl hinterlassen, inkompetent und unwert zu sein. Wir tun ja so, als ob sie nicht in der Lage seien, auf sich selbst aufzupassen – oder zumindest nicht so gut, wie wir das für sie könnten.

Annemarie, die von Anorexie genesend ist, war einmal zu Besuch bei ihrem Bruder Charly und entschloss sich spontan an jenem Wochenende, ihm zu „helfen", indem sie – ohne seine Erlaubnis – sein Konto sanierte und seine Überziehungsschulden ausglich. Als sie ihm davon erzählte, wurde Charly wütend und sagte, dass sie das nichts anginge und dass er diesen Akt als Verletzung seiner Privatsphäre betrachtete.

Zuerst konnte Annemarie nicht einsehen, warum Charly darüber so beleidigt war, später jedoch konnte sie seinen Standpunkt verstehen.

Als sie über diese Beziehung nachdachte, sah Annemarie ein, dass Charlies Finanzen nicht ihr Problem waren und dass ihr Verhalten nur dazu geführt hatte, dass sie beide sich voneinander entfremdeten. Während sie vorgeblich in seinem besten Interesse handelte, baute sie tatsächlich nur ihre eigene Angst ab, dass er seine Finanzen nicht im Griff hätte und drang damit auf ein Gebiet vor, wo sie nicht hingehörte. Danach analysierte sie genauer, wo dieses Verhaltensmuster der übertriebenen Verantwortung in ihrem Leben sonst noch auftrat. Dies half ihr zu entscheiden, wen sie alle auf ihre Wiedergutmachungsliste setzen musste.

PASSIVITÄT

Luisa hatte in ihren Beziehungen immer eine passive Rolle eingenommen. Was auch immer jemand von ihr wollte, sie machte mit. Sie war also nicht in der Lage, für sich selbst Entscheidungen zu treffen und an ihrem eigenen Leben aktiv teilzuhaben.

Ihr Ehemann zum Beispiel entschied allein, wo sie wohnten, wie das Haushaltsgeld ausgegeben wurde, wohin sie im Urlaub fuhren und welche Verwandte wann zu Besuch kommen durften. Zu Anfang genoss er diese Macht, alleine Entscheidungen zu treffen, aber als er herausfand, dass er eigentlich gar nicht so eine unterwürfige Partnerin haben wollte, fand er diese Rolle auf einmal gar nicht mehr so gut.

Luisa wurde zunehmend passiver, je schlimmer ihr Alkoholismus zutage trat, und lastete damit eine unfaire Bürde auf die Schultern ihrer Freunde und ihrer Familie. All diese Menschen standen ihr zunehmend ablehnender gegenüber, weil sie sich weigerte, Verantwortung für sich selbst zu übernehmen.

Sicher ist, dass unsere Lieben irgendwann frustriert und wütend werden, wenn wir sie in die Rolle drängen, sich ständig um uns kümmern zu müssen und alle Entscheidungen für uns zu treffen. Wir verletzen sie und fügen ihnen Schaden zu, indem wir ihnen zu viel Verantwortung aufbürden.

EMOTIONELLE ABWESENHEIT

Wenn wir uns emotionell völlig von Menschen um uns herum zurückziehen, zwingen wir sie dadurch, unsere Gefühle, Bedürfnisse und Wünsche erraten zu müssen. Unsere Ehepartner, Kinder und Familienangehörige versuchen vielleicht noch, uns zu helfen und uns zu gefallen, aber sie riskieren, von uns nur gleichgültig und ablehnend behandelt zu werden. Wenn wir Menschen auf Armlänge von uns halten, dann fühlen sie sich irgendwann verletzt und abgelehnt und wundern sich, was sie wohl getan haben mögen, dass wir uns so entfremdet haben.

Meine eigenen Kinder hatten das Gefühl, dass ich sie für etwas bestrafen würde, weil ich so distanziert und teilnahmslos war. Sie wunderten sich, was sie wohl falsch gemacht hatten, und das wiederum verletzte ihr Selbstwertgefühl. Sie gaben sich selbst die Schuld für mein distanziertes Verhalten, und ich fügte ihnen Schaden zu, indem ich nicht auf sie einging.

EMOTIONELLE UNAUFRICHTIGKEIT

Aufrichtigkeit ist häufig der schwierigste Aspekt unserer Beziehungen. Weil wir so eifrig sind, anderen zu gefallen und oft auch, um eine Beziehung am Laufen halten zu wollen, werden wir manchmal sehr geschickt darin, unsere wahren Gefühle zu verstecken. Das führt dazu, dass wir zögern, über Dinge zu sprechen, die uns eigentlich Sorgen bereiten, und wir stattdessen ein falsches Lächeln aufsetzen oder so tun, als ob alles in Ordnung sei, wenn wir in Wirklichkeit wütend oder verletzt sind. Emotionelle Unaufrichtigkeit ist etwas anderes als emotionale Abwesenheit. Wenn wir abwesend sind, dann sind wir indifferent oder uninteressiert an den Sorgen und Nöten der Menschen um uns herum. Wenn wir jedoch emotionell unaufrichtig sind, zeigen wir vielleicht äußerlich Interesse, aber kontrollieren ganz sorgfältig, welche Emotionen wir preisgeben und auf welche Weise wir dies zu erkennen geben.

Gabriele, eine zwanghafte Käuferin, ist völlig unfähig, ihre wahren Gefühle in ihrer Beziehung mit ihrer 16 jährigen Tochter Ruth zu zeigen. Gabriele ist eigentlich wütend, weil Ruth die Schule schwänzt, Ladendiebstähle begeht und in Bezug auf ihre Aktivitäten lügt, aber Gabriele hat zu viel Angst, ihre Tochter zu verlieren, wenn sie ihre Gefühle offen zeigen würde. Sie hat zwar einige Grenzen gesetzt, aber Ruth droht damit, mit ihrem Freund zusammen abzuhauen.

Gabriele hat sich nun darauf zurückgezogen, eine permissive – also alles erlaubende – Mutter zu sein, die keine weiteren Anstalten macht, ihrer Tochter Grenzen zu setzen. Aber Gabriele hat gleichzeitig ihre Wut und ihren Frust in ihren emotionellen Keller abgedrängt, um keine Konflikte aufkommen zu lassen. Sie versucht, sich selbst davon zu überzeugen, dass sie eigentlich gar nicht wütend ist. Als Folge davon kommt diese Wut in Form von Furcht, Angst und Depression wieder zutage.

Vielleicht gehst du dir ja mit ähnlichen Geschichten auch selbst auf den Leim. Vielleicht hast du dich ja selbst davon überzeugt, dass es dir nicht viel ausmacht, dass deine Mutter ständig an deinem Aussehen herumkritisiert oder dass eine deiner engsten Freundinnen private Informationen von dir lauthals bei anderen Menschen ausplaudert. Du versucht vielleicht, all diese Vorfälle zu ignorieren und nie ein Wort zu sagen, weder zu deiner Mutter noch zu deiner Freundin. Aber deine Gefühle nagen an dir und bringen somit Explosivstoff in diese Beziehungen.

Wo liegt jetzt der Schaden in diesem Lügen durch Auslassen? Auf welche Weise verletzt es andere Menschen, wenn wir sie nicht an unseren Enttäuschungen, Befürchtungen oder unserer Wut teilhaben lassen? Und was passiert in unseren Beziehungen, wenn wir nicht unsere eigene Meinung vertreten und uns selbst offen darstellen? Wir geben den Menschen den fälschlichen Eindruck, dass sie eine tiefe Beziehung zu uns haben, während wir doch unser wahres

Selbst weit unterhalb dieser Schwelle verstecken. Wenn wir uns verbergen, dann kriegen unsere Freunde und Familienangehörigen gar nicht die Chance, mit uns eine wirkliche Beziehung zu haben – mit dem Menschen, der wir in Wirklichkeit sind. So ist es am Ende unfair, sowohl uns selbst als auch anderen gegenüber, wenn wir unsere wahren Gefühle zensieren und vorgeben, jemand zu sein, der wir in Wirklichkeit gar nicht sind. Und eine Unaufrichtigkeit führt zu weiteren Unaufrichtigkeiten. Es ist wirklich schwer für eine Person, sich in einer Beziehung wirklichkeitsbezogen zu verhalten, wenn der andere Partner mit allen Mitteln versucht, Konflikte zu vermeiden. Unsere emotionelle Unaufrichtigkeit schafft eine Atmosphäre des Misstrauens und der Verwirrung, die ungesund ist für alle, die damit in Berührung kommen.

Ein gemeinsamer roter Faden verbindet all diese „Schäden“: Wir haben die Illusion einer Kontrolle über unsere Beziehungen. Wir benutzen diese Verhaltensweisen, um Situationen zu unserem Vorteil zu beeinflussen, aber in diesem Prozess verletzen wir andere und auch uns selbst, indem wir die Chancen für aufrichtige und ehrliche Beziehungen sabotieren.

DER DRANG, SICH ZU ENTSCHULDIGEN

Nachdem wir jetzt ein Gefühl dafür bekommen haben, welche Art von Schaden wir bei wem angerichtet haben mögen, können wir dazu übergehen, unsere Listen zusammenzustellen. Aber wir müssen dabei vorsichtig sein. Speziell Frauen neigen dazu, den Achten Schritt zu übertreiben.

Als Eva ihre erste Liste von Schäden aufschrieb, die wieder gutzumachen seien, da befanden sich am Ende mehr als 120 Namen auf dieser Liste. Sie war bereit, Verantwortung für alles und jedes zu übernehmen – für jeden Stress und für jedes Unglücklichsein in jeder ihrer Beziehungen. Eva ist ein perfektes Beispiel dafür, wie weit Frauen gehen können, wenn sie die Schuld für alle Schwierigkeiten in und um eine Beziehung auf sich nehmen.

In einem AA-Meeting teilte Eva – nicht ohne Stolz – die Länge und Genauigkeit ihrer Achter Schritt Liste mit. Nach dem Meeting kam eine ältere Frau zu ihr, nahm sie beiseite und meinte freundlich, dass ihre Liste doch vielleicht etwas zu lang geraten sei. „Du wirst doch sicher wissen, wen du *wirklich* verletzt und wem du *wirklich* Schaden zugefügt hast", sagte sie, „doch wahrscheinlich nicht Hunderten von Menschen." Zuerst wollte Eva die Beobachtung dieser alten Dame ignorieren, aber dann wurde ihr doch bald die Wahrheit klar.

„Sie hatte natürlich Recht. Meine nächste Liste wurde viel kürzer – nur einige wirklich wichtige Menschen standen darauf", sagt Eva. „Ich habe gemerkt, dass diese lange Liste mich von den eigentlich schwierigen und schmerzhaften Beziehungen abgelenkt hat und auch von den wahren Wiedergutmachungen, die ich zu leisten hatte."

Wenn wir uns damit beschäftigen, die kompletteste Wiedergutmachungsliste in der Geschichte der Genesungsprozesse zu erstellen, dann riskieren wir, die Kraft zu verwässern, die in diesem Schritt liegt., Wenn wir das Gefühl haben, dass wir uns für alles und jedes entschuldigen müssten, dann können wir uns nicht auf die Beziehungen konzentrieren, die unserer Aufmerksamkeit am meisten bedürfen.

Wie bereit und willig sind Frauen doch, wenn es darum geht, uns zu entschuldigen! Wenn wir zu solchen Tendenzen neigen, dann wird der Achte Schritt sie ganz sicher auslösen. Es mag sein, dass wir uns bei gewissen Menschen zu Recht entschuldigen müssen, aber bevor wir einen Namen auf unsere Liste schreiben ist es nötig, dass wir das Folgende überlegen: Was ist mein Motiv für diese Entschuldigung? Habe ich etwas falsch gemacht und möchte es jetzt gerade rücken? Oder habe ich ein anderes Motiv?

Vielleicht wollen wir uns entschuldigen, weil wir denken, dass wir dann nicht unser Verhalten ändern müssten. Eine Frau rief ihre Therapeutin an um zu sagen: „Meine Sponsorin sagt, ich müsse bei ihnen etwas wieder gut machen, weil ich ihnen Geld schulde. Also, es tut mir Leid, dass ich sie nie bezahlt habe!" Und dann schickte sie das Geld doch nicht. Zu sagen „Es tut mir Leid!" ist also nicht der

Punkt. Die Bereitschaft zur Wiedergutmachung bedeutet, bereit zu sein, alles nötige zu tun, um Dinge wieder ins Lot zu bringen.

Oft hoffen wir, dass unsere Entschuldigung eine Verunsicherung und einen Konflikt in einer Beziehung vermindert. Wir glauben, dass die Beziehung mit nur leichten Störungen fortgesetzt werden kann, indem wir sagen, dass es uns Leid tut oder indem wir die andere Person Recht haben lassen.

Aber wie bei Gabriele *existiert die Störung in uns* und das so lange, bis wir einen Weg finden, unsere Gefühle zu akzeptieren. Vielleicht erscheint die Oberfläche der Beziehung ruhig, aber innere Aufruhr ist der Preis, den wir für emotionelle Unaufrichtigkeit und für zu viel Verantwortung bezahlen.

GETEILTE VERANTWORTUNG

Im Achten Schritt ist es ganz wichtig, *dass Frauen auch andere Menschen für deren Handlungen verantwortlich machen.* Die AA-Literatur warnt zwar davor, mit dem Finger auf andere Menschen zu zeigen oder auf den Fehlhandlungen herumzureiten, die diese uns angetan haben. Dies bedeutet aber nicht, dass wir komplett vergessen wollen, was andere getan haben. Denn wir wollen uns erinnern und wollen die Vorkommnisse der Vergangenheit deutlich benennen.

Wie meine Freundin Ruth ausführt, haben wir eine *geteilte* Verantwortung für Schäden, die in einer Beziehung angerichtet werden können. Nach ihrer Ansicht machen wir den Achten Schritt, indem wir darin die Verantwortung für unseren Anteil übernehmen, *ohne die Rolle zu mindern, die jemand anders dabei gespielt hat.* Wenn wir das im Kopf behalten, können wir im Achten Schritt eine klare Perspektive behalten.

Wenn wir unsere Verantwortlichkeit anerkennen, tendieren wir vielleicht dazu, die Verantwortlichkeit einer anderen Person zu vergessen oder zu mindern. Oder wir denken vielleicht, dass wir das gewalttätige oder verletzende Verhalten eines anderen Menschen provoziert oder verursacht haben.

141

Der Schlüssel ist Aufrichtigkeit – in Bezug auf den Anteil jeder Person in der Beziehung. Wenn wir aufrichtig sind, machen wir den Weg frei, so dass unser inneres Wissen uns zeigen kann, wo eine Entschuldigung oder eine Wiedergutmachung am Platze ist.

Elenas Sponsorin ging mit ihr die Liste der Wiedergutmachungen durch und half ihr zu sehen, wo sie *keine* Wiedergutmachung schuldete. Da gab es Menschen auf der Liste, die Elena ernsten Schaden zugefügt hatten – indem sie sie verraten und verbal wie physisch missbraucht hatten – wobei sich jedoch *Elena* für das, was geschehen war, verantwortlich fühlte. Sie war der Meinung, dass sie irgendwie den Missbrauch verursacht hatte.

„Meine Sponsorin zeigte mir, dass man mich schlecht behandelt hatte und ich diese Behandlung nicht verdiente", sagt Elena. „Es war heilend für mich, mich nicht länger für die Art und Weise, wie gewisse Menschen mich behandelt haben, verantwortlich fühlen zu müssen."

Bevor wir alle Schuld auf uns nehmen, müssen wir das Ganze erst einmal langsam angehen und uns die Frage stellen: Welche Rolle habe ich eigentlich in dieser schwierigen Beziehung gespielt? Und welche Rolle spielte die andere Person? Wie Elena finden wir vielleicht heraus, dass jemand anderes verantwortlich ist oder dass nur einiges von der Verantwortung bei uns liegt und der andere Teil woanders. Dann können wir mit dem Versuch aufhören herauszufinden, auf welche Weise wir die Beziehungsverschlechterung verursacht haben mögen. In einigen Fällen kann das „Dinge wieder zurechtrücken" auch bedeuten, einfach loszulassen. Es mag die Zeit gekommen sein, mit dem Versuch aufzuhören, Beziehungen zu kitten und stattdessen lieber den Schmerz oder die bestehenden Schwierigkeiten anzuerkennen.

UNS SELBST AUF DIE LISTE SETZEN

Es wird in Genesungskreisen häufig gesagt, dass wir *uns selbst* auf unsere Liste der Wiedergutmachungen setzen sollten. Wir haben zweifelsohne auch uns selbst während dieser Zeit verletzt – und vielleicht sogar tiefer, als wir wahrhaben wollen.

Wir haben uns mit unserem Trinkverhalten oder Drogenkonsum selbst Schaden zugefügt. Wenn wir außer Kontrolle sind, dann verletzen wir unsere Werte und bringen uns in gefährliche oder schädigende Situationen. Wir machen Dinge, die wir nie machen wollten oder nie vorhatten zu tun. Wenn wir uns selbst schlecht behandeln, dann beginnen wir irgendwann zu glauben, dass wir es nicht besser verdient hätten.

Vielleicht erinnerst du dich an Konstanze, die sich so sehr ihres sexuellen Verhaltens schämte, dass sie den Vierten und Fünften Schritt nicht durcharbeiten konnte, bevor sie mehrere Jahre nüchtern war. Auch Hanna hatte sich gleichermaßen selbstkritisch gefühlt, weil ihr zwanghaftes Essverhalten sie vor der Wahrnehmung der unerfreulichen Wirklichkeit ihrer Beziehung mit einem alkoholsüchtigen Partner abgestumpft hatte. Yvonne hat ihre Kokainsucht durch Prostitution aufrechterhalten und eine tiefe Erniedrigung erfahren, als man ihr die Kinder wegnahm. In jedem dieser Fälle wurde ein schmerzhafter Preis bezahlt. All diese Frauen hatten ihr Selbstwertgefühl beschädigt. Sie fühlten Scham und fühlten sich durch ihr außer Kontrolle geratenes Verhalten entwürdigt.

Gesunde Beziehungen sind unmöglich, solange wir Alkohol trinken, Drogen nehmen oder uns in anderer Weise zwanghaft verhalten. Wenn wir in unseren Beziehungen entfremdet leben, dann fühlen wir uns wertlos, nicht liebenswert und verwundet. Dann treiben wir Menschen noch weiter von uns weg, und das lässt uns noch einsamer und isolierter zurück als zuvor.

Die Verhaltensweisen und Verhaltensmuster, die für unsere Beziehungen destruktiv und schädlich sind, sind dies auch für uns. Wir fügen uns selbst Schaden zu, wenn wir uns mit weniger zufrieden geben, als wir wollen oder uns zusteht. Und ganz sicher verletzen wir uns selbst, wenn wir glauben, dass wir für das missbräuchliche Verhalten anderer verantwortlich sind. Wenn wir Missbrauch leugnen oder mindern, dann schicken wir uns selbst die Botschaft, wir seien es nicht wert sind, dass man uns glaubt und seien nicht wertvoll genug, als dass man uns anständig behandeln müsse.

Frauen fügen sich selbst in vielerlei Hinsicht Schaden zu. Unglücklicherweise können wir in den Möglichkeiten, uns selbst unfreundlich oder unfair zu behandeln, sehr vielseitig sein.

Vielleicht hassen wir unseren Körper und unsere äußere Erscheinung. Vielleicht sind wir wütend auf uns selbst, weil wir nicht schneller in unserer Genesung vorankommen. Wir erwarten von uns, perfekt zu sein und kritisieren uns erbarmungslos, wenn wir das nicht sind. Das nächste Mal, wenn du dir selbst sagst, dass du wertlos, hoffnungslos, neurotisch oder an allem Schuld bist, denke daran, wie sich eine andere Frau fühlen würde, wenn du dieselben Kommentare zu ihr geben würdest. Dann müsstest du dich nämlich bei ihr für deine harten Urteile entschuldigen. Versuche, dich selbst mit derselben Achtung zu behandeln. Setze deinen eigenen Namen auf deine Liste der Wiedergutmachungen nach dem Achten Schritt und fang an, deine Beziehung zu dir selbst zu heilen.

UNKOMPLIZIERT, ABER NICHT LEICHT

Eine Liste der Wiedergutmachungen anzufertigen, hört sich vielleicht nach einer unkomplizierten Aktivität an, aber es geht dabei um eine ganze Menge. Denn außer die wahre Verantwortung in jeder Situation zu entdecken, kann es auch sehr schmerzhaft sein, über unsere Beziehungen nachzudenken. Vielleicht fühlen wir uns traurig oder verstört, wenn wir frühere Vorkommnisse wieder aufrufen.

Konstanze fand den Achten Schritt deshalb schwierig, weil sie sich Dinge aus der Vergangenheit eingestehen musste, die sie nicht ändern konnte. Es war eine Zeit für Trauer und Tränen. Sie war besonders traurig über das Zerbrechen einer romantischen Beziehung, die zehn Jahre angedauert hatte. Sie bedauerte die Dinge, die sie zu diesem Zerbrechen beigetragen hatte und wünschte, sie könne noch einmal zurückgehen und ihre früheren Handlungen ungeschehen machen. Der Achte Schritt erlaubte ihr, ihre Trauer zu erleben, ihren Verlust zu betrauern und sich selbst in einer Art und Weise zu vergeben, wie sie es vorher noch nicht getan hatte.

Marie-Luises Erfahrung war ähnlich. Ihre Mutter wurde körperbehindert, als Marie-Luise noch ein Kind war. Weil ihre Mutter nicht mehr imstande war, für sie zu sorgen, hatte Marie-Luise sie den größten Teil ihres Lebens abgelehnt. Als sie diese Beziehung jetzt im Achten Schritt noch einmal überdachte, wurde ihr klar, dass niemand sonst ihr jemals die Mutterliebe geben könnte, nach der sie sich immer gesehnt hatte. Und indem sie die Vergangenheit losließ, betrauerte sie auch den Verlust der Mutter-Tochter-Beziehung, die sie sich so sehr gewünscht hatte.

Wenn du es schwierig findest, deine Beziehungen im Achten Schritt zu erforschen, dann erinnere bitte, dass du sie einzeln und immer nur eine nach der anderen angehen kannst. Geh langsam voran und erinnere dich an alles, was du in den vorherigen Schritten gelernt hast: Eine spirituelle Präsenz nimmt dich an, so, wie du bist; du brauchst nicht perfekt zu sein; du kannst um Hilfe bitten und wirst mitfühlende Hilfe erfahren.

Es ist eine gute Idee, Unterstützung von anderen Frauen anzunehmen, während du diesen Schritt durchläufst, und ganz speziell von Frauen, die in Situationen waren, die so ähnlich sind wie deine. Es ist schmerzhaft, über deine Beziehung zu deinen Kindern nachzudenken, und deshalb suchst du dir vielleicht eine Frau, die auch Kinder hat. Wenn in deiner Vergangenheit ein sexueller Missbrauch vorgekommen ist, finde andere Frauen, die diese Erfahrung auch gemacht haben.

Ein Wort der Vorsicht: Stelle sicher, dass du jemanden findest, der anerkennen kann, dass ein Schaden immer eine *geteilte* Verantwortung ist. Einige Menschen in Genesungsprogrammen schrecken vielleicht vor der Vorstellung zurück, dass wir andere zur Verantwortung ziehen für das, was sie uns angetan haben. Die traditionelle AA-Einstellung dazu ist, dass wir die Handlungen anderer Personen beiseite stellen und erst einmal „vor unserer eigenen Türe fegen" [*]

Aber wenn wir andere nicht für ihren Anteil am Geschehen verantwortlich machen, dann sind wir häufig zu sehr bereit zu glauben, dass wir das Verhalten eines anderen Menschen verursacht oder provoziert – oder sogar den Missbrauch, den wir erlebten, verdient

---

[*] *Anonyme Alkoholiker*, AAO, S. 89

hätten. Manchmal scheint es einfacher zu sagen: „Es tut mir Leid" als zu sagen: „Ich fand das aber gar nicht gut, was du gemacht hast, und so habe ich darauf reagiert. Ich hoffe, wir können eine bessere Beziehung herstellen. Und das bin ich bereit, dafür zu tun."

Wenn *wir* tatsächlich die Schuld an etwas haben, dann müssen wir natürlich die Verantwortung dafür übernehmen. Aber es ist gleichermaßen wichtig anzuerkennen, wo wir *keine* Schuld haben. Wir können nach Menschen Ausschau halten, die uns bedingungslos unterstützen, wenn wir jetzt jede unserer Beziehungen einer Untersuchung unterziehen und dieses Gleichgewicht für uns selbst entdecken.

DIE KUNST, BEREITWILLIG ZU SEIN

Eine Liste der Wiedergutmachungen aufzustellen, ist nur der Anfang des Achten Schrittes. Bereitwilligkeit folgt darauf. Nämlich die Bereitschaft, Wahrheit und Klarheit in Bezug auf unsere Beziehungen zu gewinnen. Mit dieser Weisheit können wir dann anfangen, Dinge wieder geradezubiegen und uns in einer neuen Weise in die Beziehung einzubringen.

Ich selbst habe es lange herausgezögert, den Achten Schritt zu machen, weil ich mir Sorgen in Bezug auf die Wiedergutmachung machte. Wie sollte ich wohl auf die Menschen auf meiner Liste zugehen? Glücklicherweise erinnerte mich meine Sponsorin an das Wort *Bereitwilligkeit*: Der Achte Schritt schlägt ja vor, dass wir willig werden. Ich brauche mir keine Sorgen zu machen über die *Durchführung* der Wiedergutmachung – das ist der nächste Schritt – bevor ich nicht dazu bereit bin.

Wie entwickeln wir Bereitwilligkeit? Auf ziemlich dieselbe Art und Weise, auf die wir im Sechsten Schritt „völlig bereit wurden", unsere alten Verhaltensmuster loszulassen. Genau so wie wir jedes Muster im Sechsten Schritt betrachtet haben und uns dabei die Frage stellten, was uns davon abhielt, es aufzugeben, so können wir im Achten Schritt jeden Namen auf unserer Liste der Wiedergutmachungen betrachten und uns fragen: Was hält mich davon ab, die Negativität dieser Beziehung freizusetzen?

Vielleicht findest du ja auch, dass dem mit einigen Menschen auf deiner Liste gar nichts im Wege steht. Vielleicht bist du schon darauf vorbereitet, vorwärts zu gehen und deine Wiedergutmachung zu leisten. Aber wenn du noch darüber nachdenkst, mit anderen Menschen offener oder aufrichtiger umzugehen, dann fühlst du vielleicht eine gewisse Sorge oder eine Furcht oder hast sogar völlige Panik. Wenn du auf diese Art reagierst, dann gehe sanft mit dir um. Vertrau darauf, dass dein inneres Wissen dich leiten wird, je mehr du an Wahrhaftigkeit und Klarheit zulegst, wenn du jetzt darüber nachdenkst, wie du mit jeder Person auf deiner Liste Frieden schließt.

Gehe einen Schritt zurück und stelle dir selbst einige Fragen dazu: Gibt es ein altes Muster, dass mich davon abhält, in dieser Beziehung aufrichtig zu sein? Versuche ich immer noch zu gefallen, zu kontrollieren oder mich in einer anderen Art und Weise zu verhalten, die zu einer aufrichtigen Beziehung im Widerspruch steht?

Wenn das so ist, dann gehe noch einmal durch die Schritte Sechs und Sieben. Vielleicht möchtest du ja auch noch einmal zum Vierten Schritt zurückgehen, um nachzuschauen, ob du etwas in deiner Inventur ausgelassen hast.

Wenn du nicht bereit ist, bei einer besonderen Person Wiedergutmachung zu leisten, lass es einfach eine Zeit lang los. Mach weiter mit den Schadenswiedergutmachungen, die du bereit bist, zu leisten, und sei geduldig mit dir selbst - im Interesse der anderen. Die rechte Zeit wird kommen. Du wirst vielleicht herausfinden, dass du, wenn du einige deiner einfacheren Wiedergutmachungen im Neunten Schrittes tatsächlich durchführst, dann auch willig sein wirst, die Wiedergutmachungen aufzuarbeiten, die dir jetzt noch unmöglich vorkommen.

Im Achten Schritt behalten wir einen klaren Kopf. Wir lassen uns Zeit, mehr über uns selbst zu lernen. Die Herausforderungen, denen wir im Achten Schritt begegnen, leiten uns zu einem tieferen Verständnis von uns selbst und bereiten uns auf eine neue Art des Umgangs mit der Welt vor.

NEUNTER SCHRITT

Wir machten bei diesen Menschen alles wieder gut, wo immer es möglich war, es sei denn, wir hätten dadurch sie oder andere verletzt.

Der Neunte Schritt führt uns wieder in die Gegenwart zurück. Er leitet uns dazu an, jetzt mit dem, was wir im Achten Schritt gelernt haben, aktiv zu werden. Die meisten von uns gucken sich diesen Neunten Schritt an und fragen sich, wie wir wohl je imstande sein sollen, das auch auszuführen. Gewöhnlich fallen uns wenigstens ein oder zwei Menschen und vergangene Situationen ein – vielleicht auch mehr – die wir doch lieber vergessen oder vollständig vermeiden möchten. Vielleicht fühlen wir uns deshalb verletzlich und ängstlich, und zweifeln daran, ob wir imstande sein werden, mit Menschen aufrichtig umzugehen, die wir eigentlich am Vordringlichsten ansprechen müssten.

Die früheren Schritte haben uns gezeigt, dass uns Angst und Furcht nicht notwendigerweise davon abhalten müssen, nach vorne zu schauen und zu handeln. Wenn wir darauf warten würden, dass die Angst irgendwann vorbeigeht, könnten wir uns auf eine sehr lange Zeitspanne einstellen, bis wir endlich Wiedergutmachung leisten. Stattdessen können wir unsere inneren und äußeren Hilfsmittel einsetzen, die wir bisher im Genesungsprogramm entwickelt haben und die uns dabei helfen werden, die nötige Courage aufzubringen und trotz unserer Angst tätig zu werden. Die anderen Schritte sind also ein Fundament, das uns helfen wird, auch die hier im Neunten Schritt geforderten Wiedergutmachungen zu leisten.

Was ist damit gemeint, wenn wir sagen, wir machen alles wieder gut? Es bedeutet, dass du die Verantwortung für deinen Anteil in einer Beziehung übernimmst. *Verantwortung* bezieht sich auf die Fähigkeit, angemessen zu reagieren. Wenn du das machst, dann gibst du damit ein Zeichen der Hoffnung, dass etwas Neues entstehen kann, ein Zeichen für dich selbst und für die andere Person. Du findest vielleicht heraus, dass dabei auch deine „Feinde" zu Freunden werden. Um mit dieser Wiedergutmachung zu beginnen, schau dir jetzt noch einmal jeden Namen auf deiner Liste an und entscheide dann, was nötig ist, um mit dieser betreffenden Person die jeweils bestmögliche Beziehung wieder aufzubauen. Eine direkte Ansprache und Diskussion ist vielleicht der beste Ansatz in einigen dieser Fälle. In anderen machst du vielleicht eine „lebendige Wiedergutmachung", indem du ein neues Verhalten zeigst. Deine Wiedergutmachung kann so einfach sein, wie schlichtweg zu jemandem, der auf deiner Liste steht, eine neue Einstellung einzunehmen. Aber es kann auch bedeuten, dass du eine gewisse Person in deinem Leben nicht mehr einschließt. Jede Situation ist einzigartig; keine zwei Wiedergutmachungen sind völlig gleich.

DIE VERGANGENHEIT AUFRÄUMEN

Manchmal bedeutet Wiedergutmachung, dass wir uns direkt entschuldigen oder ausdrücken, dass es uns Leid tut, was wir angerichtet haben. Oft haben wir Menschen verletzt und unsere Beziehungen beschädigt, wenn wir unsere zwanghaften Süchte mit allen Mitteln verfolgt haben. Im Achten Schritt haben wir die Menschen identifiziert, denen wir Schaden zufügten, entweder indem wir sie direkt in peinliche Situationen gebracht haben, sie bedroht oder verängstigt oder indem wir indirekt versucht haben, sie zu kontrollieren. Jetzt haben wir die Chance, diesen Beziehungen eine neue Basis zu geben oder sie verbessert weiter zu führen.

Nathalie leistete Wiedergutmachung bei ihrem Freund, denn ihr unkontrollierter Umgang mit Alkohol hatte ihm große Sorgen und viel Kummer bereitet. „Er war sehr erleichtert, als er mich sagen hörte, dass ich die Verantwortung für meine Handlungen übernehme, und er war dankbar für die Botschaft, dass mein Verhalten nicht seine Schuld war", sagt sie. „Jetzt stimmen wir darin überein, dass ich für mich selbst verantwortlich bin."

Viele von uns müssen auch finanzielle Wiedergutmachung leisten, wenn wir z. B. Geld gestohlen oder andere Dinge auf unehrliche Art und Weise an uns genommen haben. Jackie, die eine notorische Zwangseinkäuferin war und sich deshalb tief verschuldet hatte, schickte anonyme Bargeldbeträge an Geschäfte, wo sie früher Waren gestohlen oder falsche Kreditkarten benutzt hatte, um Kleidung oder Möbel einzukaufen. Andere Frauen haben ihre Arbeitgeber entschädigt, die sie bestohlen hatten. Eine Frau zahlte eine große Summe Geld zurück, die sie als Vorauszahlung für ein Projekt bekommen hatte, das sie jedoch nie ablieferte. Der Neunte Schritt gibt uns die Möglichkeit, Harmonie wiederherzustellen, Schulden wie die eben erwähnten zurückzuzahlen und wieder finanziell verantwortungsvoll zu handeln.

Einige Wiedergutmachungen sind mehr symbolischer Art.

Manchmal ist es nicht möglich, jemanden von unserer Liste zu besuchen oder mit der-/demjenigen zu sprechen. Wir haben ja häufig Kontakte zu Menschen verloren, weil sie entweder umgezogen oder mittlerweile gestorben und damit für unsere Wiedergutmachung nicht mehr erreichbar sind. Oder wir schulden vielleicht auch Institutionen wie z. B. Gerichten oder Kirchen Wiedergutmachung, weil wir unaufrichtig oder respektlos waren. Nathalie hatte zum Beispiel ihre Vermögensverhältnisse nicht wahrheitsgemäß angegeben, um sich auf diese Art und Weise Stipendien an der Universität zu erschleichen. Wie leisten wir in solchen Fällen Wiedergutmachung?

Wenn wir nicht direkt zu der Person gehen können, der wir Wiedergutmachung schulden, dann finden wir eben andere Mittel und Wege, um etwas Hilfreiches oder Großzügiges zu tun – entweder, indem wir das Geld einer karitativen Einrichtung stiften, einen Baum pflanzen, ein Gedicht schreiben oder indem wir irgendetwas Symbolisches tun, dass uns erlaubt, Dinge wieder ins Gleichgewicht zu bringen und an ihren rechten Platz zu rücken. Nathalie machte eine Stiftung zugunsten des Fonds der Universität, von dem andere junge Leute Stipendien bezogen. Konstanze wiederum wollte bei ihrem Vater Wiedergutmachung leisten, da dieser jedoch mittlerweile verstorben war, schrieb sie ihm einen Brief und las diesen ihrer Sponsorin vor.

Auch meine Freundin Gabi hält viel von diesen symbolischen Wiedergutmachungen. „Wir haben einen ganz tiefen Wunsch nach Heilung oder Frieden in Beziehungen, selbst wenn wir nicht in der Lage sind, auf direktem Wege darauf einzuwirken", sagt sie. „Ich habe das Gefühl, dass ich die falschen Wege verlasse und eine neue Balance herstelle, wenn ich symbolische Wiedergutmachung leiste."

„LEBENDIGE WIEDERGUTMACHUNG"

Direkte und aufrichtige Wiedergutmachung beinhaltet häufig eine ausgesprochene Entschuldigung oder eine direkte Aktion. Manchmal sind jedoch indirekte oder „lebendige" Wiedergutmachungen angemessener. Bei den Wiedergutmachungen geht es ja darum, Dinge wieder zurechtzurücken, mit einer anderen Person Frieden zu schließen. Welche Handlungen können wir uns also überlegen, die dieses Gleichgewicht wieder in unsere Beziehungen bringen? Vielleicht, indem wir einfach damit beginnen, andere Menschen mit mehr Respekt oder Freundlichkeit zu behandeln, als wir das früher getan haben.

Eva hatte das Gefühl, dass sie nie imstande sein würde, bei ihrem Ex-Ehemann Wiedergutmachung zu leisten. Sie kam nach einigem Nachdenken zu dem Entschluss, dass ein formelles Meeting gar nicht nötig war, um ihre Beziehung zu besprechen. Stattdessen machte sie eine lebendige Wiedergutmachung, indem sie auf ihn nicht mehr so wie früher reagierte. Anstatt ihn bei jeder sich bietenden Gelegenheit zu kritisieren, behandelte sie ihn mit Respekt und kooperierte, wenn es um die Besuchsregelung der Kinder ging. Zu ihrer Überraschung reagierte ihr Ex-Ehemann darauf ebenso mit mehr Kooperationswilligkeit.

Luisa leistete lebendige Wiedergutmachung, indem sie sich bei ihrer Arbeit freundlicher zeigte und gelegentlich kurze Gespräche mit Menschen führte, die sie jahrelang hatte links liegen lassen. Es schien ihr nicht nötig zu sein, formelle Wiedergutmachung für ihre frühere Unfreundlichkeit zu leisten, aber sie hatte sich vorgenommen, mit ihren Kolleginnen in Zukunft pfleglicher umzugehen. Jetzt hat sie sich angewöhnt, regelmäßig zu grüßen und sogar mit Menschen ein freundliches kurzes Gespräch zu führen, die sie früher absichtlich geschnitten hatte.

Elena machte lebendige Wiedergutmachung bei ihren beiden Brüdern. Sie waren zusammen am Sterbebett ihrer Mutter, und ganz bewusst ließ sie ihre Brüder auf deren eigene Art mit dieser Situation umgehen, ohne den Versuch zu unternehmen, fürsorglich zu sein oder deren Verhalten ändern zu wollen. Elenas Brüder taten sich schwer, ihre Gefühle in Bezug auf den Zustand ihrer Mutter in

Worte zu fassen. Elena hätte es vorgezogen, offen zu diskutieren, was geschah, und sich dabei gegenseitig zu unterstützen, aber sie erkannte das Recht ihrer Brüder an, auf ihre eigene Art und Weise zu trauern. Sie war der Meinung, dass ihre Einstellung, die anderen in ihrer Eigenart zu akzeptieren, die liebevollste Wiedergutmachung war, die sie machen konnte.

Viele Frauen sprechen darüber, wie sie lebendige Wiedergutmachung bei ihren Kindern leisten, indem sie bessere Eltern werden – indem sie ihre Kinder mit mehr Aufmerksamkeit bedenken, reifer und konsequenter.

Elena wurde klar, dass sie mit der Wiedergutmachung bei ihrer 5-jährigen Tochter Fortschritte gemacht hatte, als deren Lehrer bei einem Elternsprechtag bemerkten, wie ruhig und gelassen die Kleine geworden sei. Elena hatte keine direkte Wiedergutmachung bei ihrer Tochter gemacht, hatte aber einfach mehr Zeit mit ihr verbracht und war in einer gesünderen Art und Weise mit ihr umgegangen. So, wie sich die Qualität von Elenas emotionellem Leben verbesserte, indem sie langsam weniger launisch und ängstlich wurde, so entwickelte sich auch ihre Tochter.

Obwohl viele von uns ihren Kindern im gemeinsamen Gespräch sagen, dass es uns Leid tut, dass wir gewisse Dinge getan oder auch nicht getan haben, sind Worte doch immer nur Teil einer Wiedergutmachung. Die Kraft einer Wiedergutmachung gegenüber einem Kind oder auch gewissen anderen Menschen liegt immer in der tatsächlichen Folgehandlung, den Taten, die unseren Worten folgen sollen. Worte der Entschuldigung oder Erklärungen können sich sonst als bedeutungslos entpuppen, speziell wenn die Kinder sehr jung sind oder feststellen, dass unsere Taten nicht unseren Worten entsprechen.

DIE EIGENEN MOTIVE ERFORSCHEN

Unsere Wiedergutmachungen haben das Ziel, die Trümmer der Vergangenheit [1] beiseite zu räumen. Bevor wir also mit unseren Wieder-

---

[1] *Anonyme Alkoholiker*, AAO, S. 192

gutmachungen fortschreiten, sollten wir zunächst sorgfältig abwägen, *warum* wir einem gewissen Menschen gegenüber etwas wiedergutmachen wollen.

Im Achten Schritt haben wir schon erwähnt, wie oft wir Frauen uns zwanghaft angewöhnt haben, uns ständig für irgendetwas zu entschuldigen, und ich möchte dir sehr raten, dir dessen auch hier bewusst zu bleiben. Willst du Wiedergutmachung leisten, weil du jemandem eine Entschuldigung schuldest, oder versuchst du eine schwierige Beziehung zu kontrollieren, indem du nachgibst oder die Schuld für etwas übernimmst? Ist deine Entschuldigung in Wirklichkeit ein Weg, um Akzeptanz oder Liebe von irgendjemandem zu erheischen? Hoffst du, dass sich die andere Person schuldig fühlen oder Sympathie für dich empfinden wird, oder erwartest du, dass auch die andere Person sich im Gegenzug bei dir für irgendetwas entschuldigt?

Auch wenn du dir ganz sicher bist, dass du wirkliche Reue für dein Verhalten empfindest, schau in dich hinein, um nachzusehen, ob du dir nicht doch eine spezielle Reaktion von der anderen Person erhoffst. Verborgene Motive haben einen Einfluss auf die Art und Weise, wie du Wiedergutmachung anbietest und können den Schaden, den du doch eigentlich wiedergutmachen wolltest, noch vergrößern. Nehmen wir ein Beispiel: Du kannst einer Freundin gegenüber zugeben, dass du ihr gegenüber sarkastisch warst, aber das kannst du auf viele verschiedene Arten und Weisen ausdrücken. Wenn du dabei nämlich insgeheim hoffst, deine Wut herauszulassen, wirst du in deiner Wiedergutmachung Wut kommunizieren. Das wäre der Fall, wenn du sagen würdest: „Ich habe bemerkt, dass ich häufig sarkastische Bemerkungen zu dir gemacht habe, wann immer ich dieses Selbstmitleid bei dir beobachtet habe." Diese Aussage mag zwar dein eigenes Verhalten aufrichtig beschreiben, aber gleichzeitig beleidigt es deine Freundin nur noch mehr. Es ist in solchen Fällen konstruktiver, das so auszudrücken: „Ich weiß, ich war sarkastisch zu dir. Gewöhnlich passiert mir das, wenn ich Angst davor habe, ehrlich zu sagen, wie ich mich fühle. Ich möchte in Zukunft aufrichtiger sein. Auch wenn mir das nicht gelingt, will ich versuchen, nicht sarkastisch zu sein, um meinen Standpunkt darzulegen."

Wir haben vor, aufrichtig und ehrlich zu sein, wenn wir Dinge wiedergutmachen, aber wir haben die Wahl zu entscheiden, *auf welche Weise* wir uns aufrichtig verhalten. Das Ziel unserer Wiedergutmachung ist es ja, unsere Beziehungen wieder in eine Balance zu bringen – Dinge zurechtzurücken, und nicht, sie noch weiter zu beschädigen. In den Zwölf Schritte Meetings hörst du häufig, dass Aufrichtigkeit ohne eine gewisse Sensibilität in Brutalität umschlagen kann. Unsere unterschwelligen Motive werden immer einen Einfluss darauf haben, auf welche Art und Weise wir die Wahrheit sagen.

Es ist hilfreich, an dieser Stelle innezuhalten und darüber nachzudenken, was wir mit unseren Wiedergutmachungen nach dem Neunten Schritt wirklich erreichen wollen. Haben wir versteckte Motive? Was stellen wir uns vor, was passieren wird? Wenn wir uns über die Art und Weise, wie die andere Person reagieren wird, zu viele Sorgen machen – ob sie nun dankbar oder wütend oder in Tränen sein wird – dann verlieren wir die wahre Absicht dieses Schrittes aus den Augen: dass wir uns auf *unsere* Verantwortlichkeit in der Beziehung konzentrieren. Was also können *wir* sagen oder tun, um die Verantwortung für unseren Anteil an der Beziehung zu übernehmen?

DAS ERGEBNIS OFFEN LASSEN

Im Neunten Schritt besteht unsere einzige Verpflichtung darin, das zu tun, von dem wir denken, dass es richtig ist – und das Ergebnis offen zu lassen. Die Wahrheit ist, dass *wir keine Kontrolle über die Reaktion des anderen Menschen haben*, wenn wir Wiedergutmachung leisten. Wir tun, was wir können, um die Beziehung zu reparieren – und lassen das Ergebnis offen.

Eine Frau schuldete ihrem Ex-Ehepartner eine finanzielle Wiedergutmachung. Er hatte nämlich eine ganze Zeit lang zu viel Unterhalt für die Kinder bezahlt, und sie schuldete ihm jetzt eine große Summe. Zuerst hatte sie sich entschieden, ihm gar nichts davon zu erzählen, aber mit der Zeit wuchs ihr Schuldgefühl. Schließlich akzeptierte sie ihre Verantwortlichkeit, ihn für das zu viel Bezahlte zu entschädigen. Als sie sich jedoch dafür entschuldigte und ihm anbot, alles zurückzuzahlen, da wurde er wütend, weil sie ihm damit vermeintlich signalisierte, dass er einen Rechenfehler begangen haben könnte. Das könne nicht sein und er würde auf keinen Fall eine Rückzahlung annehmen!

Wir können nicht voraussagen, wie Menschen auf unsere Wiedergutmachung reagieren werden. Sie können sie mit Liebe und Erleichterung annehmen, es kann aber auch sein, dass sie unsere Entschuldigung ignorieren oder so tun, als ob alles gar nicht so schlimm gewesen wäre, oder sie können auch selbstgerecht und mit Ärger und Wut reagieren, weil wir endlich offen das zugeben, was sie die ganze Zeit über schon vermutet hatten. Aber wenn wir klar, offen und ehrlich mit unserer Verantwortlichkeit in einer Beziehung umgehen, haben wir unseren Teil daran getan, die Dinge wieder zurechtzurücken.

Eine der ersten Wiedergutmachungen, die Ruth sich vorgenommen hatte, war ein Besuch bei den Gastgebern, bei denen Ruth, damals der Ehrengast, schließlich sturzbetrunken auf dem Fußboden lag, während die Gäste auf ihrem Weg zur Haustür über sie hinweg steigen mussten. Die Gastgeber waren erfreut zu hören, dass Ruth schließlich zur Nüchternheit gefunden hatte. Sie hatten sich um sie Sorgen gemacht und akzeptierten jetzt ihre Entschuldigung mit Humor und Mitgefühl. Und alle konnten über die absurde Situation herzhaft lachen, die bei Ruths letzter Volltrunkenheit entstanden war.

Andererseits musste Elena die Erfahrung machen, dass die Menschen ihren Wiedergutmachungen nicht immer wohlwollend gegenüberstanden. Als sie ihre jüngere Schwester ansprach, um sich dafür zu entschuldigen, dass sie sie fahrlässig in eine Reihe von kompromittierenden sexuellen Situationen einbezogen hatte, da wollte die Schwester nicht mehr darüber sprechen. „Sie sagte, das wäre doch nichts Besonderes gewesen und sie würde sich das von mir auch nicht länger anhören wollen", erinnert sich Elena. Und doch freut sich Elena darüber, dass sie sich getraut hat, sich ihrer Schwester zu offenbaren. „Wenigstens weiß sie jetzt, dass ich mir dessen bewusst bin, dass ich sie verletzt habe", sagt sie. „Ich hoffe, dass die Zeit noch kommen wird, in der wir zusammen offen darüber sprechen können.

Manchmal ist es schwer zu akzeptieren, dass sich die Vergangenheit nicht so schnell aufarbeiten lässt, wie ich das gerne hätte."

Bei der Wiedergutmachung können wir nur ganz bei uns selbst bleiben. Manchmal stoßen unsere besten Absichten nur auf wenig oder gar keine Reaktion. Und doch müssen wir die Anstrengung dazu aufbringen. Wir bieten Aufrichtigkeit und Klarheit und geben die Kontrolle über das Ergebnis auf.

ANDERE VERLETZEN

Im Neunten Schritt heisst es, dass wir davon Abstand nehmen, Wiedergutmachung zu leisten, „wenn wir andere dadurch verletzen". Wie kann denn Wiedergutmachung Verletzungen verursachen? Als die Autoren der Zwölf Schritte diesen Neunten Schritt niederschrieben, machten sie sich Gedanken darüber, dass wir bei unseren Anstrengungen, vollständig ehrlich zu sein, auch Vorfälle oder Indiskretionen aufdecken könnten, die man besser unerwähnt ließe.

Wenn du mit einem verheirateten Mann eine Affäre hattest, dessen Ehefrau davon aber nichts mitgekriegt hat, dann würdest du diese Ehefrau jetzt nur verletzen, wenn du zu ihr hingehen würdest, um dein Verhalten zu beichten. Wenn du bei deinem Vorgesetzten schlecht über eine Kollegin gesprochen hast, dann wäre diese Kollegin jetzt wahrscheinlich sehr verletzt, wenn du ihr von deiner Gedankenlosigkeit berichtest. Es könnte besser sein, damit zu deinem Vorgesetzten zu gehen, anstatt dich bei deiner Kollegin zu entschuldigen. Das ist der Geist, wie man Verletzungen bei anderen vermeidet.

Diejenigen von uns, die Kinder haben, müssen besonders vorsichtig sein, um nicht die Kinder mit ihrer Wiedergutmachungsabsicht zu verletzen. Wir haben vielleicht das Bedürfnis, alles zuzugeben, was wir denken, als Mutter nicht richtig gemacht zu haben. Aber bevor wir das tun, dann müssen wir uns erst einmal die Frage stellen, wem das wirklich nutzen wird. Vielleicht haben wir nur selbst ein Gefühl der Erleichterung von dieser nagenden Mutterschuld, aber wir riskieren, unsere Kinder mit diesen Informationen zu überfordern. Sie werden mehr davon haben, wenn wir ganz generelle Wiedergutmachung leisten und unseren Worten Taten folgen lassen, indem wir uns als liebende, fürsorglichere und einfühlsame Eltern verhalten.

Es wird auch der rechte Zeitpunkt kommen, die Schuld loszulassen. Den rechten Zeitpunkt dafür wird jede von uns für sich selbst entdecken. Eine Frau erzählte in einem Al-Anon-Meeting, dass ihre Mutter, eine genesende Alkoholikerin, sich immer noch für Dinge entschuldigte, die viele Jahre früher passiert waren. Die Tochter war längst bereit, alles zu vergeben und nach vorne zu schauen, aber die Mutter hatte immer noch ein Schuldgefühl, welches sie nicht loslassen konnte - und genauso wenig konnte sie akzeptieren, dass sie ihr Verhalten in der Vergangenheit nicht ungeschehen machen kann. Diese nie endenden Wiedergutmachungen und Entschuldigungen der Mutter *belasteten* jedoch die Gegenwart der gegenseitigen Beziehung. Die Tochter fühlte sich durch die Reue und das Bedauern der Mutter belastet und fragte sich, wie sie ihre Mutter davon überzeugen konnte, dass sie ihr längst verziehen hätte.

Im Umgang mit meinen eigenen Kindern versuche ich herauszuspüren, ab wann ich zu viele Entschuldigungen anbiete. Ich lerne ihre Grenzen zu respektieren, wissend, dass ich sie in die peinliche Position bringe, sich um mich kümmern zu müssen, wenn ich Schuldgefühle habe.

Wir finden auch heraus, dass einige Menschen sehr heftig reagieren, wenn wir etwas wieder gutmachen wollen. Wenn dies passiert, müssen wir ganz vorsichtig damit umgehen, wie wir „Verletzung" interpretieren. Verletzte Gefühle und heftige Reaktionen bedeuten nicht notwendigerweise, dass wir jemanden verletzt haben. Das ist speziell für uns Frauen wichtig zu erinnern, weil wir uns oft zu viel Sorgen darüber machen, ob wir anderen Menschen alles Recht machen. Es kann passieren, dass wir zu sehr darauf schauen, welche Verletzungsmöglichkeiten dabei bestehen und vergessen, dass „negative" Emotionen eine ganz normale Reaktionsform auf unsere Entschuldigungen und Wiedergutmachungsversuche sein können.

Tatsächlich können wir einen größeren Heilungsfaktor und auch eine größere Aufrichtigkeit finden, wenn wir uns durch die Gefühle von Angst und Kummer hindurcharbeiten, die dabei auftreten.

GEFÜHLE RESPEKTIEREN –
AUCH UNSERE EIGENEN

Manchmal wühlen unsere Wiedergutmachungen unerfreuliche Erinnerungen an die Vergangenheit auf. Wenn das passiert, müssen wir sehr umsichtig sein – und abwarten. Vielleicht sind die anderen noch nicht bereit, das anzuhören, was wir zu sagen haben.

Marie-Luise wollte Wiedergutmachung bei ihren Eltern leisten. Als sie als Heranwachsende eine Zeit lang alkohol- und drogenabhängig war, durchlief sie damit eine beängstigende Periode selbstdestruktiven Verhaltens. Als sie 16 war, steckten ihre Eltern sie deshalb in ein Heim. Marie-Luise fand heraus, dass es für ihre Familie zu schmerzhaft war, über diese traumatische Zeit zu sprechen. Zehn Jahre wartete sie, bis ihre Familie schließlich bereit war, diese schmerzhaften Zeiten zu diskutieren und ihre Entschuldigungen anzunehmen.

Als sie schließlich zu diesem Gespräch bereit waren, berichtete ihr Vater, wie hilflos und angsterfüllt er war, als er zugucken musste, wie Marie-Luise sich durch ihre Alkohol- und Drogensucht fast umbrachte. Sie lernte dabei eine verletzliche und mitfühlende Seite ihres Vaters kennen, die sie nie zuvor wahrgenommen hatte. Marie-Luise hatte sich sehr unwohl dabei gefühlt, so lange warten zu müssen, bis sie ihre Entschuldigung schließlich anbringen konnte, aber dann verstand sie den Unwillen ihrer Eltern, die Vergangenheit zu diskutieren. Diese Erfahrung erneuerte ihren Respekt und ihre Liebe zu ihren Eltern, und eine aufrichtigere und ehrlichere Beziehung begann sich zu entwickeln.

Manchmal redefinieren solche Wiedergutmachungen auch die Vergangenheit. Wenn unsere Wiedergutmachung beinhaltet, dass wir aufrichtig von unseren Gefühlen berichten, müssen wir vorher versuchen, die delikate Balance zwischen unseren Gefühlen und denen der anderen einzuhalten. Wenn wir zum Beispiel jahrelang emotionell unaufrichtig waren – indem wir unsere wahren Gefühle versteckt hatten – dann leisten wir Wiedergutmachung, indem wir nun für uns sprechen oder um das bitten, was wir nötig haben. Den Menschen um uns herum ist diese neue Verhaltensart vielleicht gar nicht willkommen.

Wiedergutmachung mit unseren Familien kann auch beinhalten, dass wir jetzt nein sagen, wenn wir nicht bereit sind, eine Besorgung für sie zu machen, zu kochen oder die Wäsche zu erledigen, wenn jemand uns darum bittet. Wenn wir früher immer ja gesagt haben, nur um es den anderen Recht zu machen, dann reagieren unsere Familienmitglieder jetzt wahrscheinlich mit Wut oder zeigen, dass ihnen das gar nicht gefällt, wenn wir auf einmal Grenzen setzen.

Unsere Partner, aber auch unsere Kinder finden dann vielleicht, dass unser Verhalten für sie gar nicht praktisch ist und es sie stört, aber ihre Proteste bedeuten nicht, dass wir dadurch Verletzungen verursachen – oder dass ihre Gefühle wichtiger sind als unsere eigenen. Wir haben ein Recht dazu, unsere eigenen Gefühle zu respektieren. Wenn wir versuchen, Frieden nur zu erreichen, indem wir fortgesetzt vorgeben, dass wir mit unserer Rolle zufrieden sind, riskieren wir eine Fortsetzung der emotionellen Unaufrichtigkeit, die dazu geführt hat, dass wir es jetzt nötig haben, Wiedergutmachungen zu leisten.

Es kann durchaus bedeuten, durch einige Konflikte hindurchzugehen, wenn wir versuchen, aufrichtiger zu sein und Grenzen zu setzen. Einiger Widerstand gegen Veränderung ist ganz natürlich, wenn wir damit beginnen, unsere Rolle in einer Beziehung neu zu definieren. Wir können die Ängste der Menschen, mit denen wir zu tun haben, respektieren und anerkennen, wenn wir unsere Beziehungen jetzt auf eine neue Ebene bringen und praktisch neu schaffen, indem wir Wiedergutmachung leisten.

WIEDERGUTMACHUNG BEI UNS SELBST

Indem wir auch uns selbst in die Liste einschliessen, die wir im Achten Schritt aufgestellt haben, schaffen wir uns eine Gelegenheit, auch Wiedergutmachung bei uns selbst zu leisten. Tatsächlich ist ja unser ganzer Genesungsprozess eine lebendige Wiedergutmachung, die wir bei uns selbst vornehmen. Indem wir nüchtern und abstinent werden, uns durch die Schritte hindurcharbeiten und uns selbst eine Chance dazu einräumen, anders weiterzuleben, beginnen wir, all den Schaden zu heilen, den wir unserer Selbstachtung, unserem Körper und unseren Beziehungen angetan haben.

Aktiv an unserer Genesung mitzuarbeiten, ist nur ein Weg, wie wir lebendige Wiedergutmachung an uns selbst vornehmen können. Wenn wir gewohnheitsmäßig selbstkritisch sind, dann wollen wir uns selbst vielleicht mit positiven Botschaften unterstützen. Oder vielleicht praktizieren wir Selbstbejahung ganz einfach, indem wir unsere Handlungen nur *beobachten*, statt sie zu *beurteilen*. Ich kann bei mir selbst beobachten, ob ich in einer Situation beginne, mich hilflos und schüchtern zu geben, nur um Aufmerksamkeit auf mich zu ziehen, anstatt mich selbst zu verurteilen mit einem: „Da geht das ja bei mir schon wieder los! Werde ich mich je wie ein normales menschliches Wesen verhalten?" Wenn wir uns daran erinnern, dass wir nicht perfekt zu sein brauchen und durchaus die Erlaubnis haben, Fehler zu machen, dann machen wir Wiedergutmachung bei uns selbst.

Viele von uns haben durch jahrelange zwanghafte Diäten, chronischen Stress oder übertriebenen Alkohol- und Drogenkonsum auch Raubbau an ihrem Körper betrieben. Es ist durchaus möglich, dass unser Körper schwer darunter gelitten hat und jetzt eine spezielle Aufmerksamkeit braucht, um wieder zu Gesundheit und zu Kräften zu kommen. Hier können wir Wiedergutmachung leisten, indem wir unseren Körper mit neuem Respekt behandeln – gut essen, Sport treiben und dafür sorgen, dass wir genug Schlaf bekommen.

Viele von uns schämen sich für ihr Aussehen und ihren Körper. Dann neigen wir dazu, unsere Scham durch die Droge unserer Wahl zu betäuben, oder wir machen Hungerkuren, nehmen Abführpillen oder Diätmittel, um unsere Körper „zu reparieren". Egal wie, wir verletzen uns dadurch selbst, dass wir versuchen, einen idealen Körper herzustellen, und fühlen uns depressiv und ängstlich, wenn unser Körper danach noch immer nicht perfekt ist. Wiedergutmachung bei uns selbst kann deshalb auch beinhalten, dass wir unseren Leib

so annehmen, wie er nun einmal ist, anstatt automatisch davon aus-
zugehen, dass unser Körper ungenügend oder fehlerhaft ist.

Für einige von uns kann Wiedergutmachung für uns selbst auch
bedeuten, in Zukunft mehr Disziplin walten zu lassen – indem wir
unsere Rechnungen rechtzeitig bezahlen und eingegangene Verpflichtungen einhalten. Wenn wir auf diese Weise verantwortungsbewusst handeln, wird unser Leben einfacher. Für andere wiederum
mag es bedeuten, alles ein bisschen lockerer angehen zu lassen, indem wir uns selbst den Luxus erlauben, einige Projekte nicht zu Ende zu bringen. Wenn wir zu denen gehören, die alles immer perfekt
machen wollen, fühlen wir uns vielleicht besser, wenn wir uns selbst
erlauben, weniger zu machen. Das war meine eigene Lektion, als ich
Wiedergutmachung an mir selbst leistete: Ich sorgte besser für mich,
indem ich mein Bedürfnis losließ, immer am meisten zu tun und die
besten Leistung zu bringen.

Ein Leben, das man handhaben kann, Achtung für unseren Körper und aktive Teilnahme an unserer Genesung sind die Wiedergutmachungen, die wir uns selbst schulden.

EINE NEUE FREIHEIT UND EIN NEUES GLÜCK

Zu Anfang, wenn wir mit unserer Wiedergutmachung beginnen,
fühlen wir uns vielleicht überfordert. Denn der Neunte Schritt erfordert Mut und Anstrengung. Aber wenn wir dem Blauen Buch der
AA folgen, werden wir damit „eine neue Freiheit und ein neues
Glück kennen lernen." *

Unsere Furcht vor der Vergangenheit wird abnehmen, weil wir
jetzt einen klaren und aufrichtigen Blick auf unser Leben gewagt haben. Menschen können uns näher kommen, wir brauchen weder
wegzulaufen, noch uns zu verstecken. Wir leisten Wiedergutmachung, so dass wir Beziehungen führen können, die voller Leben
und von Wahrheit, Aufrichtigkeit und gegenseitigem Vertrauen ge-

---

* *Anonyme Alkoholker*, AAO, Seite 96/97

prägt sind. Die Dichterin Adrienne Rich beschreibt die Möglichkeiten, die diese Art von Beziehungen mit sich bringen:

Um eine ehrenhafte Beziehung mit dir zu, haben ist es nicht nötig, dass ich alles verstehen muss, oder dass ich dir immer alles sofort erzähle oder dass ich immer schon vorher weiß, was ich dir alles sagen müsste.

Es bedeutet hingegen, dass ich mich die meiste Zeit darauf freue und mich nach der Möglichkeit sehne, dir zu sagen, dass diese Gelegenheiten mir manchmal auch Angst erregend scheinen – aber nicht destruktiv. Dass ich mich stark genug fühle, deine zögerlichen und tastenden Worte zu ertragen. Dass wir beide um unserer steten Versuche wissen, den Möglichkeiten der Aufrichtigkeit zwischen uns größeren Raum zu geben.
Das ist das Mögliche des Lebens zwischen uns beiden.*

Wenn wir mit der Wiedergutmachung beginnen, werden wir auch merken, wie viel Reue, Schuld und Ablehnung wir mit uns herumgetragen haben. Indem wir all diese Hindernisse jetzt ausgiebig beleuchtet haben, sind wir nicht länger in Gefahr, über die „Trümmer der Vergangenheit" zu stolpern.

Indem wir Wiedergutmachung leisten, werden wir auch ein weiteres Paradox der Genesung erfahren: dass nämlich Stärke und Gelassenheit aus Demut und Verletzbarkeit kommen. Wir werden stärker, wenn wir anderen Menschen erlauben, uns so zu sehen, wie wir nun einmal sind. Respekt und Ehrgefühl für uns selbst nehmen zu, wenn wir offen und aufrichtig sind und uns verantwortungsbewusst verhalten, fähig, angemessen zu reagieren.

So wie wir wagen, die Wahrheit zu sagen, beginnen wir auch, intensiver am Leben teilzunehmen. Wir schaffen ein gesundes Umfeld, in dem die alten Muster weniger wahrscheinlich wieder auftauchen. Wenn wir die Vergangenheit heilen – indem wir unsere Beziehungen zurechtrücken – dann nehmen wir den Neunten Schritt aus unserem alten Leben heraus und gestalten damit unser neues.

---

* Adrienne Rich, *On Lies, Secrets & Silence: Selected Prose 1966 – 1978.* (New York: Norton, 1979) 183-84

ZEHNTER SCHRITT

Wir setzten die Inventur bei uns fort –
und wenn wir Unrecht hatten, gaben wir es sofort zu.

Der Zehnte Schritt ist der erste von drei Schritten zur Wartung und Pflege des Programms. Indem wir im Zehnten Schritt eine regelmäßige Inventur praktizieren, sorgen wir dafür, dass wir stets wach und aufmerksam bleiben und uns auf die Gegenwart konzentrieren.

Wir haben bei unserem Gang durch die Schritte bereits eine Menge herausfordernder Arbeit geleistet. So sehr wir uns vielleicht wünschen, jetzt etwas langsamer weiterzumachen, uns auszuruhen oder sogar den Prozess anzuhalten, müssen wir doch besonders vorsichtig sein, damit wir nicht in alte Gewohnheiten und Verhaltensmuster zurück gleiten. Das ist der Grund, warum wir im Zehnten Schritt einen regelmäßigen Check-Up durchlaufen. Es geht um genaue Beobachtung und Selbstreflexion, um unser Leben und unsere Beziehungen in der Gegenwart zu überwachen. Dieser Schritt sorgt dafür, dass wir jeden Moment auf eine spirituelle Weise durchleben und den Fortschritt aufrechterhalten, den wir bisher gemacht haben.

Wenn wir die Schritte Eins bis Neun unter dem Aspekt betrachten, dass sie so etwas wie eine körperliche Untersuchung darstellen, dann wäre der Zehnte Schritt die Routine, in die wir übergehen, um unseren Körper in guter Gesundheit zu erhalten. Wenn wir beim Arzt eine regelmäßige Untersuchung, einen Check-Up machen, dann entdecken wir, wo unser Körper spezielle Aufmerksamkeit benötigt. Wir beginnen mit täglichen Übungen, die uns ein Höchstmaß an Gesundheit bringen. Wenn wir etwas Sport treiben, richtig essen und unser Stressniveau niedrig halten, dann wird unsere physische Konstitution gesünder sein.

In Schritt Zehn beginnen wir darum tägliche Praktiken, die uns ein Höchstmaß an *emotioneller und spiritueller* Gesundheit bringen. In den vorigen Schritten haben wir gelernt, worauf wir unsere Aufmerksamkeit richten müssen. Jetzt gehen wir eine tägliche freiwillige Selbstverpflichtung ein, um diese Beobachtung und Selbstprüfung beizubehalten – denn es geht darum, rechtzeitig zu merken, wenn wir wieder aus der Balance geraten oder uns selbst oder andere verletzen. Unsere dauernde Aufmerksamkeit erlaubt uns, jeden Tag und jede Beziehung verantwortungsbewusst zu leben. Ohne eine tägliche Selbsterforschung riskieren wir wieder einen Gefühlstumult – neuen Groll, Sorgen, Eifersüchteleien und Ängste – die uns in die alten Verhaltensweisen zurückwerfen können.

Bei den AA sagt man, dass wir eine „tägliche Bewährungsfrist" von unserem früheren Trinkverhalten geschenkt bekommen, aber nur so lange, wie wir all das beibehalten, was wir bisher in unserem Genesungsprogramm gelernt haben. Wir haben die Schritte durchgearbeitet, um die Vergangenheit zu verstehen und Verantwortung für uns selbst zu übernehmen. Nun sind wir so weit, dass wir das Gelernte auf die Gegenwart anwenden.

AUF DEM LAUFENDEN SEIN

Im Zehnten Schritt machen wir nichts anderes als eine Inventur all der Dinge, die in unserem heutigen Leben geschehen, indem wir unerwünschte Verhaltensmuster sofort wieder aufgeben und zur sofortigen Wiedergutmachung bereit sind. Einige von uns finden es hilfreich, unsere Erkenntnisse mit jemandem zu teilen, so wie in Schritt Fünf. Viele Frauen haben sich angewöhnt, jeden Tag einen formellen Zehnten Schritt für sich zu machen, andere tun das nur einmal in der Woche oder in anderen regelmäßigen Intervallen. Einige von uns haben eine mehr informelle Art des Umgangs damit. Aufgrund ihrer Intuition oder einem inneren Wissen, das anzeigt, wann wir mit irgendetwas aufhören müssen und einer besonderen Situation mehr Aufmerksamkeit schenken sollten, reflektieren sie fortwährend ihr Leben.

Sex- und Beziehungssüchtige (Sex and Love Addicts Anonymous) nennen diese regelmäßige Inventur „getting current" – „Auf dem Laufenden sein". Ob wir diese Praxis nun jeden Abend ausüben oder nur dann, wenn es nötig ist, in jedem Fall hilft uns die Inventur von Schritt Zehn, uns darüber klar zu werden, was im Moment in unserem Leben vorgeht. Wo laufen wir Gefahr, in ein destruktives Muster zurückzufallen oder vielleicht sogar ein neues zu entwickeln?

Wo sind wir unaufrichtig uns selbst oder jemand anderem gegenüber? Wie fühlen wir uns heute? Gibt es irgendetwas in unserem Leben, das sich so anfühlt, als ob es nicht abgeschlossen sei?

Indem wir den Zehnten Schritt durchlaufen, vermeiden wir auch, durch unerledigte Geschäfte neue Trümmer zu schaffen, die dazu führen, dass wir heute auf unserem Weg nicht weiterkommen. Der Zehnte Schritt gibt uns eine Möglichkeit, Dinge in unseren Beziehungen wieder zurechtzurücken, anstatt dass wir Groll und Bedauern anhäufen.

Eines Abends war Franziska sehr damit beschäftigt, während der Abendstoßzeit einen Kunden zu bedienen, und reagierte kurz und scharf, als eine Kollegin sie etwas fragte. Als sie später darüber nachdachte, bedauerte Franziska ihre Reaktion. Es wurde ihr klar, dass es einfacher gewesen wäre, der Kollegin zu sagen, dass sie einfach zu beschäftigt war, um zu antworten. Am nächsten Tag ging sie sofort hin und entschuldigte sich bei ihrer Kollegin für ihre Schroffheit.

„Ich weiß nicht, ob sie meine Entschuldigung annahm oder nicht, aber es ging mir besser, als ich zugab, dass ich mich hätte anders verhalten können", sagt Franziska. „Wenn ich eine Wiedergutmachung nach dem Zehnten Schritt mache, so wie diese, dann bedeutet das für mich, dass ich nicht mehr einen Haufen Schuld und Reue mit mir herumschleppen muss. Ich kann Dinge zurechtrücken und sie dann loslassen. Auch die kleinste Wiedergutmachung macht für mich einen großen Unterschied."

DEN TAG ZU BETT BRINGEN

Wie viele Frauen praktiziert auch Norma den Zehnten Schritt jeden Abend und geht noch einmal aufmerksam ihren Tagesablauf durch. Sie nennt das „den Tag zu Bett bringen". Für einige ist diese Selbstbeobachtung leicht, weil viele von uns von Natur aus eine introspektive Ader haben, also zur Innenschau neigen und ganz spontan darüber nachdenken, was in unseren Leben so alles passiert und was es bedeutet. Wir können dann den Zehnten Schritt als eine Erweiterung der Aktivitäten nehmen, in denen wir ohnehin schon über etwas nochmals nachdenken. Dazu gehört, ein Tagebuch zu führen, etwas Wichtiges mit einer Therapeutin durchzusprechen oder uns an eine Freundin zu wenden, die uns dabei helfen kann, über unsere Gefühle Klarheit zu gewinnen.

Anfangs schrieb Norma jede Nacht Tagebuch. Sie schrieb auf, was während des Tages für sie verwirrend oder verstörend gewesen war. Dann dachte sie jede dieser Situationen nochmals durch und fragte sich dabei, ob sie alles getan hatte, was sie tun konnte, um aufrichtig und verantwortlich zu handeln.

Denke daran, dass das Wort Verantwortung „die Fähigkeit, zu antworten" bedeutet. Wenn wir uns verantwortlich verhalten, dann bedeutet das nicht unbedingt, dass wir Dinge „reparieren oder organisieren" oder uns darum kümmern, sondern dass wir angemessen reagieren. Für Norma bedeutet dies, in einigen Fällen und Situationen aktiv zu werden – und in anderen nichts zu tun. So weigerte sie sich zum Beispiel, ihrer Nichte eine gewisse Summe Geld zu leihen. Als die Nichte daraufhin wütend wurde, fragte sich Norma, ob sie wohl verantwortungsvoll gehandelt hätte. Und sie war versucht, sich dafür zu entschuldigen.

Als sie aber bei ihrem abendlichen Zehnten Schritt über ihre Entscheidung noch einmal nachdachte, kam Norma zu dem Ergebnis, dass sie angemessen reagiert hatte, als sie ihrer Nichte auf eine ruhige Art und Weise den Kredit verweigert hatte. Ihre Reflektion erlaubte ihr, die Spannung in der Beziehung auszuhalten und ihrer Nichte das Recht auf ihre eigenen Gefühle zu lassen. Wenn wir eine Situation in unserem Zehnten Schritt nochmals durchdenken, kommt es immer wieder vor, dass wir herausfinden, dass es dabei nichts anderes zu tun gab, als es so sein zu lassen, wie es ist - oder etwas loszulassen.

Nachdem dieses abendliche Zehnte Schritt Ritual zur Routine geworden war, fand Norma für sich heraus, dass sie ganz spontan ihren Tag nochmals an sich vorbeiziehen lassen konnte, ohne notwendigerweise etwas aufzuschreiben. Mittlerweile erlebt sie den Zehnten Schritt als eine Denkweise und nicht mehr als eine formelle Übung.

Sie hat also für sich eine Vorgehensweise gefunden und sich zur Gewohnheit gemacht, die ihr hilft, in Balance und in Kontakt mit ihrer Genesung zu bleiben.

WIE DIE HÄUTE EINER ZWIEBEL

Der Zehnte Schritt leitet uns auch an, uns selbst auf immer tieferen Ebenen und Schichten zu verstehen und zu akzeptieren. Wir werden bestimmt andere Frauen in der Genesung hören, die diesen Prozess der Selbsterforschung so beschreiben, als ob sie die Häute einer Zwiebel nacheinander abpellen würden. Nach jeder Schicht kommt eine andere. „Mehr wird sich noch erweisen" ist eine populäre AA-Aussage.

Wenn du jeden Tag auf diese Weise noch einmal an dir vorbeiziehen lässt, dann wirst du vielleicht Verhaltensmuster entdecken, von denen du nicht einmal wusstest, dass sie existieren, oder du entdeckst neue Merkmale und Besonderheiten in den Mustern, die du bereits identifiziert hast. Vielleicht wirst du zum ersten Mal realisieren, dass Autoritätsfiguren bei dir ein rebellisches Verhalten auslösen. Oder vielleicht bemerkst du, dass dein Hang, eine führende Rolle im Leben anderer Menschen zu übernehmen, dann am stärksten ist, wenn du mit deinen Eltern zusammen bist. Vielleicht entdeckst du ein Bedürfnis bei dir, ihnen zeigen zu wollen, wie kompetent du bist oder dich selbst vor ihrem Hang, dich zu kontrollieren, zu schützen.

Wenn wir unsere Reaktionen prüfen, die jeden Tag auftreten – im Gespräch oder in Interaktionen mit anderen Menschen – bekommen wir eine Menge Informationen darüber, wie wir auf das Leben reagieren. Ganz alltägliche Situationen können als Spiegel dienen, der unser tieferes Selbst reflektiert. Mit ihnen können wir unsere tiefgründigsten Werte und Gefühle besser verstehen. Wenn wir diesen Schritt im Geist einer behutsamen Beobachtung und Selbstbejahung praktizieren, werden wir uns immer mehr von Schuldgefühlen, Verwirrungen und Scham befreien.

Im Zehnten Schritt fahren wir fort, „weiter auf der Hut zu sein vor Egoismus, Selbstbezogenheit, Unaufrichtigkeit, Groll und Furcht", sagt uns das Blaue Buch. „Wenn diese Gefühle wieder aufkommen, bitten wir Gott sofort, sie zu beseitigen." [1] Frauen haben oft den Eindruck, dass diese Defekte handhabbarer werden, wenn wir mit diesen Gefühlen und Verhaltensweisen arbeiten und uns Zeit nehmen, intensiver über sie nachzudenken.

Ich habe für mich selbst herausgefunden, dass ein Zehnter Schritt mir helfen kann, *das Gefühl unter dem Gefühl* wahrzunehmen. Als ich schon ein paar Jahre im Genesungsprozess war, habe ich mich auf eine Beziehung eingelassen, in der ich mich ständig ärgerlich und unglücklich fühlte. In meinem täglichen Zehnten Schritt konnte ich leicht meinen Ärger wahrnehmen, obwohl ich meinte, dass ich ihn nicht haben sollte. Denn das Blaue Buch der AA sagt mir ja, dass Ärger ein „zweifelhafter Luxus normaler Menschen" [2] sei, uns als Alkoholiker jedoch ganz schnell wieder in unsere alten Trinkgewohnheiten zurück fallen lassen kann. Ich habe mich richtig angestrengt, um die Wut loszulassen, fand aber, dass sie sich nicht abschütteln ließ. An dieser Stelle hielt ich erst einmal inne, um mich zu fragen, was vielleicht hinter dieser Wut stecken könnte.

Ich fand heraus, dass ich mich unter meinem Ärger schrecklich verletzt fühlte. Die ärgerlichen Gefühle beschützten mich vor dem Schmerz, der darunter vorhanden war. Als ich mich nicht länger darauf konzentrierte, den Ärger abzubauen und mich fragte, worüber ich denn wohl so wütend sei, da begann ich auch aufrichtig mit mir und meinem Partner umzugehen und die Frage zu stellen, warum ich mich verletzt fühlte. Von dem Moment an war Ärger und Wut nicht länger das Thema.

Wahrheit ist das Thema des Zehnten Schrittes. Um dies nicht zu vergessen, können wir diesen Schritt so verstehen wie Jackie: „Ich habe mir angewöhnt, eine persönliche Inventur meiner Aufrichtigkeit zu machen und Dinge sofort zuzugeben, egal was ich finde." Jackies Interpretation dieses Schrittes fordert uns dazu auf, immer mehr Schichten abzupellen. „Gehe mit deiner Aufrichtigkeit immer

---

[1] *Anonyme Alkoholiker*, AAO, S. 97
[2] *Anonyme Alkoholiker*, AAO, S. 77

mehr in die Tiefe und nimm immer ernst, was da kommt, auch wenn es sich unbequem oder schwierig anfühlt", sagt sie.

Der Zehnte Schritt ist für uns Frauen besonders kraft- und machtvoll. Denn wir haben hier eine Chance, *unsere eigene Erfahrung* bedingungslos zu akzeptieren und sie mit Wertschätzung zu behandeln. Als Frauen haben wir die Erfahrung gemacht, dass nur wenige Menschen uns danach fragen, wie es uns geht und wie wir uns fühlen oder wie wir auf die Situationen des Tages reagieren. Aber wir können uns dieses Geschenk selbst machen. Wenn wir jeden Tag für uns noch einmal durchdenken, können wir uns die Fragen stellen: „Was ist mir heute besonders aufgefallen? Was habe ich über mich selbst und andere gelernt? Was hat sich heute für mich als wahr herausgestellt? An was glaube ich?"

Dies kann dann besonders wichtig werden, wenn wir aus Familien kommen, in denen unseren Erfahrungen keine große Aufmerksamkeit geschenkt wurde. Diejenigen von uns, die zu Hause Missbrauch erlebt haben, finden dabei vielleicht heraus, dass unsere Familien vorzugeben versuchen, dass es niemals eine Misshandlung oder einen Missbrauch gab und sie häufig sogar Familienmitglieder bestrafen oder abweisend behandeln, die dem widersprechen. Ein häufiges Ergebnis davon ist, dass es zu angsterregend und bedrohlich sein kann, Missbrauch und Misshandlung zuzugeben, sogar uns selbst gegenüber. Wir haben vielleicht begonnen, den Familienlügen zu glauben, wenn es um Missbrauch ging, und unseren eigenen Gefühlen und Wahrnehmungen misstraut. Wenn wir uns darin wieder erkennen, dann kann der Zehnte Schritt uns helfen, wieder Vertrauen zu unseren eigenen Beobachtungen und Erfahrungen zu fassen.

Ganz gleich, was unser Hintergrund ist, der Zehnte Schritt kann uns immer helfen, uns selbst und unsere Erfahrungen zu beglaubigen und zu bestätigen. Uns selbst gegenüber die Wahrheit zuzugeben, ermächtigt uns, ein spirituelles Leben zu führen – um in Fülle und Ganzheit das zu sein, was wir sind.

WANN HABEN WIR „UNRECHT"?

Der Zehnte Schritt fordert uns dazu auf, „sofort zuzugeben, wenn wir Unrecht hatten". Warum ist das wichtig? Wie schon in Schritt Fünf erlaubt uns dieses Zugeben unserer Fehler, dass wir uns demütig mit einem anderen menschlichen Wesen verbinden. Wir weiten hier also das Risiko, dass wir bereits eingegangen sind, als wir unsere Fehler einer einzigen vertrauenswürdigen Person anvertraut haben, auch auf andere Beziehungen in unserem Leben aus. Diese neue Art zu leben lädt andere ein, weniger ängstlich und stattdessen offener und aufrichtiger mit uns umzugehen.

Vivian lernte den Wert davon kennen, Fehler zuzugeben, nachdem sie eine Verwarnung bekommen hatte, als sie an einem Zebrastreifen nicht für einen Fußgänger hielt. Eine Zeit lang hatte Vivian alle möglichen anderen Leute für diesen Vorfall beschuldigt. Erst ganz am Ende konnte sie eingestehen, dass es ihr eigener Fehler gewesen ist. Es war eine demütigende Erfahrung, aber ihren Fehler einzugestehen, gab ihr auch ein neues Gefühl von Freiheit. Sie fand heraus, dass sie ihre Fehler zugeben konnte ohne dem Zwang zu verfallen, sich deswegen schamvoll zu verstecken. „Ich habe diesen Verstoß gegen die Straßenverkehrsordnung als einen menschlichen Fehler akzeptiert, der jedem hätte passieren können", sagt sie. „Es bedeutet ja nicht, dass ich ein schlechter Mensch bin oder unwürdig, in dieser Gesellschaft zu leben. Das war ein neues Konzept für mich. Ich war bisher mit der Einstellung durchs Leben gegangen, dass Fehler machen auch bedeutete, dass *ich selbst* ein einziger Fehler sei. Also musste ich immer perfekt sein – und *Recht haben*. Jetzt konnte ich meinen Fehler eingestehen – und mich immer noch selbst bejahen. Dies war ein guter Gradmesser für mich, um festzustellen, wie weit ich mich durch meinen Genesungsprozess schon weiterentwickelt hatte."

Wie wir bereits in verschiedenen anderen Schritten gesehen haben, wollen wir besonders vorsichtig sein, wie wir das Wort *Unrecht* auf uns selbst anwenden. Wir wollen schließlich nicht generalisieren und einfach weiterhin annehmen, dass wir nicht in Ordnung sind, nur weil jemand anders das behauptet. Wichtig ist zu reflektieren, wie jede Situation beschaffen war, und dabei unsere wahre Verantwortlichkeit zu bestimmen. Wir müssen da vorsichtig sein und nicht gleich annehmen, dass wir Schuld haben, wenn wir uns durch das Verhalten eines anderen verletzt oder wütend fühlen.

Die traditionelle AA-Einstellung besagt: „Wenn uns jemand verletzt und wir uns dadurch gekränkt fühlen, dann sind auch wir im Unrecht." [3] Es ist wichtig, dass besonders wir Frauen hier ein wenig tiefer graben, so dass wir diese Aussage nicht als eine Form der Selbstbeschuldigung interpretieren. Allzu viele von uns werden nur zu bereitwillig annehmen, dass der Fehler bei uns liegt, wann immer ein Konflikt entsteht oder uns jemand angreift oder beleidigt. Für uns Frauen ist es ganz wichtig, dass wir uns nicht selbst niedermachen und uns *nicht* jeden Fehler anziehen, sondern uns stattdessen darauf konzentrieren, wie wir uns fühlen.

Wenn wir uns aufgrund der Handlung eines anderen Menschen verletzt oder ärgerlich fühlen, dann hat das nichts mit Richtig oder Falsch zu tun. Wenn wir ärgerlich sind, dann sind unsere emotionellen Reaktionen wertvoll und akzeptabel, ganz gleich, um welche Emotionen es sich dabei handelt. Wenn wir allerdings aufgrund unserer Gefühle rachsüchtig oder manipulativ handeln, haben wir das Anliegen des Zehnten Schrittes missverstanden und tun Dinge, die uns wahrscheinlich später Leid tun. Aber die Gefühle an sich sind nicht falsch. Wir können zulassen, das zu empfinden, was an Gefühlen hoch kommt. Und wir können uns die Frage stellen, warum bei uns so ein intensiver emotioneller Ausbruch erfolgt und was das Verhalten dieses anderen Menschen für uns in Wirklichkeit bedeutet. Denn das ist unsere Wahrheit.

Nochmals, wenn wir von Ärger oder Abwehrgefühlen überschwemmt werden, dann lassen wir zu, dass wir aus unserer Balance geworfen werden und sich die Dinge für uns selbst negativ entwickeln. Um unsere geistige Gesundheit und Nüchternheit aufrecht zu erhalten, müssen wir häufig konstruktive Mittel und Wege finden, um unsere Gefühle auszudrücken oder freizusetzen, und dabei gut auf uns aufzupassen. Und wir können uns immer daran erinnern, dass es nötig ist, einem Gefühl auf den Grund zu gehen, bevor wir versuchen, dieses Gefühl los zu werden.

---

[3] *Zwölf Schritte und Zwölf Traditionen,* , AAO, S. 85

WAS UNS „GEHÖRT" – UND WAS NICHT

Der Zehnte Schritt ist eine Überprüfung eines Tages, einer Woche, eines Momentes oder eines anderen Zeitabschnitts, der uns bei der Reflexion hilft, was „uns gehört" und was nicht. Wie schon im Neunten Schritt können wir dabei jeweils unseren Grad der Verantwortlichkeit bestimmen, das Nötige tun, um Dinge zurecht zu rücken und das Ergebnis offen zu halten. In vielen Fällen gibt es wahrscheinlich nichts, was wir tun könnten, oder es kann sein, dass das jeweilige Problem jemandem anderem „gehört".

Eine schmerzhafte oder unbequeme Situation kann vielleicht deshalb schmerzhaft bleiben, weil dieses Problem dir gar nicht „gehört" und du nichts machen kannst, um es zu verändern.

Manchmal sind ganz natürliche Spannungen das Resultat, wenn zwei Menschen nicht derselben Meinung sind. Vielleicht haben du und dein Partner herausgefunden, dass ihr mit ganz unterschiedlichen Wertvorstellungen an ein sensibles Thema herangeht. Vielleicht sind deine Kinder wütend, weil du ihnen Grenzen gesetzt hast, die ihnen nicht passen.

Wenn wir in unserem Zehnten Schritt aufmerksam und ehrlich mit uns umgehen, dann werden wir auch aufrichtiger im Umgang mit anderen. Manchmal führt das zu Auseinandersetzungen, die wir vielleicht lieber vermieden hätten. Unsere Fehler zuzugeben, kann dazu führen, dass das Unbehagen oder der Konflikt in einer Beziehung eskaliert, weil Ehrlichkeit und Aufrichtigkeit einen Konflikt häufig erst offenbar werden lassen.

Wenn wir in unserem Zehnten Schritt auf eine solche Situation eingehen, dann finden wir vielleicht heraus, dass es angemessen ist, diesen Konflikt einfach zu akzeptieren, weil er für Beziehungen ganz normal und unausweichlich ist. Auch wenn dies schwierig ist, müssen wir manchmal das Ergebnis offen lassen und zulassen, dass andere Menschen und wir selbst sich unglücklich, wütend oder enttäuscht fühlen.

Wenn Konstanze ihren Zehnten Schritt macht, fragt sie sich immer selbst, wo sie heute nicht direkt war. Das bedeutet, dass sie sich mit ihrer Angewohnheit auseinandersetzt, nicht für sich selbst einzutreten. In ihrem Übereifer, anderen Menschen alles Recht zu machen, versucht sie häufig, Bedingungen zu tolerieren, die eigentlich für sie unakzeptabel sind. Wenn sie wahrnimmt, dass sie wieder einmal zu entgegenkommend war, dann fragt sie sich selbst, ob jetzt ihr „Unrecht zugeben" beinhaltet, dass sie mit der jeweils anderen Person noch einmal sprechen müsste.

Eines Abends war Konstanze mit ihrer Freundin zum Abendessen verabredet, aber die Freundin erschien nicht. Konstanze war natürlich verletzt, aber sie gab sich instinktiv selbst die Schuld für die Nachlässigkeit und die Gedankenlosigkeit ihrer Freundin.

„Anscheinend bin ich keine gute Gesellschaft für sie, sonst hätte sie doch unsere Verabredung nicht vergessen", dachte Konstanze.

Zuerst wollte sie darüber kein Wort verlieren, aber als sie dann ihren Zehnten Schritt und ihre Inventur machte, da wurde ihr klar, dass sie respektlos mit sich selbst umging. Sie ließ zu, dass jemand sie gleichgültig behandelte. Als sie ihre Freundin schließlich damit konfrontierte und ihrer Enttäuschung und Verletztheit Luft machte, da musste sie sich auch noch anhören, dass sie zu sensibel sei und überreagieren würde. Als Ergebnis davon kühlte die Freundschaft ab. Konstanze jedoch hatte das Gefühl, dass sie es sich selbst schuldig war, mit ihren Gefühlen aufrichtig umzugehen. Die Alternative – nämlich sich selbst zu überzeugen, dass ihre Gefühle falsch oder unwichtig seien – erzeugte noch mehr Schmerz.

EINE ANDERE STRASSE NEHMEN

Eine der besten Eigenschaften des Zehnten Schrittes ist, dass du bereits weißt, wie man damit umgeht. Im Zehnten Schritt kommt wirklich nichts vor, das du nicht schon in den anderen Schritten getan hast. In diesem Schritt vervollständigst und verfeinerst du nur, was du bisher gelernt hast und übst, all dieses neue Wissen in deinem täglichen Leben anzuwenden.

Wenn du damit beginnst, den Zehnten Schritt zu praktizieren, indem du jeden Abend etwas aufschreibst oder mit einer anderen regelmäßigen Vorgehensweise beginnst, dann wirst du feststellen, dass dieser Prozess einer Selbsterforschungs-Inventur dir nach einer Weile zur zweiten Natur werden wird. Du wirst eine natürliche Fähigkeit entwickeln, wahrzunehmen, wann du deine emotionelle Balance verlierst oder dich selbst oder jemand anderen verletzt. Dann kannst du dich zurücknehmen, reflektierend nachdenken und dich selbst fragen: „Was ist die angemessene Reaktion für mich? Was kann ich tun, um Dinge wieder gerade zu rücken?"

Wenn du den Zehnten Schritt praktizierst, wirst du merken, dass du im gegenwärtigen Augenblick lebst, dir deiner selbst besser bewusst und spontaner wirst. Was für ein Kontrast zu den Tagen, an denen du für gewöhnlich verängstigt, kontrollierend und abgestumpft warst!

Der Zehnte Schritt geht an das Herz deiner persönlichen Kraft – indem wir das ändern, was wir ändern können, das annehmen, was wir nicht ändern können und eine wachsende Weisheit dafür entwickeln, das eine vom anderen zu unterscheiden. Nun können wir am Leben teilnehmen und darauf vertrauen, dass wir Optionen und Wahlmöglichkeiten haben, wenn Probleme oder Konflikte auftauchen. Jetzt können wir verantwortlich sein – imstande zu reagieren – , weil wir nicht länger an unseren alten Mustern festhalten. Es kann immer noch vorkommen, dass wir gelegentlich mal in diese zurückfallen, aber wir wissen, wie wir da wieder herauskommen, so wie Portia Nelson in ihrem Gedicht *Autobiographie in fünf kurzen Kapiteln* erkennt:

I
Ich laufe die Strasse entlang.
> Da ist ein tiefes Loch auf dem Gehweg.
> Ich falle hinein.
> Ich bin verloren … Ich bin hilflos.
>> Es ist nicht meine Schuld.
Es dauert ewig, da wieder herauszufinden.

II
Ich laufe dieselbe Strasse entlang.
  Da ist ein tiefes Loch auf dem Gehweg.
  Ich gebe vor, es nicht zu sehen.
  Ich falle wieder hinein.
  Ich kann es nicht glauben,
    dass ich wieder an dieser Stelle bin.
      Aber, es ist nicht meine Schuld.
Es dauert immer noch eine lange Zeit, da wieder herauszufinden.

III
Ich laufe dieselbe Strasse entlang.
  Da ist ein tiefes Loch auf dem Gehweg.
  Ich *sehe* es – da.
 Ich falle immer noch hinein … es ist eine Gewohnheit … aber
              meine Augen sind offen.
          Ich weiß, wo ich bin.
Es ist *meine* Schuld.
Ich klettere sofort wieder heraus.

IV
Ich laufe dieselbe Strasse entlang.
  Da ist ein tiefes Loch auf dem Gehweg.
  Ich gehe um das Loch herum.

V
Ich gehe eine andere Strasse entlang.*

---

* Portia Nelson, "Autobiography in Five Short Chapters" aus *There´s a Hole in My Sidewalk* (Hillsboro, Ore.: Beyond Words Publishing, 1992).
© 1992 Portia Nelson. Autorisierter Nachdruck.

ELFTER SCHRITT

Wir suchten durch Gebet und Besinnung die bewusste Verbindung zu Gott – wie wir Ihn verstanden – zu vertiefen. Wir baten ihn nur, uns Seinen Willen erkennbar werden zu lassen und uns die Kraft zu geben, ihn auszuführen.

Der Elfte Schritt macht uns Mut, uns nach innen zu wenden und das Gewahrsein unserer Höheren Macht zu vertiefen, indem wir Zeit schaffen für Gebet und Meditation. Diese Praktiken leiten uns an, uns suchend nach dem auszustrecken, von dem wir glauben, dass es größer und tiefer als wir selbst ist oder jenseits von uns existiert. Gebet und Meditation können uns eine Gelassenheit bringen – für Momente, Stunden, vielleicht sogar Tage – die wir noch niemals zuvor erfahren haben. Auch können wir Gebet und Meditation einsetzen, um unsere emotionelle Balance wiederzufinden, wenn wir mit Situationen oder Beziehungen konfrontiert werden, die uns Sorgen machen oder uns aufregen.

Der Elfte Schritt kann dir zeigen, wie weit du auf dem Pfad des spirituellen Wachstums bereits fortgeschritten bist. Wenn du dich über eine Religion geärgert oder deine Zweifel hattest in Bezug auf ein spirituelles Wesen – eine Göttin, eine Höhere Macht, ein Höheres Selbst oder eine Lebenskraft, die dich erhält –, dann stell dir jetzt die Frage, wie du dich nun damit fühlst. Erlebst du eine neue Qualität des Gewahrseins deiner Verbindung mit anderen Menschen und mit diesem größeren Netzwerk, dass alles Leben miteinander verbindet?

Es ist not-wendig für uns, dass wir unsere Aufmerksamkeit auf diese spirituelle Verbindung richten, und zwar jeden Tag, damit sie blühen und wachsen kann. Es ist so ähnlich, als ob du einen Garten anlegst und dich dann liebevoll darum kümmerst, so dass er wächst und Frucht bringt. Schließlich beschränken wir uns nicht darauf, nur unsere Setzlinge dort einzupflanzen und vernachlässigen sie dann, indem wir einfach nur hoffen, dass schon genug Regen fallen wird, um sie am Leben zu erhalten. Stattdessen müssen wir uns jeden Tag um sie kümmern, ihnen regelmäßig Wasser geben und eine Extradüngung oder einen Schutz, wenn sie es brauchen.

In gleicher Form können wir auch unser spirituelles Leben nicht als etwas selbstverständliches annehmen oder davon ausgehen, dass es sich um sich selbst kümmert, ohne dass wir eine spezielle Anstrengung unternehmen. Um gesund und stark zu bleiben, braucht unsere spirituelle Verbindung unsere nachhaltige Aufmerksamkeit. Das bedeutet, dass wir uns ganz bewusst Zeit nehmen, um die zentrale Beziehung unseres Lebens zu nähren: die Beziehung zwischen uns selbst und unserem heilenden oder führenden Geist. Mit der Entwicklung dieser Beziehung haben wir bereits im Dritten Schritt begonnen, jetzt kultivieren wir sie im Elften Schritt weiter, indem wir ihr Zeit und Aufmerksamkeit widmen.

Das ist es, was „unseren bewussten Kontakt verbessern" bedeutet. Wir kultivieren durch Praktiken wie Gebet und Meditation bewussten Kontakt mit einer Höheren Macht, größer als wir selbst.

UNSERE GEBETE PERSÖNLICHER WERDEN LASSEN

Gebet ist entweder ein Akt, in dem man die Nähe zu einer Höheren Macht sucht oder in dem wir uns nach innen wenden, um tieferes Verständnis zu erlangen. So, wie wir im Dritten Schritt Gott auf unsere ganz eigene Art und Weise definiert haben, so können wir uns jetzt auch mit dem Gebet in einer ganz uns eigenen Weise beschäftigen. Unsere Bereitwilligkeit zu beten und für diese Verbindung offen zu sein, ist wichtiger als die Form, in der wir dies tun. *Es ist der Geist unserer Handlung, der zählt.* Wir können persönliche Rituale schaffen, die in symbolischer Form einen Dialog zwischen uns und der Macht oder der Präsenz eröffnen, die uns unterstützt und erhält.

Gabi ist der Meinung, dass ein Gebet es ihr ermöglicht, sich ihrer Höheren Macht zu nähern und eine Beziehung herzustellen. „In meinen Gebeten trete ich in ein Gespräch ein", sagt sie. „Ich sage laut: Was brauche ich vom Universum, und was braucht das Universum von mir?"

So wie Gabi können auch wir Gebet als eine Gabe an unsere Höhere Macht in Form von Worten oder Gedanken ansehen und um geistige Führung bitten. Wir können auch unsere eigenen Gebete erfinden oder einige der bekannten AA-Gebete benutzen. Wie wir schon im Siebten Schritt diskutiert haben, können wir immer unsere eigene Sprache benutzen, um genau das auszudrücken, was wir mitteilen möchten, wenn wir uns mit der Ausdrucksweise der AA-Gebete nicht wohl fühlen.

Jackie hat eines der Standardgebete der AA für sich überarbeitet – das Gebet des Dritten Schrittes – um Worte aufzunehmen, die für sie eine spezielle Bedeutung haben und ihr Kraft geben. Obwohl sie sagt, dass sie sich zu Anfang wie eine Ketzerin gefühlt hat, als sie dieses Gebet neu formulierte, findet sie nun, dass sie ein ganz besonders mächtiges Gefühl von Schutz und Hilfe für sich selbst geschaffen hat, indem sie den Mut aufbrachte das Gebet auf sich zuzuschneidern. Im Originaltext lautet das Gebet im Dritten Schritt folgendermaßen:

„Gott, ich gebe mich in Deine Hand. Richte mich auf und tu mit mir nach Deinem Willen. Erlöse mich von den Fesseln meines Ichs, damit ich Deinen Willen besser erfüllen kann. Nimm meine Schwierigkeiten hinweg, damit der Sieg über sie Zeugnis von Deiner Macht, Deiner Liebe, Deiner Führung ablegen möge vor den Menschen, denen ich helfen möchte. Möge ich immer Deinen Willen tun!" *

Jackie wehrt sich gegen Phrasen wie „tu mit mir nach Deinem Willen ", denn diese Ausdrucksweise erinnert sie an ihre negativen Erfahrungen in früheren Beziehungen. Sie setzt das Wort *Göttin* ein, so dass ihr Gebet auch den femininen Aspekt der Spiritualität wiedergibt, der für sie so wichtig ist. Indem sie nur einige wenige Worte auswechselt, hat sie erreicht, dass dieses Gebet nun für sie zugänglicher und auch relevanter geworden ist.

Jackies Version ist jetzt so:

Göttin, ich öffne mich dir, so dass du in meinem Leben am heutigen Tage wirksam werden kannst, ganz nach dem göttlichen Willen. Befreie mich von dem Verhaftetsein in Angst, Scham und geringer Selbstwürdigung, so dass ich ein Verbindungsweg für Freude, Liebe und Frieden im Universum werden kann.

---

* *Anonyme Alkoholiker*, AAO, S. 73

Nimm von mir meine Schwierigkeiten, so wie Du es für richtig hältst, damit der Sieg über sie ein Zeugnis Deiner Liebe und Deiner Macht für all diejenigen werden kann, denen ich helfen möchte.

Auch die Gebete im Siebten und Elften Schritt der AA sind vielleicht eine hilfreiche Basis für dich, eigene Gebete zu entwickeln, die deine individuelle Erfahrung wiedergeben.

Das traditionelle Gebet des Siebten Schrittes (siehe Seite 87 im Blauen Buch) konzentriert sich auf Charaktermängel. Deshalb kann es dann angemessen sein, wenn dein Hauptanliegen ist, Verhaltensweisen oder Einstellungen bei dir aufzugeben, die dich stören. Vielleicht möchtest du ja auch ein anderes Wort für „Fehler" suchen, eines mit einer positiveren oder neutraleren Bedeutung, wie z. B. „Muster" wie in „Verhaltensmuster"

Das Gebet des Elften Schrittes ist eine Adaptation eines Gebetes, das ursprünglich vom heiligen Franziskus von Assisi stammt. Es drückt in sehr schöner Form den Wunsch aus, eine positive Umgebung für unser Leben zu schaffen:

Herr, mache mich zum Werkzeug Deines Friedens!
Wo Hass herrscht – lass mich Liebe bringen,
Wo Kränkung – Vergebung,
Wo Zwietracht – Versöhnung,
Wo Irrtum – Wahrheit,
Wo Zweifel – den Glauben,
Wo Verzweiflung – die Hoffnung,
Wo Finsternis – Licht
Wo Traurigkeit – Freude,
O Herr, lass mich immer mehr danach verlangen,
Andere zu trösten, als selbst getröstet zu werden,
Andere zu verstehen, als selbst verstanden zu werden,
Andere zu lieben, als selbst geliebt zu werden,
Denn: Nur im Geben liegt wahrer Gewinn,
Im Selbstvergessen der Friede,
Im Verzeihen Vergebung,
Und nur im Sterben erwachen wir
Zum Ewigen Leben.   Amen.[*]

---

[*] *Zwölf Schritte und Zwölf Traditionen, AAO, Seite 94*

Ein Wort der Vorsicht ist jedoch angebracht, dem Vorschlag des „Selbstvergessens" zu folgen, damit wir nicht aus den Augen verlieren, wie wichtig es für uns ist, dass wir Hilfe für uns selbst suchen. Vielleicht findest du ja auch für dich heraus, dass das Gelassenheitsgebet alles ist, was du brauchst. Ich bete dieses Gebet regelmäßig als Elften Schritt, wann immer ich merke, dass mein Leben seine Balance verliert.

Wenn du dich für das Beten entscheidest, dann haben deine persönlichen Gebete vielleicht überhaupt keine Ähnlichkeit mit den hier angebotenen. Du kannst selbstverständlich Gebete aus deiner eigenen religiösen Tradition übernehmen oder Gebete, die du mit deinen eigenen Worten formulierst. Du kannst auch, ganz in der Tradition der östlichen Religionen, ganz einfach um das Allerbeste und das spirituell Höchste für alle bitten.

Obwohl Franziska es nicht mag, wenn sie in ihren Gebeten um Dinge bittet, so schließt sie in ihren Gebeten doch ihren Wunsch nach einem bestmöglichen Verlauf und Ergebnis ihres Lebens ein. „Eine Leidenschaft für alles, was gut ist, ist immer noch Teil meines spirituellen Lebens", sagt sie. „Deshalb beinhaltet mein Gebet auch immer, dass ich für mein eigenes Wohlergehen und das Wohlergehen der anderen bete."

Aber mehr noch als das Gute zu suchen bedeutet für Franziska das Gebet, „bewusster zu werden". Für sie ist es ein Prozess, sich mit einer erreichbaren und zur Verfügung stehenden inneren Weisheit zu verbinden. Wenn sie betet – also gewisse Worte sagt, die eine ganz spezielle Bedeutung für sie haben – erinnert sie sich daran, für diese Weisheit offen zu sein und genau hinzuhören, was diese Weisheit ihr zu sagen hat.

DER WILLE DES UNIVERSUMS

Der Elfte Schritt sagt auch, dass wir beten „dass Er uns Seinen Willen erkennbar werden lässt und uns die Kraft gibt, ihn auszuführen". Ruth interpretiert dies so, dass es einen Geist gibt, der sich im Universum bewegt, und sie betet darum, in Harmonie mit diesem Geist zu denken und zu handeln.

Wann immer Ruth den Elften Schritt liest, geht sie davon aus, dass „Sein Wille" *der Wille des Universums ist, dass die Dinge so sind, wie sie sind.* Wenn wir also „Gottes Willen tun", dann akzeptieren wir, dass wir dementsprechend handeln, uns dessen bewusst und dazu fähig sind. Wir lassen unseren Wunsch los, Dinge zu kontrollieren, die wir nicht verändern können.

Dies bedeutet nicht, dass wir nach- oder aufgeben, wenn Herausforderungen auf uns zukommen. Ganz im Gegenteil, dieses angemessen Handeln kann auch bedeuten, dass wir für uns selbst einstehen, dass wir dem Druck widerstehen, uns dem Willen anderer zu unterwerfen oder dass wir für eine Sache eintreten, an die wir glauben. Das Akzeptieren kann auch bedeuten, dass wir anderen Menschen einräumen, dass sie ärgerlich oder sauer auf uns sind, wenn wir Grenzen setzen oder beginnen, gut für uns selbst zu sorgen oder wenn wir etwas gegen den Status quo unternehmen.

Die dahinter liegende Idee ist, dass wir dabei einen Geist der Zusammenarbeit einhalten, indem wir uns selbst erlauben, für alle Möglichkeiten offen zu sein und gleichzeitig unser Bedürfnis aufgeben, alle Antworten schon im Voraus zu kennen.

Arlene ist der Meinung, dass der Wille des Universums für sie bedeutet, dass sie die sein soll, „die sie ist, und alles, was sie ist – und nicht jemand anderes". Wenn sie den Elften Schritt macht, erinnert sie sich daran, dass es in Ordnung ist, so zu sein, wie sie gerade ist. Sie betet darum, weiterhin offen zu sein für das Unbekannte und das Unsichtbare in ihrem Leben und allem gegenüber, was sich ihr jeden Tag an Aufgaben stellt. Sie vertraut darauf, dass sie im rechten Moment weiß, was sie tun muss. Wenn das nicht so ist, oder wenn sie einen Fehler macht, vertraut sie darauf, dass sie etwas Wertvolles dabei lernt.

„Ich glaube daran, dass ich ein spirituelles Wesen bin und dass ich auf eine Art und Weise in Verbindung stehe, die ich nicht immer verstehe", sagt Arlene. „Ich habe aufgegeben, mir Dinge schon im Voraus auszumalen, weil ich es nicht länger so sehe, dass das meine Aufgabe ist. Stattdessen versuche ich auf die Art und Weise zu reagieren, die sich für mich richtig anfühlt, ganz egal, um was es sich handelt. Indem ich auf diese Weise die Kontrolle aufgebe, habe ich mich selbst auch den Wundern in meinem Leben geöffnet.

Einige der besten Dinge, die mir auf dem Wege der Genesung passiert sind, hätte ich niemals voraussagen können."

Aber wie werden wir wissen, ob wir tatsächlich Gottes Willen erfüllen? Wie fühlt sich das an, mit den größeren Mächten des Lebens zu kooperieren? Ich habe manchmal ein Gefühl für „das Richtige" – ein ruhiges, inneres Gefühl des Wissens – das mir sagt, dass ich mit meiner Höheren Macht auf derselben Linie bin. Wenn dies geschieht, dann scheinen sich Konflikte ganz von selbst zu lösen, und ich habe ein Gefühl von Klarheit und Zielgerichtetheit. Für mich bedeutet das einen Zustand der Gnade.

In ähnlicher Weise glaubt auch Marianne, dass dieser Wille die Entdeckung einschließt, was sich richtig und gut für sie anfühlt, indem sie ihren Instinkten folgt und dorthin geht, wo es sie ganz natürlich hintreibt. Das kann auch bedeuten, etwas zu machen, was ihr einfach Spaß macht – und das manchmal das Gegenteil von dem ist, von dem sie eigentlich meint, es tun zu müssen, weil man es „von ihr erwartet". „Ich bin nicht der Meinung, dass Genesung immer nur auf dem harten Weg erreicht werden muss", bekräftigt Marianne. „Es mag so aussehen, als ob wir ständig Dinge tun müssten, die entweder keinen Spaß machen oder die man nicht genießt, und nur, um die Genesung richtig zu machen. Aber ich bin nicht dieser Meinung. Ich denke, es geht auch darum, das herauszufinden, was ich gerne mache."

Marianne glaubt, dass sie *immer* das Richtige tut und auch die richtigen Gedanken hat. „Ich tue immer Gottes Willen, ganz egal, was ich mache", sagt sie. Ihre Einstellung ist eine Variation des Genesungsspruches: „Du bist genau da, wo du sein sollst."

Wenn Marianne sich um irgendetwas sorgt oder ihr etwas Angst macht, geht sie davon aus, dass dies genau die Art und Weise ist, wie sie fühlen soll – dass sie gerade eine Herausforderung besteht, damit sie etwas lernen kann. Wenn sie sich von Gefühlen überwältigt fühlt, schaut sie tiefer in sich hinein, um die Quelle dafür zu finden. Mit dieser Einstellung der Selbstbejahung vermeidet sie, sich dafür zu bestrafen, nicht perfekt zu sein. In ihrem Elften Schritt bittet sie darum, immer mehr sie selbst zu werden, um ein besseres und klareres Gefühl für ihren Platz im Universum zu bekommen.

DIE STILLE IM ZENTRUM

Wenn das Gebet ein Akt der Kommunikation ist, dann ist Meditation eine Vorgehensweise, um ruhig zu werden und zuzuhören. Es ist eine Zeit zu kapitulieren und zu empfangen, eine Zeit, loszulassen.

Ganz gleich ob das Beten zu deinen Gewohnheiten gehört oder nicht, räume dir selbst an jedem Tag einige Zeit für die Meditation ein. Vielleicht auch nur, um dir regelmäßig einen friedvollen Moment für dich selbst zu schaffen.

Wir bekommen wenig Unterstützung, wenn es darum geht, diese ruhige Momente in unserem Leben zu schaffen. Viele von uns sind mit Aufgaben belastet, die uns von einer Verantwortung zur nächsten eilen lassen, ohne dass wir dazwischen Zeit für uns selbst finden. Andere fühlen sich ziellos und isoliert, durch Depressionen oder Ängste zur Bewegungslosigkeit verdammt. Wie es auch sei, es kann schwierig für uns sein, unsere Aufmerksamkeit nach innen zu lenken, um auf unser inneres Selbst zu hören.

Aber inneres Gewahrsein ist ganz wichtig für unseren weiteren Wachstumsprozess und für unser Wohlergehen. Da unser Genesungsprozess kein offizielles Ende hat, werden wir uns immer weiter entwickeln, indem wir uns selbst auf immer tieferen Ebenen kennen lernen und uns auf diese Weise auf neue Situationen und Herausforderungen des Lebens einstellen. Inneres Bewusstsein entwickelt sich mit der Zeit und bedarf unserer andauernden Aufmerksamkeit.

Wenn wir die früheren Schritte durchgearbeitet haben und meinen, dass wir bereits genesen sind, dann vergessen wir vielleicht, dass immer wieder Situationen auftauchen werden, die für uns eine Versuchung darstellen, in unsere alten, destruktiven Muster zurückzufallen. Um uns davor zu schützen, zu sehr in die unvermeidlichen Dramen des täglichen Lebens verwickelt zu werden – in denen wir riskieren, wieder unsere Balance zu verlieren –, ist es wichtig, ein inneres Zentrum zu schaffen, zu dem wir immer zurückkehren können – einen inneren und ganz privaten Ort heiterer Gelassenheit.

Ich habe eine Definition für Gelassenheit, die mich immer wieder daran erinnert, wie wichtig die Meditation für mich ist:

Gelassenheit ist nicht das Freisein von den Stürmen des Lebens.
Es ist die Stille im Zentrum, die mich alles durchstehen lässt.

Und dieses ruhige Zentrum schaffen wir durch Meditation.

Meditation wirkt wie das Beruhigen der Wellen auf einem Teich. Es macht den Geist still, so dass wir Klarheit und Frieden erfahren dürfen. Unsere täglichen Aktivitäten und die Zwänge des Lebens erzeugen immer wieder Wellen auf dem Teich, wühlen ihn auf und führen dazu, dass das Wasser unruhig und schlammig ist. Aber wir können das Wasser ruhig werden lassen, indem wir uns selbst zur Ruhe bringen. Wenn wir uns Zeit nehmen, uns aus den Ansprüchen des Lebens ausklinken – auch wenn es nur einige wenige Minuten täglich sind – und eine Weile ganz für uns und ganz still sitzen. In der Meditation können wir uns selbst dabei zuhören, wie wir *nicht* denken.

Wir verbessern in der Ruhe den „bewussten Kontakt" zu unserer Höheren Macht oder zu unserem Führungsgeist, indem wir für eine kurze Zeit unser Verlangen, Alles und Jedes durchzudenken, aussetzen. Wir akzeptieren dabei unsere Begrenzungen und den Mangel an Kontrolle. Wenn wir ganz still sitzen, dann lassen wir die Dinge so sein, wie sie sind. Wir kapitulieren – und erhalten.

NICHTS TUN

Wie viel Zeit ist angemessen für unsere Meditation? Und was machen wir eigentlich, wenn wir so ganz für uns alleine nur sitzen und still werden?

Es gibt keinen einzig wahren, richtigen Weg des Meditierens. Es gibt Dutzende von Büchern, die die unterschiedlichsten Meditationstechniken für den Elften Schritt anbieten. Genau so, wie wir beschrieben haben, mit Gott und dem Gebet so umzugehen, wie es für uns am Besten ist, so wird auch unsere Meditationspraxis völlig individuell sein – wir können dabei aus einer ganzen Reihe von Vorgehensweisen auswählen.

Es gibt viele Meditationstechniken, die dir dabei helfen können, dieses Non-Stop-Auftauchen von Gedanken in deinem Geist zur Ruhe zu bringen und den Denkstrom zu unterbrechen. Vielleicht geht es dir am besten, wenn du dabei auf einem Stuhl sitzt und dich ganz auf deinen Atem konzentrierst, auf jedes Einatmen und jedes Ausatmen. Oder du kannst dabei ein Bild anschauen, das dich beruhigt, oder in eine Kerzenflamme blicken. Vielleicht hilft es dir, ein Mantra oder eine Affirmation zu wiederholen, indem du dich auf den Klang des Wortes konzentrierst, um alles andere ausschalten zu können. Du visualisierst vielleicht ein heilendes Licht, eine schöne Landschaft, dein ideales Selbst oder einfach einen leeren, ruhigen und friedlichen Raum.

Meditiere so lange, wie es für dich angenehm ist, indem du mit einer Zeitspanne von drei bis fünf Minuten beginnst, wenn das ein Zeitraum ist, den du dir frei machen kannst. Und dann tu, was immer deinen Geist zur Ruhe bringt und einen Verbindungsweg öffnet, so dass du auf dein eigenes inneres Selbst hören kannst.

Wenn wir in der Meditation „lauschen", dann bedeutet das nicht, dass wir notwendigerweise etwas hören. Aber der Akt des Hörens, des Lauschens an sich ist wichtig, weil er ein Übungsweg zu mehr Offenheit und Empfänglichkeit ist. In der Meditation können wir lernen, was es bedeutet, ganz still zu werden, abzuwarten, was das Leben uns bringt und das, was kommt, mit einem offenen Herzen und offenem Geist zu empfangen.

Ruth beschreibt ihre Meditation als „Aufmerksamkeit auf meinen Atem lenken" und sucht dabei einen ruhigen Ort in sich selbst auf. Diese Praxis hilft ihr, ihren Wunsch nach Kontrolle loszulassen. „Ich beseitige auf diese Weise mein dringendes Verlangen, dass ich etwas möchte oder brauche, und lasse die Dinge einfach laufen", sagt sie. „Das ist für mich eine ganz neue Erfahrung." In der Meditation ist sie bereit, präsent und offen zu sein.

Meditation kann ganz zu Anfang etwas Angst auslösen. Wann hast du zuletzt einfach nichts getan, ohne dich dabei schuldig zu fühlen? Auch ist es vielleicht schwer für dich, einfach ganz still dazusitzen. Gedanken rasen dir durch den Kopf, während du dich fragst, wie lange du noch in dieser Meditation verbringen solltest.

Wenn ich bei der Meditation plötzlich bemerke, dass ich in diesen Zustand der Unruhe gerate, dann gehe ich so vor, dass ich mich selbst einfach wie von oben her beobachte, wie diese Gedanken und Gefühle in mir auftauchen. Ich merke, dass ich ängstlich bin. Ich bin mir dessen gewahr, dass ich unkonzentriert bin und mich nicht wohl fühle. Aber ich versuche nicht, das zu verändern. Ich sitze weiterhin ganz still da, wissend, dass diese Gefühle und Gedanken vorbeigehen. Wenn die Angespanntheit wiederkommt, nehme ich wieder die Rolle des Beobachters ein. Dies ist eine tiefere Ebene der Akzeptanz, das Annehmen dessen, was ist.

Viele Frauen finden es auch hilfreich, das bewusste Gehen, Gärtnern, Nähen oder Malen zu einer meditativen Praxis zu machen. Indem wir diesen Aktivitäten mit voller und bewusster Aufmerksamkeit nachgehen, erlauben wir uns selbst eine Unterbrechung des üblichen Stresses, in dem wir sind, und erlauben uns auch, etwas Gutes für uns selbst zu tun. Wir können frei wählen, welche Praxis uns dieses Gefühl inneren Friedens vermittelt. Und wir können versuchen herauszufinden, wie wir, wenigstens manchmal, absolut gar nichts tun.

EIN UNERSCHÜTTERLICHES FUNDAMENT

Tatsächlich ist es so, dass Gebet und Meditation gar nicht zwei verschiedene Aktivitäten zu sein brauchen. Wir beten, während wir meditieren und umgekehrt. Es ist nicht nötig, dass wir zwischen den beiden unterscheiden, solange es die Ausübung erleichtert. Viele Frauen berichten, dass sie beides zur gleichen Zeit tun.

Eine Frau hatte einmal die Aufgabe übernommen, mich während einer Konferenz dem Publikum vorzustellen und berichtete mir anschließend, dass sie vor ihrer Ansage sehr nervös war. Um sich selbst zu beruhigen, sagte sie später, hatte sie nur einen kurzen Moment, in dem sie alleine war. Sie bat betend um Führung und Unterstützung und suchte ihr inneres Zentrum auf. Das ist die Art und Weise, wie sie regelmäßig ihren Elften Schritt durchführt.

„Wann immer ich es mit einer Herausforderung zu tun habe", erzählte sie mir, „setze ich mich einen Moment ganz ruhig hin und meditiere, bitte um Hilfe, um mich selbst übertreffen zu können. Ich bitte um die Stärke, das zu tun, für das ich hier bin." Indem sie um Führung bittet und sich einen Moment der Stille nimmt, sind ihre Meditation und ihr Gebet ganz eng miteinander verflochten. Das Eine fließt in das Andere und schafft eine einzigartige, spirituelle Erfahrung.

Wenn wir jetzt beginnen, bewusster zu leben, dann finden wir vielleicht auch heraus, dass Gebet und Meditation oft wie spontane Akte sind. Ganz plötzlich fällt uns auf einmal auf, dass wir ja gerade beten – oder meditieren. Aber sobald wir uns dessen bewusst werden, verlieren wir leicht das Gleichgewicht - und diesen Zustand. Wir beginnen jedoch auch, unser Zentrum instinktiv dann aufzusuchen, wann immer wir es brauchen und wenden uns dann bewusst dieser inneren Ruhe zu, die wir in unserer spirituellen Praxis kultiviert haben.

„Es gibt eine direkte Verbindung zwischen Selbsterforschung, Meditation und Gebet." So heißt es auf Seite 92 in dem AA-Buch *Zwölf Schritte und zwölf Traditionen*. „Selbst wenn wir sie getrennt praktizieren, können sie große Erleichterung bringen und von Nutzen sein. Stellen wir diese Übungen in logischen Bezug und verflechten sie miteinander, dann werden sie zur unerschütterlichen Grundlage des Lebens."

ZWÖLFTER SCHRITT

Nachdem wir durch diese Schritte ein spirituelles Erwachen erlebt hatten, versuchten wir, diese Botschaft an Alkoholiker weiterzugeben und unser tägliches Leben nach diesen Grundsätzen auszurichten.

Genesung ist ein neuer Way-of-Life – eine neue Art zu leben. In den Schritten Eins bis Elf haben wir unsere persönliche Arbeit geleistet. Dabei entwickeln wir eine neue Art zu denken, zu fühlen und zu handeln. Der Zwölfte Schritt nennt das ein „spirituelles Erwachen" – das Erwachen zu einem Leben, das mit unserer inneren oder Höheren Macht in Verbindung steht. Es ist ein Erwachen zu etwas, das größer und tiefer ist als unsere eigenen Stärken und Mittel. Diese Macht integriert uns und gibt uns ein Gefühl der Ganzheit.

Während der Jahre, in denen wir Alkohol getrunken und Drogen genommen haben, fühlten sich die meisten von uns, als ob wir in einzelne Teile zerfallen wären, die nicht ganz zusammen passen. Unser abhängiges Verhalten kann der Grund sein, dass wir uns „gespalten" fühlen – als ob unsere Gefühle oder Handlungen gar nicht zu uns gehören würden. Vielleicht waren wir selbst erschreckt durch die Intensität unserer Wutanfälle oder unserer Depressionen, oder wir haben uns darüber gewundert, warum wir eigentlich Dinge taten, die Scham und Erniedrigung mit sich brachten. Es ist schwer, sich ganz zu fühlen, wenn unser Leben so außer Kontrolle ist.

GANZ WERDEN

Dieses Ganzwerden ist, als würden wir eine Wendeltreppe hinauf laufen: Sie führt uns hinauf – aber auch im Kreis. Sehr wahrscheinlich werden wir auf unserem Weg nach oben immer wieder denselben Herausforderungen begegnen, aber sie werden jedes Mal anders aussehen, weil wir inzwischen eine neue Ebene erreicht haben. Vielleicht bietet das Leben uns die Gelegenheit, alte Muster und Gewohnheiten wiederholt zu durchleben, aber jedes Mal mit einem höheren Grad an Verständnis. Wenn sich diese Situation oder dieses Muster das nächste Mal wiederholt, wird es uns wahrscheinlich so vorkommen, als ob es mehr Sinn macht und uns weniger lahm legt.

Elena erlebt all ihre Stärken und Grenzen jetzt als Teil eines größeren Musters des Lebens – ein engmaschiges Ganzes. „Je länger ich clean bin, desto wohler fühle ich mich dabei, die Tatsache in mein Leben zu integrieren, dass ich Drogenabhängig bin", sagt Elena. „Ich bin Mutter, Ehefrau, Hausfrau, Tochter, Nachbarin – und genesende Kokainsüchtige. Früher konnte ich all diese Einzelteile nicht zusammenfügen. Aber jetzt fühlt es sich nicht mehr so an, als ob ich mehrere Leben leben würde und dabei eines vor dem anderen verstecke."

Mit der Hilfe der Zwölf Schritte lernten wir, die vielen Teile unseres Selbst zu akzeptieren und zu integrieren – wobei wir die Geheimnisse, die wir früher versteckt haben, nun als zu uns gehörig empfinden und auch unsere versteckten Stärken offen zeigen. Wenn wir schließlich den Zwölften Schritt erreichen, haben wir begonnen, uns wie ein integriertes und ganzheitliches menschliches Wesen zu fühlen. Vielleicht fühlen wir uns ja auch das erste Mal im Gleichgewicht und in unserem Zentrum.

Dies ist vielleicht noch kein konstantes Gefühl, genauso wenig wie Gelassenheit ein konstanter Status ist, den wir erreichen. Typisch ist jedoch, dass wir Ganzheit immer nur für einen Moment erfahren, für eine Stunde, einen Tag oder mehrere und dann durch die Herausforderungen des Lebens wieder aus diesem Zustand gerissen werden. Aber auch wenn das Leben uns auf diese Art und Weise herausfordert, können wir mehr über uns selbst lernen und uns immer tiefer und besser eingliedern.

EIN SPIRITUELLES ERWACHEN

Woher wissen wir eigentlich, dass wir ein spirituelles Erwachen erlebt haben? Wie fühlt sich das an? Wann tritt es ein? Wie bei allen spirituellen Phänomenen fällt die Antwort sehr individuell aus. Ein spirituelles Erwachen kann auch mal dramatisch sein – eine plötzliche Erleuchtungserfahrung – oder es tritt nur langsam ein und ist schwierig zu beschreiben. Vielleicht machen wir nur die immer deutlichere Beobachtung, dass wir in Bezug auf unsere Verbindung zum Leben und dem größeren Ganzen langsam wachsen.

Wir erwachen zur Spiritualität auf jede nur denkbar mögliche Art und Weise. Wenn du Geschichten hörst, wie andere Frauen ihr spirituelles Erwachen erlebt haben, dann kannst du darin deinen eigenen spirituellen Pfad wieder erkennen und dich damit sicher fühlen.

DIE VERGANGENHEIT VERÄNDERN

Sabines spirituelles Erwachen stellte sich ein, als sie die Schritte Vier und Fünf durchlaufen hatte und ihr plötzlich klar wurde, dass sie ihre Vergangenheit verändert hatte. Sie hatte natürlich keine der Fakten verändert – denn was geschehen war, war geschehen. Aber mit einer neuen Einstellung zu dem, was sie getan hatte und was auch andere ihr angetan hatten, veränderte sie nun dauerhaft ihre Interpretation vergangener Situationen. Die Vergangenheit hatte nicht länger die Macht, sie so in den Bann zu ziehen, wie es bisher der Fall gewesen war.

In ihrem Loslassen fühlte sich Sabine friedvoll, klar, offen und in Verbindung. Sie fühlte, wie Scham und Angst sich verringerten und dass sie dabei war, in ein neues Leben einzutreten. Es war also keine blitzartige Erleuchtung, aber sie erlebte ein Gefühl für Klarheit und Richtigkeit, das sie nie zuvor gehabt hatte.

EIN RUHIGES ZENTRUM FINDEN

Als Tamara für ein Jahr ins Ausland ging, fühlte sie sich abenteuerlustig und mutig. Sie war jetzt drei Jahre lang nüchtern und glaubte, dass sie schon emotionell stabil genug sei, um solch eine tief greifende Veränderung verkraften zu können. Aber Tamaras Optimismus verging schon bald nachdem sie dort angekommen war. Sie lebte mit einer Familie, die nur die Landesprache sprach, und sie gehörte auch nicht zu den Menschen, die leicht andere kennen lernen. Sie fühlte sich einsam und isoliert. Und schon bald hielt sie ihr Abenteuer gar nicht mehr für eine gute Idee, denn sie wurde unsicher und depressiv.

Eines Tages machte sie allein eine stundenlange Wanderung und ging dabei mit sich zu Rate, ob sie nach Hause fahren solle. Dabei entdeckte sie auf einmal einen kleinen „Punkt des Friedens" in sich selbst. Trotz der ganzen Aufregung, mit der sie äußerlich beschäftigt war, gab es da in ihr ein stilles Zentrum. Dies machte sie neugierig und sie entschied, statt sich weiterhin mit ihren Problemen zu beschäftigen, lieber nachzuspüren, wie es in ihrem Inneren aussah. Sie machte hier also eine meditative Erfahrung der Innenschau, so wie wir das im Elften Schritt tun.

Tamara merkte bald, dass dieser „Friedenspunkt" immer bei ihr war, wo sie auch hinging. Sie konnte sich jederzeit in ihrem Inneren an diesen Rückzugsort begeben. Manchmal dehnte sich dieser Punkt aus, dann merkte sie, dass dieser innere Friede sie ganz ausfüllte. Aber auch wenn er nur klein war, war er doch immer noch stark genug, um ihr Gelassenheit und Zutrauen zu vermitteln, auch in ihren schwierigsten Momenten. Dieses friedvolle Zentrum zu finden, war der Beginn ihres spirituellen Erwachens.

VERBINDUNGEN UND AKZEPTANZ

Gabi durchlebte zwei sehr unterschiedliche Situationen spirituellen Erwachens. Einmal saß sie in einem AA-Meeting und schaute zu einem Spruchband empor auf dem stand: „Du bist nicht allein!" Mit einer ganz plötzlichen Klarheit überkam es sie, dass das wahr ist. Sie hatte dabei eine tiefe Erfahrung der Verbindung und der Erleichterung, und eine herzerwärmende Zusicherung, dass sie sowohl durch die Menschen um sie herum als auch durch das Leben selbst Unterstützung fand.

Bei einer anderen Gelegenheit begann sie zu weinen über etwas, das so nebensächlich war, dass sie sich an das Problem gar nicht mehr erinnern kann. Sie ließ zu, dass die Tränen flossen, solange welche kamen – „Ich weinte bis zum Ende aller Tränen", nannte sie das. „Ich weinte stundenlang. Und all meine aufgestaute Trauer kam dabei an die Oberfläche." Danach fühlte sie sich friedlich und gereinigt. Ein Gefühl des Annehmens und der Bejahung für alles, was geschehen war, und auch für alles, was noch in der Zukunft geschehen würde, stellte sich ein. Es war der Anfang ihrer tiefen Selbstverpflichtung zu einem spirituellen Leben.

LANGSAME BEWUSSTSEINSERWEITERUNG

Norma erlebt jede weitere Erkenntnis in ihrer Genesung als Teil ihres spirituellen Erwachens. Es begann, als sie ihre Machtlosigkeit im Ersten Schritt zugab und entwickelte sich weiter, als sie zum Glauben an die Existenz einer Macht kam, die sie leiten und unterstützen würde. Normas Erwachen wird mit jedem Schritt tiefer und stärker. Jedes Loslassen, jede neue Einsicht in ihre Gefühle und Verhaltensweisen tragen dazu bei.

„Das ganze Programm dreht sich darum, mir ein größeres Bewusstsein meiner eigenen Erfahrungen zu verschaffen", sagt Norma. „Wenn ich jetzt sehe, wie ich mit anderen in Verbindung trete und wie das zu meinem Vorteil ist, dann wird meine Perspektive jedes Mal größer. Jedes Bewusstwerden trägt zu meiner spirituellen Ganzwerdung bei."

DAS AUFBLÜHEN DER HOFFNUNG

Manchmal geschieht ein spirituelles Erwachen auch mehr symbolisch, so wie bei Julia. Julia kann über ihre spirituellen Erfahrungen während der fünfzehn Jahre, die sie nun nüchtern ist, viele Geschichten erzählen, aber ein ganz einfacher Anlass hat sie besonders bewegt.

Julia hatte eine ganz spezielle Pflanze. Während der zehn Jahre, die sie diese Pflanze in ihrem Appartement gehegt und gepflegt hatte, hat sie nie geblüht. Zu einer Zeit in ihrem Leben, als sie in Bezug auf ihre verschiedenen Schwierigkeiten im Leben äußerst verzweifelt war, da begann die Pflanze auf einmal zu blühen. Die kleinen weißen Blüten füllten ihre ganze Wohnung mit ihrem Duft. Es war ein Zeichen der Hoffnung und der Zuwendung, das sie dringend brauchte. Als die Krise überstanden war, war auch die Pflanze verblüht. „Ich betrachtete die Blüten als ein Zeichen, dass es Möglichkeiten gab, die ich mir nie hätte vorstellen können", sagt Julia.

PHYSISCHES ERWACHEN

Und manchmal ist dieses „Erwachen" auch ganz wörtlich zu nehmen, speziell wenn wir vorher abgestumpft und in unseren Abhängigkeiten gefangen waren. Arlene hatte das Gefühl, dass dabei auch ihr *Körper* endlich wach wurde. Als sie ihre zwanghafte Esssucht überwunden hatte, da veränderte sich auch ihre Körperwahrnehmung. Sie erlebte neue Gefühle und Körpererfahrungen – neue Dimensionen ihres Seins. Sie hörte auf, ihren Körper als einen Feind anzusehen, der sie mit seiner mangelnden Kontrolle erniedrigt hatte. Als sie aus ihrer Gefühllosigkeit erwachte und lernte, wie ihr Körper sich anfühlte, war das für sie ein spirituelles Erwachen. „Es war, als ob ich zurück ins Leben käme", sagt sie.

Dieses physische Erwachen ist jetzt Teil von Arlenes tieferem Gefühl für Spiritualität, für ihre Selbstentdeckung. Je mehr sie dessen gewahr wird, wer sie eigentlich ist – physisch, emotionell und mental – desto mehr fühlt sie sich spirituell verbunden. „In der Genesung und der Spiritualität geht es darum, ich selbst zu werden und zu lernen, dass dieses wahre Selbst mit allem anderen verbunden ist."

WAS KOMMT ALS NÄCHSTES?

Genesung ist kein Freizeit-Zeitvertreib oder etwas, zu dem wir nur in einer Krise Zuflucht suchen. Wenn wir einmal ein spirituelles Erwachen erlebt haben, dann wissen wir auch, dass unsere neue Art zu Denken, zu Fühlen und unsere neue Art des Verhaltens inkompatibel mit einer Abhängigkeit von Alkohol, Drogen, Geld, Essen oder Sex ist. Es ist selbstzerstörerisch, in diese Verhaltensweisen zurückzufallen, wenn man erst einmal das weiß, was wir jetzt wissen. Wir finden jetzt heraus, nachdem wir zu einer Alternative aufgewacht sind, dass ein Rückfall in unsere Süchte mehr Stress erzeugt als je zuvor.

Und doch ist ein Rückfall immer möglich. Eine der Vorgehensweisen, um Rückfälle zu verhüten, besteht darin, mit anderen zusammenzuarbeiten. Dies ist die aktive Spiritualität des Zwölften Schrittes. Wir „geben die Botschaft weiter", so dass auch andere die

Schritte kennen lernen können und wir uns auf diesem Wege ständig selbst daran erinnern, welche Basis unsere Genesung hat. Ob unser Erwachen über Nacht kommt oder erst nach einigen Jahren, immer haben wir etwas ganz Wichtiges, dass wir mit einer anderen genesenden Frau teilen können: Ein Gefühl der Hoffnung, der Akzeptanz, der Integrität und Ganzheit. Und das ist eine überzeugende Botschaft, die sich weiterzugeben lohnt.

DAS WEGGEBEN

Indem wir unsere Erfahrungen mit anderen teilen, lernen wir auch ein weiteres Paradox des Genesungsprozesses kennen: *Wir behalten es, indem wir es weggeben.*

Genesung ist eine Erfahrung auf Gegenseitigkeit: Stets geben und nehmen wir. Wir selbst werden stärker, indem wir anderen Macht geben, und wir machen das durch das Teilen unserer Erfahrungen, unserer Stärke und unserer Hoffnung. Das bedeutet nicht, dass wir andere „in Ordnung bringen", ihnen Ratschläge erteilen oder irgendetwas machen, was sie nicht für sich selbst tun könnten. Es bedeutet ganz einfach, dass wir beschreiben, wie unsere Genesung verlaufen ist. In den Worten der AA: Wir offenbaren und teilen durch unsere Lebensgeschichten, „wie wir waren, was geschah und wie wir heute sind." [*]

Der einfachste Weg, jemandem die Zwölf Schritte zu erklären, ist, jemandem unsere eigenen Geschichten über unser Trinkverhalten oder unseren Drogenkonsum zu erzählen, wie wir zur Genesung kamen und was unsere Erfahrungen mit den Schritten sind. AA nennt sich selbst ein Programm der „Anziehung, nicht der Werbung", was bedeutet, dass Menschen von unserem Genesungsprozess angezogen werden und dabeibleiben möchten, wenn sie sehen, dass wir etwas besitzen, was sie noch nicht haben, das sie sich aber wünschen – wie z.B. nachhaltige Nüchternheit. Das passiert aber nicht, wenn wir versuchen, ihnen unser Programm aufzuschwatzen.

---

[*] *Anonyme Alkoholiker*, AAO, S. 67

Alles, was wir anzubieten haben, ist unsere eigene Geschichte und unsere Fähigkeit, Mitgefühl zu anderen aufzubauen und ihnen zuzuhören.

Dieses „mit anderen arbeiten" bezieht sich nicht nur auf Neulinge, die mit ihren ersten 30 Tagen der Nüchternheit oder Abstinenz kämpfen, es bedeutet, allen Hilfe anzubieten, die Hilfe brauchen. Das könnte auch jemand sein, der schon viele Jahre im Programm ist oder auch jemand, der noch gar nicht im Programm ist – eine Verwandte, eine vollkommen Unbekannte oder eine Kollegin – und wo wir sehen, dass diese Menschen es schwer mit sich haben. Die Intention ist immer dieselbe: Wir bieten an, was wir haben, und das allen, die „noch leiden". Das kann an jedem Ort jeder andere Mensch sein.

Wie wir diese Botschaft verbreiten, bleibt ganz uns überlassen. Es kann in der Öffentlichkeit sein oder auch nur im privaten Rahmen, indem wir unsere Erfahrungen mit Nüchternheit und Abstinenz mitteilen. Mandy ist in jedem Aspekt ihres Lebens ganz offen in Bezug auf ihre Genesung, und das schließt auch die Klasse ein, die sie in Literatur unterrichtet. Ihr öffentliches Bekennen hat wenigstens zwei ihrer Studenten schon so weit gebracht, dass sie sich wegen ihres Trinkverhaltens Hilfe suchten.

Viele von uns haben ein Bedürfnis nach Privatsphäre und Anonymität und ziehen es vor, den größten Teil ihrer Zwölf Schritte Arbeit innerhalb einer geschlossenen Genesungsgruppe einzubringen. In vielen Zwölf Schritte Programmen nennen wir dies *Dienst und Sponsorschaft*, aber es kann auch einfach nur bedeuten, dass wir da sind, wenn jemand uns braucht oder dass wir zu den Meetings gehen und dort zuhören.

Dienst beinhaltet auch, dass wir mithelfen, die Zwölf Schritte Meetings reibungslos ablaufen zu lassen: Stühle zurechtrücken, Kaffee machen, Literatur bestellen und auslegen, Spenden einsammeln, das Meeting leiten, Neulinge begrüßen und für spezielle Vortragende sorgen. Vielen Frauen macht es Spaß, in diesem Dienst für die Meetings eine Rolle zu übernehmen, denn alle tragen zum Erfolg der Meetings bei - und der Erfolg führt wiederum dazu, dass wir gerne regelmäßig zu den Meetings gehen und uns an ihnen beteiligen. Dienst kann auch ein gutes Mittel sein, um sich gleich zu Anfang ein

Gefühl der Verbundenheit mit der Gruppe zu schaffen, während wir gleichzeitig der Gruppe etwas zurückgeben. Viele von uns kommen durch diesen Dienst auf die Idee, wie wir in unserer Gemeinde oder in anderer Beziehung dieser großen Welt dienlich sein können.

Sponsorschaft bedeutet, dass wir Zeit mit jemandem verbringen, der weniger Erfahrungen mit den Schritten hat als wir, und dieser Frau durch die Schritte hindurch helfen. Es geht nicht darum, jemandem zu sagen, was sie zu tun oder zu lassen hat oder Ratschläge zu erteilen, es geht darum, Vorschläge zu machen, zu beobachten und die eigenen Erfahrungen weiterzugeben.

Sponsorin zu sein ist wie eine „große Schwester" zu sein, die einer anderen Frau dabei hilft, eine Perspektive zu gewinnen und ihre Gefühle zu sortieren. Aber wie alles im Genesungsprozess ist auch die Sponsorschaft eine hilfreiche Beziehung auf Gegenseitigkeit. Ich habe viel von den Frauen gelernt, mit denen ich als Sponsorin gearbeitet habe. Wenn ich mir die Schmerzen einer anderen Frau angehört und dann beobachtet habe, wie sie sich durch diese Schmerzen hindurcharbeiteten, dann war dies auch für mich häufig wie ein Spiegel meiner eigenen Erfahrungen und erlaubte mir, eine neue Perspektive auf meine eigenen Gefühle und Erinnerungen zu erhalten.

FÜRSORGE - UND ÜBERTRIEBENE FÜRSORGE

Gerade weil von uns Frauen erwartet wird, dass wir gebend, nährend und unterstützend sind, müssen wir spezielle Vorsicht walten lassen, wenn wir mit der Zwölf Schritte Arbeit beginnen. Denn nur zu leicht können wir in eine übertriebene Fürsorge für andere geraten und uns dabei so erschöpfen, dass wir nicht mehr genügend Aufmerksamkeit auf unsere eigene Genesung lenken. Genauso häufig kommt es vor, dass wir die Zwölf Schritte Arbeit benutzen, um eigene Gefühle zu vermeiden.

Am Ende ihres ersten Jahres der Nüchternheit befand sich Eva in einem erbitterten Kampf mit ihrem Ex-Ehemann über die Besuchsrechte der Kinder, der ihr schlaflose Nächte bereitete. Ganz gleich, wie ihre Arbeit mit den Schritten verlief, sie konnte nicht aufhören, daran zu denken und sich darüber Sorgen zu machen. Um ihr zu helfen, dieses Problem aus dem Kopf zu bekommen, schlug Evas Sponsorin vor, dass sie selbst damit beginnen sollte, als Sponsorin für andere Frauen zu arbeiten. „Wenn alles andere schief geht, dann arbeite mit anderen", sagte ihre Sponsorin.

Eva setzte ihren Namen also während eines großen Meetings auf eine Teilzeitsponsorenliste und erhielt bald darauf einen Anruf von Christine. Als sie sich trafen, erzählte Christine, dass sie noch nicht aufgehört hatte zu trinken und sprach über einen Mann, den sie bei ihrem ersten Meeting kennen gelernt hatte. Nach einigen weiteren Gesprächen kam Christine nicht länger zu den Meetings der AA-Gruppe.

Obwohl Eva durch ihre Interaktion mit Christine eine Zeit lang von ihren Problemen abgelenkt war, fühlte sie sich doch wie eine Versagerin, als es vorbei war. Nach Jahren realisierte sie erst, dass es keine gute Idee gewesen war, sie in jener Phase ihrer Nüchternheit schon zu einer Sponsorin werden zu lassen. Es hat ihr nichts genützt, sich auf jemand anderen zu konzentrieren. Nun macht sie das anders. Anstatt sich auf ihre Außenwelt zu konzentrieren, wenn sie sich aus dem Gleichgewicht fühlt, bleibt sie jetzt bei ihren Gefühlen. Und anstatt den Versuch zu unternehmen, jemand anderem zu helfen, bittet sie für sich selbst um Hilfe.

Evas Erfahrung illustriert einen wichtigen Punkt: Bevor wir etwas weggeben können, müssen wir es erst einmal selbst besitzen. Nur allzu oft beeilen sich Frauen, anderen zu helfen, während sie doch selbst noch Hilfe bitter nötig haben. In der AA nennen wir das „Two-Stepping" – also einen Doppelschritt – wenn wir den Ersten und den Zwölften Schritt durcharbeiten, aber nicht die Schritte dazwischen. Ein Neuling wird nüchtern, gibt ihre Machtlosigkeit zu und beginnt sofort, diese Botschaft auch anderen zu vermitteln. Die AA warnt sehr davor, denn „es ist klar, dass Sie nichts weitergeben können, was Sie selbst nicht habe.". *

---

* *Anonyme Alkoholiker*, AAO, S. 192

Stattdessen sollten wir uns mehr mit der Sicherstellung beschäftigen, dass wir unseren Teil dazu beitragen, nüchtern und abstinent zu bleiben – indem wir weiter unseren Glauben erforschen, unsere Vergangenheit aufarbeiten, unsere Muster identifizieren und lernen, wie wir das, was wir nicht kontrollieren können, loslassen – und wie wir uns überhaupt am Leben beteiligen. Dies bedeutet nicht, dass wir alle vorherigen Schritte durchlaufen haben müssen, bevor wir einem anderen Menschen Hilfe anbieten können. Aber wir müssen erst einmal ein festes Fundament für uns selbst bauen, wenn wir je jemand anderem eine wirkliche Hilfe sein wollen.

Auch wenn wir längst über diese starke Basis verfügen, können wir immer noch herausfinden, dass wir uns davor in Acht nehmen müssen, zu viel von uns selbst wegzugeben. Wie Eva war auch Anne versucht, die Botschaft jemandem weiterzugeben, der noch nicht bereit war, sie anzuhören. Obwohl sie sich der Begrenztheit ihrer Handlungsmöglichkeiten bewusst war, musste sie sich selbst daran erinnern, dass sie das Ergebnis der Situation nicht kontrollieren konnte.

Annes Bruder ist süchtig nach verschreibungspflichtigen Medikamenten. Ihr erster Impuls war, ihm das Blaue Buch zu schicken oder ihn zu einem Meeting mitzunehmen. Wenigstens könnte sie ihm eine lange Lektion über die Symptome von Sucht und Abhängigkeit erteilen. Am Ende sagte sie aber nur: „Thomas, du hast ein ernstes Problem mit Medikamenten. Wenn du Hilfe suchst, dann bin ich bereit, dir zu helfen, diese Hilfe zu finden."

Thomas argumentierte kampfeslustig, dass er nicht süchtig sei und riet Anne, sich um ihre eigenen Angelegenheiten zu kümmern. Aber Anne wiederholte nur ganz einfach: „Wenn du Hilfe brauchst, bin ich bereit." Sie fühlte sich traurig und erleichtert zur gleichen Zeit – traurig, dass Thomas sich durch seinen Medikamentenmissbrauch langsam selbst zerstörte und erleichtert, dass sie der Versuchung widerstanden hatte, sein Leben zu organisieren. Thomas hat ihr Angebot niemals angenommen.

Wenn wir uns um andere kümmern, dann müssen wir in vielen Fällen erst einmal sicherstellen, dass wir uns genügend um uns selbst kümmern.

Unsere eigenen Grenzen einzusehen, ist manchmal einer der schwierigsten Aspekte in der Unterstützung anderer während des Genesungsprozesses.

DAS GENESUNGSPROGRAMM PRAKTIZIEREN

Während wir die Schritte durcharbeiten, lernen wir auch die Slogans des Programms. Wir lernen die Worte und Sätze kennen, die im Genesungsprogramm üblich sind – Das Wichtigste zuerst; Nur für heute; Halte es einfach. Länger kann es dauern, bis wir tatsächlich diese Empfehlungen umsetzen und all diesen Vorschlägen folgen können. So kann es zwar leicht sein zu verstehen, was mit diesem „Wichtigsten" gemeint ist, aber es ist sehr viel schwieriger, dieses Verstehen zu praktizieren.

Wenn wir beim Zwölften Schritt ankommen, dann leben wir wahrscheinlich schon das Programm Tag für Tag in einer konsequenten Weise. Wie es im Zwölften Schritt heißt: „Wir richten unser tägliches Leben nach diesen Grundsätzen aus." Wir kennen die Vorstellungen und Ideen des Genesungsprogramms und versuchen, diese zu verwirklichen.

Mittlerweile haben wir Erfahrung darin, etwas loszulassen, um Hilfe zu bitten, uns unsere eigenen Verhaltensmuster zu Eigen zu machen und damit auch unsere Gewohnheiten und Verhaltensweisen. Wir lernen, uns nach innen zu wenden, um dort unseren stillen Rückzugsort zu finden, die Dinge anzunehmen, die wir nicht ändern können und die Dinge zu verändern, die wir ändern können.

Diese Art zu leben ist uns vielleicht mit der Zeit zur zweiten Natur geworden. Vielleicht findest du es überraschend, wenn du wahrnimmst, dass du dich jetzt lieber auf diese neue Weise verhältst anstatt wieder Dinge zu verleugnen, wieder isoliert zu werden und Kämpfe auszufechten, um Dinge zu ändern, die jenseits deiner Kontrolle sind. Diese neue Art zu leben ist spirituelles Erwachen. Was für ein Wunder, auf diese Art und Weise am Leben teilzunehmen! Und diese Prinzipien mit Leben zu füllen, führt zu dem Geschenk, ein Leben zu führen, das im Gleichgewicht ist und Freude macht.

Wenn du in eine Krise gerätst, dann stellst du vielleicht fest, dass du dich jetzt ganz natürlich an deinen neuen Prinzipien orientierst, um Unterstützung und Hilfe zu erfahren.

Vielleicht entdeckst du auch, dass die Basis des Zwölf Schritte Programms bei der Bewältigung deiner täglichen Herausforderungen genauso hilfreich ist wie bei deinem Umgang mit Alkohol und Drogen.

Als Julias Ehemann ihr von seiner Affäre mit einer jüngeren Frau berichtete und infolgedessen die Scheidung wollte, fühlte sie sich emotionell überfordert.

Viele alte und selbstzerstörerische Gefühle tauchten wieder auf: „Ich bin wertlos, ich bin es nicht wert, geliebt zu werden, dies ist das Ende der Welt." Aber dann erinnerte sich Julia ganz spontan an eine fundamentale Weisheit der Genesungsprogramme: *Nur für heute!*. Obwohl sie sich heute schlecht fühlt, so weiß sie doch, dass dieses Gefühl nicht ewig andauern wird, und sie weiß auch, dass sie Hilfe bekommen kann, um ihren Schmerz zu bewältigen.

„Im Heute bleiben" nimmt zwar Julias Schmerz nicht weg, aber es hilft, Panik zu verhindern und sie vor der Vorstellung zu bewahren, dass sie sich den ganzen Rest ihres Lebens elend fühlen würde. Sie weiß jetzt, dass neue Chancen und Möglichkeiten aus dieser seelischen Aufruhr erwachsen werden – nicht notwendigerweise eine Versöhnung, aber eine wertvolle und brauchbare Lektion. Und sie hat Vertrauen, dass die Dinge wieder anders werden – und dass auch sie sich verändern wird.

Wenn wir durch einen solchen Schmerz hindurchgehen, wie eben beschrieben, und die Prinzipien des Programms benutzen, um uns durch den Schmerz hindurch führen zu lassen und dabei durch diese Erfahrung sogar noch zu wachsen, dann leben wir das Genesungsprogramm. Dann werden wir lebendige Zeugnisse für die Kraft, die in den Schritten steckt, und für die heilsame Wirkung des Genesungsprogramms.

Indem wir ganz einfach gut für uns selbst sorgen, tragen wir bereits die Botschaft der Genesung weiter. Menschen merken es sehr gut, wenn wir den Höhen und Tiefen des Lebens mit Zentriertheit und Integrität begegnen. Wir demonstrieren mit unseren Handlungen, dass es durchaus möglich ist, unser Gleichgewicht wieder zufinden, selbst wenn das Leben uns einmal aus der Kurve getragen hat.

Viele Frauen vertrauen auf dieses Programm, um sich selbst zu helfen, um Krankheit, Insolvenz, Gefängnisstrafen, den Tod eines geliebten Menschen und sogar den eigenen Tod zu bewältigen. Eine Frau, die in ihrem neunten Jahr der Nüchternheit AIDS entwickelte, umgab sich mit Freunden aus ihrer AA-Gruppe, als der Tod näher kam. Sie trauerten zusammen und unterstützten sich gegenseitig. Jede Freundin fühlte sich berührt durch ihre Stärke und lernte von ihrem Mut, während die Kranke im Gegenzug durch die Präsenz ihrer Freundinnen getröstet wurde.

Wenn wir sehen, wie Frauen die Prinzipien der Genesung auch zur Bewältigung von Alltagsstress einsetzen – all die Schwierigkeiten in der Kindererziehung, Parklückenkratzer, Zahlungsrückstände und eheliche Auseinandersetzungen – dann sehen wir die heilende Kraft in Aktion.

EIN REZEPT FÜR VERÄNDERUNGEN

Ganz gleich, auf welchem Wege du die Botschaft weitergibst, denk immer daran, dass du nicht dazu verpflichtet bist, irgendjemandem Genesung zu verkaufen (das funktioniert ohnehin nicht) oder dich selbst als Vertreterin eines speziellen Zwölf Schritte Programms zu sehen. Stattdessen sei ganz du selbst und gib weiter, was du selbst empfangen hast – deine Erfahrung, deine Kraft und deine Hoffnung. Dabei kannst du sowohl die Grundzüge des Programms als auch deine persönliche Perspektive weitergeben.

Marianne erlebt dieses „die Botschaft weitergeben" wie das Teilen eines Rezeptes mit einer Freundin. „Wenn du ein Rezept bekommst, das dir gefällt, dann fängst du irgendwann an, es abzuändern, indem du hier ein wenig dazu gibst und dort etwas weniger nimmst. Und am Ende sollte dir die Kombination der Zutaten schmecken. Aber wenn du dann einer weiteren Freundin das Rezept weitergibst, dann fragst du dich vielleicht, ob ihr deine – inzwischen auf deinen Geschmack zugeschnittene – Variante auch schmeckt. Vielleicht würde ihr ja das Original besser gefallen. Oder sie würde vielleicht gerne das Original nach ihrem Gutdünken abwandeln, so, wie ich es getan habe." Deshalb schlägt Marianne vor, einer Freundin immer beide Versionen anzubieten.

In Bezug auf das Genesungsprogramm kann dies bedeuten, dass wir eine dem Original entsprechende Schilderung der Zwölf Schritte abgeben und dann unsere persönlichen Erfahrungen hinzufügen – also einen Bericht dessen, wie wir die Schritte abgewandelt, für uns übersetzt, verbessert oder sonst wie verändert haben, bis sie ihre wahre Bedeutung für uns erlangt hatten.

Wir alle haben mehr anzubieten als nur die offizielle Lesart und die Rezitation der Schritte aus dem Buch. Wir können unsere Geschichte auf jede von uns gewünschte Art und Weise mitteilen. Solange wir dabei aufrichtig und gradlinig sind, kann nichts schief gehen. Es ist so einfach wie zu sagen: „Dies hat bei mir funktioniert – und vielleicht funktioniert es bei dir auch."

Manchmal passieren erstaunliche Dinge, wenn wir uns mitteilen: Wenn wir uns selbst zuhören, wie wir unsere Genesungserfahrung beschreiben, dann sehen wir, wie weit wir selbst gekommen sind. Für die meisten von uns war es eine lange und wundersame Reise vom Ersten bis zum Zwölften Schritt. Wir fühlen eine tiefe Dankbarkeit, wenn wir unsere Genesungsgeschichte anderen mitteilen. Es gibt uns die Chance, die neue Art unseres Lebens wirklich zu schätzen – wie *lebendig, präsent* und *bewusst* wir geworden sind.

Indem wir unsere Geschichte erzählen, erleben wir uns selbst immer intensiver. Manchmal wissen wir nicht, wer wir sind oder wie wir eigentlich von dort nach hier gekommen sind, bis wir unsere Reise jemand anderem beschreiben. So geht auch die Art unseres Mitteilens immer weiter die Wendeltreppe hinauf. Wir gewinnen mehr, indem wir es weggeben. In dem sich gegenseitig unterstützenden Umfeld der Genesung sind wir von anderen abhängig, so wie diese von uns – um fortlaufend zu wachsen und uns weiter zu entwickeln, um schließlich zu unserem wahren Selbst zu gelangen. Nachdem wir ein spirituelles Erwachen hatten, werden wir einbezogen und ganz. Wir finden eine neue Richtung in unserem Leben und die Freude, die eine Lebensweise mit sich bringt, die im Gleichgewicht ist und ein Ziel hat.

EINEN SCHRITT WEITER

Zu Anfang nutzen wir die zwölf Schritte, um von Abhängigkeit zu genesen – um mit dem Trinken oder dem Drogenkonsum aufzuhören. Aber wenn wir zurückblicken, dann finden wir heraus, dass die Schritte ein Fundament geschaffen haben, auf dem wir unser ganzes Leben aufbauen können.

Vor der Genesung hatten viele von uns niemals einen Leitstern, den sie nutzen konnten, wenn unser Leben schwierig wurde. Aber nachdem wir jetzt die Zwölf Schritte durchgearbeitet haben, um von der Sucht zu heilen, entdecken wir, dass wir das Gelernte auch auf etwas anwenden können, das weiter reicht als unser Trinkverhalten und unser Drogenkonsum. Durch die Entwicklung der inneren Ressourcen, mit unserer Abhängigkeit fertig zu werden, erlauben uns diese Fertigkeiten auch, viele andere Aspekte unseres Lebens fühlbar zu verändern.

Die Frauen, die hier in diesem Buch ihre Lebensgeschichten mit uns geteilt haben, sagen dazu, dass sie die Veränderungen am dramatischsten auf vier Gebieten ihres Lebens festgestellt haben: In Bezug auf das Selbstbild, auf Beziehungen, auf Sexualität und Spiritualität. Diese vier Gebiete sind ganz besonders aussagekräftige Indikatoren für Wachstum und Expansion, die während der Genesung auftreten können. Es sind aber auch Gebiete, die einen Rückfall auslösen können. Aber diese Themen brauchen nicht notwendigerweise ein Stolperstein zu sein. Es sind die Gebiete des Lebens, die der Genesung ihre wahre Tiefe und Bedeutung vermitteln.

Frauen, die früher ihre Probleme auf einem dieser Gebiete gelöst haben, indem sie Alkohol tranken oder Drogen nahmen, sprechen jetzt davon, wie überrascht sie sind, dass sie nun mit den schwierigen Situationen oder mit dem Stress in ihrem Leben umgehen und dies alles bewältigen können. Im Verlaufe ihrer Genesung finden sie Werkzeuge, um mit Gefühlen und Situationen umzugehen, die sie früher überwältigt haben, die sie in einen Zustand des Nicht-mehr-funktionieren-Könnens brachten oder einen Rückfall in den Konsum von Alkohol oder Drogen auslösten. Sie finden eine innere Kraft und ein Gefühl des inneren Wissens darüber, was jede Frau für sich selbst tun muss.

Die Arbeit mit den Zwölf Schritten aus der Perspektive einer Frau gibt uns Macht und hilft uns, unser Leben zu verändern. Indem wir einen starken inneren Rückzugsraum schaffen und fest daran glauben, dass es im Universum etwas gibt, das uns unterstützt, bekommen wir Hilfe durch das Wissen, dass wir nicht alleine stehen.

Dann finden wir vielleicht zu unserer Überraschung heraus, dass die Kraft und die Heilung, die in den Schritten offenbart werden, eine Erleichterung im Leben schaffen, eine Bejahung und eine Gelassenheit, die die Art und Weise, in der wir unser Selbst, unsere Beziehungen, Sexualität und Spiritualität erleben – die ja eigentlich das Herz unseres Lebens ausmachen – völlig verwandeln können.

DAS SELBST

Mit dem Beginn der Genesung geht es um die Entdeckung des Selbst. Zu Anfang des Genesungsprozesses erwarteten wir, uns auf Alkohol, Drogen, Nahrung, Sex, Geld oder eine Kombination von allen diesen zu konzentrieren, die unser süchtiges Verhalten ausmachten. Denn in der Genesung geht es um Abhängigkeiten und Sucht, aber darüber hinaus geht auch um viel mehr: es geht nämlich darum herauszufinden, wer du in Wirklichkeit bist! Und es geht darum, dich selbst besser zu verstehen

Das Selbst ist das, was in Bezug auf unsere Identität und unseren Charakter einzigartig ist. Es hilft uns, unsere Erfahrungen zu organisieren und die Wirklichkeit zu verstehen. Das, was wir selbst sind, gibt uns Ziel und Richtung vor, die unsere Entscheidungen und unser Verhalten im Leben bestimmen. Es ist der Teil von uns, der sagt, ich fühle, ich mag, ich möchte, ich weiß.

Während unserer Abhängigkeit war die Verbindung zu unserem Selbst – zu unserer Selbstwahrnehmung, unseren Gefühlen und unserem tiefen innerem Wissen – abgeschnitten. Wir waren in einem Zustand der Gefühllosigkeit, der Konfusion, nicht klar in unseren Gedanken und unverbunden. Wir hatten unsere Erkenntnisfähigkeit dessen verloren, was für unser Selbst Wahrheit war, und ohne dieses Gefühl des Selbst haben wir auch unsere Fähigkeit verloren, mit anderen Menschen in Beziehung zu treten.

„In den Zeiten meiner Sucht habe ich das Gefühl für mich selbst völlig verloren", sagt Martha. „Und durch diesen Verlust wusste ich nicht mehr, was ich eigentlich wollte, was ich fühlte oder was ich als Nächstes tun sollte. Ich war wie bewusstlos, co-abhängig und abgeschnitten, und das ist die Art und Weise, wie ich mich selbst auch in Beziehungen erlebt habe – nicht nur in Bezug auf mich selbst, sondern auch in Bezug auf das Universum und auf alles, was darinnen ist."

Zu Anfang entdecken wir uns selbst in der Genesung, indem wir unsere Sucht wahrnehmen und einsehen, wie es um uns steht. Dies ist ein Paradox der Genesung: Wir beginnen uns selbst zu heilen, indem wir uns als Erstes mit dieser Sucht identifizieren, die unser Selbst so stark beschädigt hat. Wenn wir zu den Meetings gehen,

dann stellen wir uns selbst vor mit einem: „Hallo, mein Name ist …
Ich bin Alkoholikerin." Diese erste Identifikation mit unserer Sucht
hilft uns dabei, den Prozess, in dem wir unser Selbst immer genauer
betrachten, richtig zu beginnen. Später, im weiteren Verlauf unserer
Genesung, finden wir dann heraus, dass diese Identifikation nur einen Aspekt des Selbst darstellt.

„In den ersten drei oder vier Jahren der Genesung identifizierte
ich mich mit mir selbst als Alkoholikerin. Ich trug diese Bezeichnung wie ein Namensschildchen – das war, was ich war, und das war
auch alles, was ich damals sein konnte. Heute bin ich Marianne, und
zufälligerweise habe ich eine Krankheit, aber das konnte ich damals
an meinem Ausgangspunkt noch nicht sagen", sagt Marianne.

Diese aufrichtige Identifikation mit unserer Sucht ist vielleicht unsere erste Gelegenheit, über uns selbst nachzudenken und die Frage
zu stellen: Wer bin ich? Diese Frage führt uns zu einem tieferen
Verständnis unseres Selbst – dessen, was in jeder von uns unverän-
derlich und einzigartig ist.

„Bevor ich in den Genesungsprozess einstieg, dachte ich, so etwas
wie ein Selbst gäbe es nicht", sagt Arlene. „Ich war gefühllos und
stand unter Medikamenten. Mich selbst im Spiegel zu betrachten,
wurde mir unmöglich. Weder wollte ich sehen, wer da eigentlich
war, noch wollte ich wahrnehmen, dass da überhaupt niemand mehr
war. Es war absolut beängstigend, kein Selbst zu haben, das ich
kannte. Der nächste große Schritt in meiner Genesung war, mir die
Frage zu stellen: Wer bin ich? Und mich selbst als ein eigenständiges
Wesen mit einer einzigartigen Identität zu definieren."

Um diese einzigartige Identität zu entdecken, beginnst du vielleicht damit, indem du eine Liste der Worte aufstellst, die beschreiben, wer du bist. Worte wie *Mutter* und *Ehefrau* oder Berufsbe-
zeichnungen lass dabei weg. Diese Worte beschreiben einige der
Rollen, die du spielst, aber nicht, *wer* du bist.

Vielleicht fällt es dir schwer, diese Übung durchzuführen und du
denkst, dass du nichts aufzuschreiben hättest. Es kann ganz schön
schwierig sein, sich Worte auszudenken, die beschreiben, *wer du
bist*, statt solche, die beschreiben, *was du tust*. Versuche aber einmal,
mit deiner Sponsorin oder einer Freundin daran zu arbeiten. Frag
einmal Menschen, denen du vertraust, ob sie dir Worte vorschlagen

können, die dir helfen, das Bild von dir selbst langsam auszumalen. Du wirst herausfinden, dass dieser Prozess dich zwingt, bei dir selbst immer tiefer zu schürfen und dir immer wieder die Frage zu stellen: Wer bin ich? Welche Worte beschreiben, was an mir einzigartig ist?

Im weiteren Verlauf der Reise durch die Zwölf Schritte wird sich dein Gefühl für dein Selbst, also dein Selbstbild, verändern. Arbeite während des Verlaufs deiner Genesung weiter an deiner Liste und schau einmal, wie dein Selbstbild wächst und sich verändert. Du wirst wahrscheinlich herausfinden, dass du von deiner ersten Selbstidentifikation mit deiner Sucht zu einem immer tieferen und komplexeren Gefühl dafür fortschreitest, wer du bist.

Diese komplexe Selbstwahrnehmung beinhaltet die Vielfalt der Gefühle, die für jede von uns einzigartig ist. Deshalb ist unsere zweite Frage: Was fühle ich?

Unsere Gefühle wahrzunehmen, kann ein Angst erregender Prozess sein. Jahrelang haben wir durch unsere Abhängigkeit Gefühle vermieden. Wir haben uns selbst mit Alkohol oder Drogen oder Nahrung oder einer ganzen Bandbreite anderer abhängiger Verhaltensweisen abgestumpft. Wir haben unser Denken von unserem Fühlen abgekoppelt, so dass wir nicht länger wussten, was wir gerade fühlten. Tatsache ist, dass wir eigentlich gar nichts *fühlten*. Es war so, als ob wir in einem ständigen Nebel gefangen wären. Wir waren von unseren Gefühlen abgeschnitten, mit wenig Wahrnehmung eines inneren Lebens.

Als wir mit unserem süchtigen Verhalten aufhörten, wurden wir dann häufig von der Stärke unserer Gefühle überrascht. Viele Frauen in den ersten Phasen der Genesung sprechen offen darüber, wie sie von ihren Gefühlen überwältigt wurden. „Vor meiner Genesung war ich gefühllos. Ich wusste nicht, was ich fühlte oder wer ich war", sagt Konstanze. „Mit der Nüchternheit kam eine Flut von Gefühlen, und erst allmählich kam ich so weit, dass ich Teile meines Selbst erkannte und diese dann auch nutzen konnte – Talente und Stärken –, von denen ich nicht ahnte, dass ich sie überhaupt hatte."

Diese Konfusion in Bezug auf meine Gefühle habe ich selbst auch erlebt, nachdem ich zur Nüchternheit gefunden hatte. Als ich wahrzunehmen begann, dass ich Gefühle habe, hatte ich keine Vorstellung davon, was da mit mir passierte. Alles, was ich wusste, war, dass ich auf einmal überhaupt etwas *fühlte*. „Oh mein Gott, ich fühle … was ist das?" Es war wie ein Wunder. Ich hatte keine Ahnung.

Zuerst erlebst du vielleicht nur eine vage Ahnung. Vielleicht hast du noch nicht einmal Worte, um das zu beschreiben. Oft ist es hilfreich, sich einfach eine Liste von Worten anzuschauen, die Gefühle beschreiben. Wenn du fortschreitest und deine Gefühle „sortierst", um diesem vagen Spüren Worte zu verleihen, dann findest du immer mehr heraus, wer du in Wirklichkeit bist.

Obwohl das, was wir fühlen, noch nicht ausmacht, *wer* wir sind, so ist doch das Erkennen unserer Gefühle Teil unserer Reise zu dem Ziel, uns selbst zu entdecken. Wenn wir tiefer in unser eigenes Selbst vordringen, finden wir heraus, dass wir dazu imstande sind, klar zu definieren, was wir fühlen. Die Erforschung dieser Gefühle leitet uns zu einer noch unentdeckten inneren Realität, die schließlich mehr über das Selbst offenbart.

Wenn wir erst einmal damit beginnen, unsere Gefühle zu erkennen und zu identifizieren, dann sind wir auch bereit, uns eine dritte Frage zu stellen: Was mag ich, oder was will ich? Indem wir unsere Werte überprüfen, beginnen wir unsere inneren Gefühle mit unseren äußeren Verhaltensweisen in Einklang zu bringen.

Als wir noch unserer Sucht unterworfen waren, verhielten wir uns oft entgegen unserem eigenen Wertesystem. Viele von uns sagten: „Bei der Hochzeit meines Sohnes werde ich mich ganz sicher nicht betrinken" – aber wir haben es doch getan; oder: „Eine Affäre zu haben, kommt mir überhaupt nicht in den Sinn!" – aber wir hatten eine; oder: „Ich werde mich ganz sicher niemals in der Öffentlichkeit an Schokoladenkuchen überfressen" – aber wir aßen Stück um Stück. Jedes Mal, wenn wir etwas taten, was unseren eigenen Wertvorstellungen widersprach, erlitten wir einen weiteren Verlust an Selbstwertgefühl und eine Minderung unserer Selbstachtung.

„Wann immer ich in meinen Süchten mein Wertesystem durchbrach, schämte ich mich", sagte Arlene. „Ich sagte zu mir selbst, ich werde nie betrunken Auto fahren, wenn ich meine Kinder von der Schule abhole – und dann tat ich es doch. Das hat dieses Kerngefühl bei mir ausgelöst, dass ich nichts wert bin, und dann wollte ich nur noch raus aus all diesen Beziehungen.

Ich wollte mich nur noch verstecken und alle Verbindungen abbrechen, aber das waren doch gleichzeitig genau die Beziehungen, die mir meisten bedeuteten."

Wenn wir beginnen, unsere Gefühle als ein Signal zu erkennen, das uns anzeigt, wann uns das, was wir tun, eigentlich gar nicht gefällt, dann beginnen wir auch, unsere innere Realität wieder mit unseren Werten zu verbinden. Dies ist der Prozess, unser fühlendes Selbst auszudehnen. Wenn wir imstande sind, Gefühle auf einem viel breiteren Spektrum und in einer viel subtileren Form zu erleben, dann gibt uns das die Kraft zu wachsen und ganz zu werden. Wenn wir erst einmal verstehen, dass wir sowohl ein inneres als auch ein äußeres Selbst haben, erlaubt uns diese Entwicklung, unsere Wahrnehmung des Selbst auszudehnen. Denn dann können wir das innere mit dem äußeren Selbst verbinden, indem wir unsere Gefühle, unsere Werte und unsere Bedürfnisse, unsere Entscheidungen und unsere Verhaltensweisen aufeinander abstimmen. Aber dafür müssen wir mit unserer inneren Realität in Berührung sein, um ganz genau zu wissen, *was* wir eigentlich fühlen.

Was fühle ich? Was brauche ich? Was wünsche ich mir? Was will ich? Die meisten Frauen kämpfen mit Antworten auf diese Fragen, weil man uns darauf trainiert hat, immer Andere und Beziehungen an erste Stelle zu setzen: Was möchte er, was brauchen sie, was mag sie gerne? Und oft genug geht dieser Vorgang, nämlich unsere eigenen Bedürfnisse und Wünsche bei uns abzufragen, in unseren Bemühungen, auf andere Menschen zu reagieren, verloren.

Selbst wenn wir uns diese Fragen stellen, passen wir häufig unsere Antworten auf eine Weise an, dass sie den Erwartungen anderer entsprechen. Viele von uns haben gelernt, sich selbst nur in Bezug auf unsere Rollen zu definieren: Ich bin jemandes Tochter, jemandes Geliebte, jemandes Ehefrau. Wir haben gelernt, uns immer an jemand anderem zu orientieren, der uns sagt, wie wir diese Rollen erfüllen sollen, der uns sagt, ob wir gut genug sind. Indem wir ständig auf andere gucken, haben wir versteckt, was wir selbst fühlen und wünschen, nur um Anerkennung zu bekommen. Mit der Zeit haben wir den Kontakt zu unseren eigenen Gefühlen und Wünschen verloren und unser inneres Selbst von unserem äußeren Leben abgetrennt.

Dieses durch die Kultur geprägte Muster, sich von seinem eigenen Selbst abzutrennen, wird durch Abhängigkeit und Sucht noch weiter verkompliziert. Sucht kann man beschreiben als eine andauernde Vernachlässigung des Selbst zugunsten von jemand oder etwas anderem. Tatsächlich vernachlässigen wir uns selbst schon fortgesetzt und andauernd, wenn wir von irgendetwas abhängig werden – wir vernachlässigen nämlich wer wir sind und was wir brauchen.

Viele von uns fanden es besonders schwierig, das Gefühl des Selbst in Beziehungen aufrecht zu erhalten. Wir tranken oder nahmen Drogen, wenn wir unsere Beziehungen als schmerzhaft, uns nicht erfüllend oder missbräuchlich erlebten. Vielleicht haben wir ja beim Alkohol- oder Drogenkonsum unserer Partner mitgemacht, um zumindest ein, wenn auch nur schwaches, Gefühl von Verbindung zueinander zu haben. Vielleicht haben wir viele Arten der Abhängigkeit ausprobiert. Wir haben uns selbst so verändert, dass wir in die uns zur Verfügung stehenden Beziehungen passten, nur um dann herauszufinden, dass wir unsere Selbstachtung und unser Gefühl für das eigene Selbst verloren haben.

Jaqueline, eine Frau, die zwanghaft zu viel Geld ausgab, setzte ihr Geld bei dem Versuch ein, Beziehungen zu erhalten. „Ich kam zum Zwölf Schritte Programm, weil ich zwanghaft Schulden machte, und das hat mein Selbstgefühl stark mitgenommen", sagt sie. „Geld ausgeben war wie ein Zwang für mich und dabei habe ich das Verhältnis zwischen meinen Ausgaben und meinem Einkommen völlig ignoriert. Ich gab üblicherweise Geld aus, weil es immer irgendetwas gab, von dem ich das Gefühl hatte, dass ich es unbedingt haben müsste, um mich selbst für andere Menschen annehmbarer zu machen, speziell um Männern zu gefallen. Ich versuchte auf diese Art und Weise meine Selbstachtung zu steigern und so die Wahrscheinlichkeit zu verringern, von jemandem missachtet oder verlassen zu werden."

Vielleicht sind wir ja der Meinung, dass unsere Abhängigkeiten unser Selbstwertgefühl eher unterstützen, weil sie in unseren Beziehungen mit anderen ja so etwas wie eine Verbindung darstellten. Aber diese Abhängigkeiten sind in Wirklichkeit selbstzerstörerisch. „Ich habe mich doppelt verloren, sowohl in meiner Sucht als auch in meinen Beziehungen zu anderen Menschen", fährt Jaqueline fort.

„Ich war total verunsichert über das, was ich in Wirklichkeit fühlte, und habe mich selbst dabei einem Risiko ausgesetzt. Ich war chronisch depressiv und lebte immer unter Hochspannung. Dies war mein Weg, mich lebendig und mit anderen in Verbindung zu fühlen.“

Aber Alkohol, Drogen, Sex oder Geldausgeben haben uns nicht geholfen, die Art von Verbindungen herzustellen oder aufrecht zu erhalten, die uns am Leben hielten und in wirklicher Beziehung zu anderen – im Gegenteil, sie isolierten uns immer weiter. Fast alle süchtigen Frauen sprechen von Isolation und Entfremdung. So, wie unser Leben sich immer mehr um unsere Abhängigkeiten drehte, wurden wir durch die Ansprüche, die unsere Süchte stellten, immer eingeschränkter.

Bei der Genesung geht es also um Expansion. Der Weg der Zwölf Schritte ist wie eine Spirale, die immer weiter wird. Zuerst kreisen wir ganz eng um unsere Sucht, dann aber, wenn wir unseren Genesungsprozess beginnen, beginnt auch unser Leben weiter zu werden. Das Objekt unserer Abhängigkeit schnürt uns nicht länger so eng ein. Wir fangen an, unser Leben durch immer mehr Erfahrungen und Menschen zu bereichern. Und das ist der Prozess, das Selbst auszudehnen und zu erweitern.

Wir können diesen Prozess der Selbstausdehnung beginnen, indem wir zu unserem ersten Zwölf Schritte Meeting gehen. Zuerst identifizieren wir uns mit unserer Abhängigkeit und geben unsere Machtlosigkeit darüber zu. Als Nächstes expandieren wir unsere Selbstwahrnehmungen, indem wir unsere Erfahrungen anderen mitteilen und im Gegenzug hören, wie diese von der Zwölf Schritte Gruppe aufgenommen und wie ein Echo wiedergegeben werden. Wir weiten auch unser Umfeld immer weiter aus, unsere Welt und unsere gemeinsamen Erfahrungen.

Als wir noch isoliert waren, als unser Leben sich noch darum drehte, das Haus zu verlassen, um zum Alkoholladen zu gehen, eine Flasche zu erstehen und wieder nach Hause zu kommen, da waren unsere Weltsicht und unser Selbstgefühl sehr eng und begrenzt.

Aber je mehr wir jetzt machen und je mehr Menschen wir in unser Leben einschließen, desto mehr können sich auch unsere Welt und unsere Selbsterfahrung weiten. Wenn wir mit mehr und mehr Menschen in Verbindung stehen, dann bekommen wir auch eine größere Kapazität, uns selbst in verschiedenen Erfahrungen wiederzufinden.

Durch diese Erfahrungen kommen wir schließlich so weit, dass wir unsere Werte, Bedürfnisse, Wünsche und Gefühle erkennen und in Worten ausdrücken können. Wir lernen wieder kennen, wer wir sind, wenn wir nicht nur über unsere Süchte und die Rollen, die wir spielen, definiert werden. Unsere Genesung ist ein Prozess der Ganzwerdung, des Vollständigwerdens, indem wir Fragen stellen und lernen, das Selbst in immer neuen und unterschiedlichen Zusammenhängen zu beschreiben.

Durch diesen Prozess der Genesung beginnt sich unser Selbstgefühl zu entwickeln. So wie Mandy das ausdrückt: „Genesung ist, wenn du in dich selbst hineinschaust und zu fragen beginnst: Was denke ich? Was fühle ich? Was ist meine Wahrheit? Was sind meine Alternativen und Möglichkeiten? Wenn du so weit bist, dann kannst du mit dir selbst zu Rate gehen und versuchen herauszufinden, was für dich wahr ist – und nicht, was anderen Menschen gefällt oder was diese glücklich macht. Wir müssen im wahrsten Sinne des Wortes uns selbst neu gebären."

Der spirituelle Weg der Zwölf Schritte führt uns zur Selbstanerkennung, zur Selbstbejahung und zur Neudefinition dessen, was wir sind. Im Ersten Schritt kapitulieren wir zugunsten einer aufrichtigen Identifikation mit unserer Abhängigkeit, die uns hilft, eine Bezeichnung für uns und unseren Zustand zu finden. In den Schritten Zwei und Drei finden wir heraus, dass die Kapitulation uns zu einem tieferen und weiseren Selbst führt, zu einer Höheren Macht, wie auch immer wir sie definieren. Dies erlaubt uns, eine neue und tiefgründigere Selbstdefinition zu akzeptieren. Unser Selbst expandiert von einem eindimensionalen und süchtigen Selbst zu einem, das in vielen Facetten Beziehungen zu anderen Menschen und zu Gott unterhält, so wie wir Ihn oder Sie verstehen.

Die Schritte Vier, Fünf, Sechs und Sieben drehen sich alle darum, wie wir uns selbst besser kennen lernen. Wir fahren fort, unser Selbst immer weiter auszudehnen, wenn wir uns entscheiden, von uns aus unsere selbstschädigenden Verhaltensweisen beim Namen zu nennen und aufzuklären, und indem wir im Weiteren das identifizieren, was gut für uns ist.

Julia weiß, wie wichtig es für Frauen ist zu sehen, was in ihnen selbst an Gutem vorhanden ist. „Viele Frauen sind nur allzu bereit, sich in diese Selbsterforschung zu stürzen und stellen furchtlos eine moralische Inventur auf, die mit harten Urteilen nur so gespickt ist, indem sie nur nach Negativem suchen", sagt sie. „Als Frauen wird uns ständig gesagt, welche Mängel und Charakterfehler wir haben, so dass wir sehr gut darin sind, unsere Fehler anzuerkennen. Wir machen kaum andere Menschen verantwortlich, aber wir stellen an uns selber einen Anspruch der Über-Verantwortlichkeit, indem wir alle Verantwortungen und Schuld auf uns nehmen. Unser ganzes Leben lang haben wir uns selbst be- und verurteilt und nachgebohrt, was alles nicht in Ordnung ist. Und es ist für uns ganz schwer, zu sagen, was gut an uns ist und was unsere starken Seiten sind. Also ist ein Schlüsselbereich der Wiederentdeckung unseres Selbst, dass wir wieder genau sagen können, was gut an uns ist."

Mandy stimmt zu, dass es bei den Schritten darum geht, die guten Absichten zu finden, die unseren „Defekten" und Mängeln zugrunde liegen. „Der Fünfte Schritt, in dem wir unsere Fehler eingestehen, muss für uns Frauen auch beinhalten, dass wir unsere starken Seiten zulassen — unsere Talente, unsere Schönheit, unsere Weisheit, alles das. Denn all das kommt von unserem Schöpfer und ist ein Grund, zu feiern", sagt sie.

Wenn wir uns mit unseren Stärken identifizieren, dann beginnen wir zu wachsen und zu blühen. Denn dann können wir beginnen, unser Selbst zu entdecken und in immer weiteren Kreisen von Beziehungen zu definieren. Auch unsere Erfahrungen der Verbundenheit mit anderen, in neuen und gesunden Zusammenhängen, führen zu einer Weiterentwicklung unserer Vorstellungen über das Selbst.

Der Weg hat uns jetzt in einem großen Kreis wieder zum Thema Beziehungen gebracht. Aber wir bemerken mit Überraschung, dass wir nicht mehr an demselben Ort stehen, von dem wir ausgegangen sind. Denn dies Mal identifizieren wir uns nicht mehr nur durch unsere Abhängigkeiten oder durch unsere Rollen.

Schritt für Schritt erobern wir uns zurück, was uns zu Recht gehört.

Arlene sagt dazu, "Jetzt habe ich ein tieferes Gefühl für mich selbst, ich habe ein Gefühl für meine Identität, die ich mir zurück erobert habe, und verbunden damit habe ich auch mein Selbst wieder gefunden. Ich habe den Mut gefunden, mich selbst neu zu erfinden und das zu werden, was ich heute bin. Ich musste aber erst abstinent werden, um das zu schaffen, und das hätte ich nicht alleine bewerkstelligen können. Ich brauchte Führung und Unterstützung." Der Pfad der Zwölf Schritte führt uns also zu einem tieferen Gefühl für unser Selbst. Aber was machen wir, wenn wir dort ankommen?

„Es ist nötig, diesen Weg zu gehen, um unser Selbst zu finden. Aber ich sage dazu, dass ein Selbst ohne Beziehungen genau so tot ist wie ein Glaube ohne entsprechende Werke", sagt Kathi. „In Wirklichkeit funktioniert das nämlich nicht, nur an meinem eigenen Wohlergehen zu arbeiten, um einfach nur mich selbst zu finden. Mein wahres Gefühl des Selbst kommt erst aus meinen Werken, durch Handeln und durch die rechten Beziehungen."

Wenn wir uns selbst mit Hilfe unserer Sucht identifizieren, dann öffnen wir die Tür zu einer unerforschten inneren Wirklichkeit, in der wir ganz am Anfang des Weges unser Selbst wieder entdecken. Und dieses Selbst expandiert, so wie wir weitere Attribute und Gefühle identifizieren, die einzigartig zu uns gehören. Wir kultivieren also eine profunde Wiederverbindung mit unserem eigenen Selbst, mit unseren Werten und mit Leben spendenden Beziehungen. Wir fangen an, von innen nach außen zu leben, anstatt von außen nach innen.

Wir waren in einem gewissen Sinn von unserem eigenen Weg abgekommen", sagt Gabi. „Aber die Genesung bedeutet für uns, dass wir zu uns selbst zurückkommen, zu unseren Stärken, zu unserer eigenen Art und Weise des Wissens und unserer Existenz im Universum. Wenn uns unsere geistige Gesundheit wiedergegeben wurde, dann bedeutet das auch, dass wir in Bezug auf unser tiefstes Selbst wieder gesundet sind."

BEZIEHUNG

So wie wir lernen, wahrhaftig mit uns selbst umzugehen – also über unsere Gefühle, Bedürfnisse und Werte Bescheid zu wissen – so bringen wir dieses innere Wissen auch in unsere Beziehungen zu anderen Menschen ein. In der Genesung beginnen wir, bessere Entscheidungen in Bezug auf unsere Beziehungen zu treffen, und wir lernen Beziehungen aufzubauen, die sowohl auf der Grundlage gegenseitiger Fürsorge beruhen als auch darauf, dass wir selbst gut auf uns achten.

Die Beziehungen, die wir während unserer Genesung aufbauen, sind das Umfeld, in dem wir unsere Heilarbeit leisten. Wir treffen im Genesungsprozess auf andere Menschen, die bereit sind, uns ohne Kritik oder Verurteilung zuzuhören und die bereitwillig ihre Erfahrungen mitteilen, so dass wir uns mit ihnen verbunden fühlen und die Zusicherung erhalten, dass wir in unserem Kampf nicht alleine stehen.

So wie ein Baby eine sichere und hegende Umgebung braucht, um wachsen und sich entwickeln zu können, so auch wir. Wir alle brauchen einen Platz, an dem wir uns sicher, geliebt, fürsorglich behandelt und verstanden fühlen. Dies ist das Umfeld, in dem wir gesund werden und heilen.

Beziehungen sind der Nährboden für unser Leben. Wir sind das, was wir sind, erst in Beziehung zu anderen Menschen: unseren Partnern, Kindern, Arbeitgebern, Kollegen, Nachbarn, Freunden und Familienangehörigen. All diese Verbindungen geben uns ein Gefühl für uns selbst und ein Gefühl des Selbstwerts.

Tatsächlich ist es so, dass Frauen dazu tendieren, ihre Identität immer in Beziehung zu anderen Menschen zu definieren. Das bedeutet aber nicht, dass wir unsere Identität *von* anderen Menschen herleiten, sondern dass wir *die Fähigkeit haben, unser Potential für Authentizität, Kompetenz und Ganzheit innerhalb unserer Beziehungen zu entdecken.*

Unter optimalen Umständen ist unser Wachsen und Gedeihen das Ergebnis unserer sinnvollen Verbindungen zu anderen Menschen. „Frauen neigen dazu, Befriedigung, Vergnügen, Wirksamkeit und

215

ein Wertgefühl dann zu finden, wenn sie ihre Lebensaktivitäten so erfahren, dass diese sowohl aus einem Gefühl der Verbundenheit zu anderen entstehen als auch darin ihre Erfüllung finden", sagt Dr. Jean Baker Miller.[1]

Dieser Wunsch, Verbundenheit zu anderen zu spüren, kann lebensbejahend und gesund sein. Doch wenn wir in nicht bejahenden oder gar missbräuchlichen Beziehungen leben, wird dieser Wunsch verzerrt und verursacht Schmerz und Schaden.

„Das wesentlichste Thema für Frauen ist Beziehungen", sagt Sabine dazu. „Aber weißt du, ich denke, dass viele Frauen in Beziehungen waren oder noch sind, die sich sowohl schmerzbringend als auch schädlich und quälend auf sie auswirken."

Viele von uns sind nicht unter den besten Bedingungen groß geworden. Vielleicht haben wir körperliche oder sexuelle Misshandlungen und Missbrauch in unseren Familien und in frühen Stadien unseres Lebens erlebt. Oder unsere Familien waren emotionell nicht in der Lage, uns Liebe, Sicherheit und ein Wertgefühl zu vermitteln, das wir gebraucht hätten. Unsere erwachsenen Beziehungen sind vielleicht gleichermaßen leer oder missbräuchlich. Diese Verletzungen und Beziehungslosigkeiten können eine große Leere hinterlassen.

Wie Sina, so benutzten einige Frauen eben Alkohol und andere Drogen, um dieses Nichtvorhandensein zu füllen, das bereits ihre frühen Beziehungen geprägt hat. „Mein Vater trank, manchmal sehr heftig, und wenn er trank, dann wurde er wütend und verprügelte mich. Schon von Anfang an kämpfte ich ständig darum, mich in Bezug auf mich selbst gut zu fühlen – ich wollte, dass Menschen mich schätzten, und ich wollte, dass meine Eltern stolz auf mich sein können", sagt sie. „Das war für mich ein ganz fundamentales Bedürfnis. Aber ich spürte, dass man mich nicht schätzte, und ich fühlte diese Leere in mir, also begann ich zu trinken."

Manchmal gerieten wir in eine Sucht, gerade weil wir Verbindungen knüpfen und aufrechterhalten wollten. Vielleicht hatten wir eine Beziehung zu einem Süchtigen und waren der Meinung, der einzige

---

[1] Jean Baker Miller, „What Do We Mean by Relationship?" (Work in Progress, no. 22, Stone Center for Developmental Services and Studies, Wellesley College, 1986, 1.

Weg, diese Verbindung aufzubauen und zu erhalten, bestünde darin, mit unseren Partnern gemeinsam Alkohol zu trinken oder Drogen zu nehmen, so wie er oder sie das taten.

„Mein Freund pflegte jede Nacht saufen zu gehen", erzählt Nathalie. „Ich konnte ihn nicht so weit bringen, irgendetwas mit mir zusammen zu unternehmen, und ich fühlte mich einsam und verlassen. Schließlich entschied ich mich dazu, mit ihm gehen und mit ihm zusammen zu trinken, wenn er sonst schon nichts anderes mit mir unternehmen würde."

An irgendeinem Punkt begannen wir einzusehen, dass die Abhängigkeit weder unsere Leere füllte, noch die Realität veränderte oder die Verbindungen aufbaute oder aufrecht erhalten half, nach denen wir uns so sehr sehnten. Die Sucht, in Verbindung mit unserer verminderten Selbstachtung, führte dazu, dass wir schließlich in Beziehungen gefangen waren, die unser Selbstgefühl zerstörten, statt dieses zu nähren. Und so lebten wir einfach immer weiter und fühlten uns nicht in Verbindung, sondern entmachtet, unklar, verwirrt und wertlos.

Für einige Frauen hat dieses Gefühl der Konfusion und Bindungslosigkeit vielleicht auch zu immer größerer Entfremdung und Isolation geführt. Julia fühlte sich während ihrer Trinkerjahre wie eine außerirdische „Fremde", so als wäre sie auf dem falschen Planeten. Es schien ihr, als wüsste außer ihr jeder andere Mensch genau, wie man richtig denkt, wie man sich richtig verhält, fühlt und auf das Leben reagiert – aber sie hatte von alledem keine Ahnung und hasste sich selbst für dieses Unvermögen. Diese beschädigte Selbstachtung importierte sie auch in ihre Beziehungen, was zu immer größerer Verzweiflung und Unglück führte.

„Wenn du dich selbst hasst, dann gibst du anderen Menschen eine enorme Macht über dich", sagt Julia. „Alle meine Beziehungen waren im Ungleichgewicht und irgendwie verzerrt. Ich hatte erst dann Beziehungen, die sich heil anfühlten, als ich ein Gefühl der Ganzheit in mir selbst spürte."

Wie viele Frauen, die die eigene Wertlosigkeit und Unangepasstheit als zu schmerzvoll empfanden, um sie zu ertragen, so traf auch Luise für sich die Entscheidung, dass sie nur noch allein gelassenwerden wollte. „Ich konnte mich selbst nicht leiden, und deshalb mochte ich auch niemand anderen", sagt sie.

„Ich hatte ganz einfach nicht die nötige Energie für Interaktionen mit anderen Menschen."

Und da ist noch ein anderer Aspekt, in dem unsere Sucht unsere Beziehungen entweder verzerrte oder trennend wirkte; denn sie schaffte eine Dreiecksbeziehung in jeder unserer Verbindungen mit anderen Menschen. Wenn unsere Sucht anfing, mit unseren Beziehungen in einen Wettbewerb um Art und Intensität unserer Zuwendung zu treten, dann trafen wir oft Entscheidungen, die die Beziehungen verletzten.

Arlenes Sucht beeinflusste ganz direkt ihrer Fähigkeit, mit ihren Kindern umzugehen und dabei die Mutter zu sein, die sie so gerne sein wollte. „Ich war völlig mit mir selbst beschäftigt und hatte keine Kapazität mehr für Verbindungen zu anderen Menschen", sagt Arlene. „Als Mutter war ich kritisch, fordernd, unreif, mit mir selbst beschäftigt und emotionell unerreichbar – also alles in allem eine wirklich schlechte Mutter. Die Sucht kam bei mir immer an erster Stelle."

Auch unsere Beziehungen selbst können abhängig machen. Vielleicht wurden wir in unsere Beziehungen derartig verstrickt – wie Nathalie, die ihre Sucht mit ihrem Partner „teilte", oder wie andere, die versuchten, ein zunehmendes Gefühl der Leere auszufüllen, das süchtig machende Substanzen nicht beseitigen konnten – dass wir dabei unsere eigene Identität verloren haben. Wir konzentrierten uns nur noch darauf, „unseren Nachschub zu sichern" oder zu verhindern, dass man uns in unserer Beziehung Aufmerksamkeit, Sex, Status, Gesellschaft oder was auch immer „verweigern" könnte.

Dieses Gefühl der Verzweiflung – Warum hat er nicht angerufen? Was denkt sie von mir? Wie kann ich noch attraktiver und damit noch mehr in der Lage sein zu kriegen, was ich möchte? – ist keine gute Grundlage für aufrichtige Beziehungen, für eine wahre Intimität oder gegenseitige Fürsorge.

Solange wir in einem selbstbeschämenden Status verharrten, abgeschnitten von unseren wahren Werten und unserer Wertigkeit, suchten wir fortwährend Beziehungen, die uns dieselbe Botschaft vermittelten wie die, die wir uns selbst gaben: dass wir hoffnungslos waren, unfähig und ohne eine schwer erfassbare Lebensqualität, die aber jeder sonst zu haben schien. Es war ein Teufelskreis, der erst geendet hat, als wir unsere Reise durch die Schritte antraten.

Die Quelle unseres Leidens und oft auch die unserer Sucht lag in unserer Art des beharrenden Festhaltens an den Bindungen und Beziehungen, von denen wir uns Befriedigung und ein Wertgefühl erhofft hatten. Aber dies ist eines der weiteren Paradoxa der Genesung: Beziehungen brachten uns Schmerz und Leid, Beziehungen heilen uns aber auch wieder.

In den ersten Phasen der Genesung kann es schwer sein zu entdecken, auf welchem Weg wir uns in Verbindung mit anderen entwickeln können, ohne wieder in Dinge einzuwilligen, die sich für uns als schädigend erweisen. In der Vergangenheit bedeutete eine Beziehung für uns auch, unsere Bedürfnisse aufzugeben und unsere Gefühle zu verstecken, um die Bedürfnisse eines anderen Menschen zu erfüllen, oder dass wir uns verändern mussten, um die Beziehung aufrecht zu erhalten. Wenn wir über unser wachsendes und aufblühendes Selbst und seine Entwicklung in einer Beziehung sprechen, dann sprechen wir auch über unsere Selbstentwicklung in gesunden Beziehungen aller Art.

„Ich sehe meine Selbstverwirklichung als den Weg, in einer Beziehung zu sein", sagt Gabi, „und ich spreche dabei von allen möglichen Arten von Beziehungen, nicht nur solchen ersten Grades oder sexuellen Beziehungen. Ich meine genauso die Beziehungen zwischen Eltern und Kind, die Beziehung zwischen Geschwistern, meine Beziehung zu meiner Großmutter und meinem Großvater, die Beziehung zu der Frau von nebenan und die Beziehung zu meinem Arbeitgeber. Es sind all diese verschiedenen Möglichkeiten, mit anderen Menschen eine Verbindung aufzubauen, in denen wir dieses Gefühl von Selbst und Selbstwert finden können."

Wir genesen nicht in Isolation. Wir heilen innerhalb von Beziehungen und in Verbindung mit anderen Menschen. Im Genesungsprozess bewegen wir uns von der Isolation zur Bindung an andere.

Denke nur einmal darüber nach, was in den Zwölf Schritte Meetings passiert. Wir kommen dort an, süchtig und allein, und finden heraus, dass andere uns an ihren Erfahrungen teilhaben lassen; wir können um Hilfe bitten und erhalten diese auch; wir können unsere

Wahrheiten berichten und zuhören, wenn andere von den ihren sprechen; wir können uns verletzlich fühlen und sind doch gleichzeitig sicher und beschützt.

„Am Anfang meiner Genesung war ich völlig in meinem Schmerz versunken und in dieser großen Angst, die meine Umgebung auslöste – meine Beziehung, die Schläge, der Alkohol", sagt Sabine. „Aber dieser unterstützende Geist in diesen Meetings und die ständige Ermutigung, auf keinen Fall zu trinken, haben mich dort langsam herausgeholt. In diesem Geist der Akzeptanz, der Zugehörigkeit und der Geschwisterlichkeit in den Meetings fand ich die Kraft, aus dieser Beziehung auszubrechen – und schließlich auch aus meiner Sucht."

Vielleicht waren unsere Familienbeziehungen, Freundschaften und auch unsere Liebesverbindungen missbräuchlich, trennend und isolierend. Es kann gut sein, dass sie deshalb zu unserem süchtigen Verhalten beigetragen haben. Aber in der Genesung begannen wir, gesunde Bindungen einzugehen – Bindungen, die „auf Gegenseitigkeit beruhen, die kreativ, Energie spendend und für alle Beteiligten ermächtigend sind." [2]

„Bis ich mit meiner Genesung begann, habe ich mir nie selbst erlaubt, mit der Art von Menschen zu verkehren, die ich respektierte – also Menschen, die sowohl in ihrem inneren als auch in ihrem äußeren Leben kreativ und erfolgreich waren. Ich war süchtig danach, mir selbst wichtige Dinge vorzuenthalten und erlaubte mir selbst auch nicht, wirklich befriedigende Beziehungen zu leben. Doch mit der Zeit erwarb ich die Fähigkeit, mehr und mehr Befriedigung aus Beziehungen zu ziehen, und als Folge davon nahm die Qualität meiner Beziehungen zu. Die Menschen, mit denen ich mir jetzt erlaube umzugehen, machen mir Spaß und bieten mir Liebe und Unterstützung, und sie stimulieren und ermutigen meine schöpferischen Anstrengungen."

Gerade wenn wir die Schritte *in Beziehung zu anderen* durchlaufen, beginnen wir, uns selbst und unsere Beziehungen zu heilen. Im

---

[2] Stephanie S. Covington und Janet L. Surrey, „The Relational Model of Women´s Psychological Development: Implications for Substance Abuse." In: *Gender and Alcohol*, herausgegeben von S. Wilsnack und R. Wilsnack (Piscataway, N.J.: Rutgers University; in press.

Zweiten Schritt öffnen wir uns selbst für eine Bindung zu einer Macht, die größer ist als wir, die Heilung und Unterstützung bietet. Wir fühlen uns weniger allein und fremd, je mehr wir uns dessen bewusst werden, dass wir nicht die Heilung selbst bewerkstelligen müssen.

Die Schritte Vier und Fünf statten uns mit einem Spiegel aus, in dem wir uns selbst reflektiert sehen und zulassen, dass auch andere uns sehen. Wir können uns damit auch mit dem nötigen Mitleid betrachten, wenn wir zu verstehen beginnen, wie unser Schmerz zur Entwicklung unserer Verteidigungsmechanismen oder Defekte beigetragen hat, die wir zu unserem Schutz brauchten. Wenn jetzt eine Sponsorin oder eine vertraute Freundin sich unsere Geschichte anhört und uns dabei so akzeptiert, wie wir nun einmal sind, dann lernen wir, uns selbst und unser Verhalten auf eine objektive Weise und ohne Verurteilung zu betrachten.

Als Sabine das erste Mal den Vierten Schritt machte, da konnte sie nur die Verletzung und den Schmerz in ihrem früheren Leben sehen. „Doch etwas später, mit etwas mehr Wissen über die Schritte, habe ich den Vierten Schritt noch einmal gemacht", sagt sie. „Ich habe eine bewusste Anstrengung unternommen, um genau hinzuschauen, wo ich mich in den wichtigen Aktivitäten meines Lebens wirklich eingebracht und was ich getan habe. Ich sah, dass ich alles Mögliche gemacht hatte: Ich habe gelogen, betrogen, gestohlen, manipuliert, erpresst, geschlagen, eingeschüchtert und mich aggressiv verhalten – meine Güte, was für eine Liste! Doch jetzt konnte ich zu meinem Verhalten stehen – nicht beurteilend, ob es richtig oder falsch war. Mit der Unterstützung und der Wertschätzung, die ich hier empfangen habe, konnte ich sehen, welche Anteile von mir eine Heilung nötig hatten – und welche geändert werden mussten."

Wenn wir im Fünften Schritt eine direkte Verbindung mit einem anderen Menschen aufnehmen, dann lernen wir, was dadurch passiert, dass wir uns für andere „sichtbar machen". Indem wir unsere Lebensgeschichten mitteilen, erlauben wir einem anderen Menschen, uns so zu erleben und zu akzeptieren, wie wir sind. Und dies wird zu einem Modell für weitere Beziehungen – in denen wir Menschen akzeptieren und im Gegenzug auch selbst akzeptiert werden. Wir lernen, das Risiko zu ertragen, wenn wir uns authentisch und offen zeigen und mit lauter Stimme unsere innere Wahrheit mitteilen.

Beziehungen helfen uns, zu heilen und uns zu verändern. Sie helfen uns, die innere Arbeit zu tun, die nötig ist, um authentische Beziehungen zu uns selbst zu entwickeln. Dies ist wiederum die Voraussetzung dafür, später gesunde Bindungen mit der äußeren Welt eingehen zu können.

Bevor wir diese gesunden Bindungen aufbauen können, müssen wir vielleicht erst einmal destruktive Beziehungen loslassen, in denen wir verharrten, weil wir uns nach Liebe und Zuneigung sehnten, weil wir Angst hatten, es nicht alleine schaffen zu können oder weil wir Angst hatten, dass es vielleicht nichts Besseres gäbe. Vielleicht wollen wir auch Beziehungen loslassen, in denen das einzig gemeinsame unser früherer Umgang mit Alkohol und Drogen war.

Da ist noch eine andere Art des Loslassens. Vielleicht müssen wir lernen, in unseren Beziehungen weniger kontrollierend zu sein. Da wir jetzt selbst Genesende sind, haben wir vielleicht den Wunsch, dass auch andere Menschen, die uns wichtig sind, Genesung erleben. So wie bei Sabine und ihrem medikamentensüchtigen Bruder ist es vielleicht auch unser erster Impuls, das Blaue Buch an Freunde, Partner oder Familienangehörige zu schicken, diese Menschen zu einem Meeting mitzunehmen oder ihnen über die Symptome der Sucht eine Vorlesung zu halten. Bitte denke daran, dass die Zwölf Schritte Programme auf Anziehung basieren und nicht auf Werbung. Oft ist das Einzige, was wir tun können, unser Leben als Beispiel für andere zu leben und dann loszulassen – und andere ihren eigenen Weg zu ihrer rechten Zeit finden zu lassen.

Vielleicht müssen wir auch ein emotionelles Loslassen lernen. Wie bewahren wir uns vor falschen Reaktionen, wenn andere auf unsere Veränderungen negativ oder überhaupt nicht reagieren? Indem wir in unserem eigenen Programm zentriert bleiben und die Schritte immer wieder durcharbeiten. Darin finden wir eine Hilfe, uns auf uns selbst zu konzentrieren – und dann können wir neue Beziehungen und neue Umgangsweisen in bestehenden Beziehungen suchen und eingehen.

Während wir die Schritte durcharbeiten, praktizieren wir Selbstbejahung, und indem wir diese ausdehnen, praktizieren wir auch das

Akzeptieren anderer Menschen. Wenn wir damit aufhören, uns selbst streng zu beurteilen, beginnen wir, auch andere weniger streng zu begutachten. Dies öffnet die Tür zu liebevolleren und ehrlicheren Beziehungen. Wir sind aufnahmebereiter für das, was andere erleben, ohne dass wir dabei aus den Augen verlieren, was unser eigenes Erleben ist.

So wie wir uns selbst und andere akzeptieren und destruktive Beziehungen, Kontrolle und emotionale Abhängigkeit loslassen, entwickeln wir unsere Kapazität für authentische und intime Beziehungen zu uns selbst und anderen. Wir beginnen, mit einer gewissen distanzierten Gelassenheit zu lieben. Damit meinen wir, „die Realität so zu sehen, wie sie ist, und nicht wie unsere Träume sie haben möchten. Es bedeutet auch, krampfhaft festgehaltene Pläne, Einstellungen und Erwartungen loszulassen. Und schließlich bedeutet es, deine persönlichen Grenzen von denen eines anderen Menschen zu entkoppeln, indem wir einen klareren Blick dafür bekommen, wo unsere Grenzen sind oder sein müssten." [3]

So, wie wir einen besseren Sinn für uns selbst und andere entwickeln, gehen wir in die Schritte Acht und Neun. Indem wir Wiedergutmachung leisten, betrachten wir unser eigenes Verhalten unter dem Aspekt, wie es zu Problemen in Beziehungen beigetragen hat (oder immer noch beiträgt). Dabei geht es nicht einfach nur darum, dass wir uns entschuldigen, sondern wir leben unsere Wiedergutmachung, indem wir verantwortlich und empfänglich mit uns selbst und anderen umgehen. Martha drückt das so aus: „In jede Situation bringe ich mich jetzt sensibel ein, anstatt nur zu reagieren." Das bedeutet, sich die Zeit zu nehmen, um eine Situation durchzudenken und eine bewusste Entscheidung zu treffen, wie die bestmögliche Beteiligung am Geschehen sein mag.

Das ist unser genesendes Selbst in Bezug auf Beziehungen. Die Schritte laden uns ein, eine Auszeit zu nehmen und die Bedeutung unserer Beziehungen zu überprüfen. Dabei lernen wir, wie wir in Bezug auf unser wachsendes und sich erweiterndes Selbst gesunde Bindungen eingehen können.

---

[3] Stephanie S. Covington und Liana Beckett, *Leaving the Enchanted Forest: The Path from Relationship Addiction to Intimacy* (San Francisco: Harper & Row, 1988), S. 152

Genesung bedarf auch der Expansion. Durch die Schritte schaffen und kultivieren wir ein inneres Leben – ein Gefühl für unsere Werte, Gefühle und Glaubensinhalte. Dann integrieren wir unser inneres Leben mit dem äußeren Leben – also unsere Umgangsweise mit anderen Menschen in der Welt. Die Genesung gibt uns die Chance, bessere Entscheidungen in Bezug auf Beziehungen zu treffen: Wir können entscheiden, wo wir Beziehungen eingehen und gesunde Beziehungen aufrechterhalten.

Wie erkennen wir denn eine gesunde Beziehung, wenn wir eine sehen? Als Allererstes ist eine gesunde Beziehung eine aufrichtige und ehrliche Beziehung. In einer gesunden Beziehung können wir uns selbst und anderen gegenüber ehrlich sein.

„Weil ich mich heute selbst genug liebe, kehre ich auch die beste Seite meines Selbst heraus, indem ich ehrlich und wahrhaftig mit mir selbst umgehe – also mit dem, was sich tatsächlich in mir tut und abspielt – üb' immer Treu und Redlichkeit mit dir selbst –", sagt Jaqueline. „Ich versuche, das jetzt in all meinen Beziehungen umzusetzen. Wenn ich Kompromisse eingehe, dann kommt es mir so vor wie eine „Prostitution light" – da ist etwas, das ich zu erhalten versuche, aber in Form einer Manipulation meiner selbst. Was ich tun muss, ist ganz direkt und aufrichtig mit dem umzugehen, was in mir los ist, und ich muss anderen Menschen die Freiheit geben, damit so umzugehen, wie sie für sich entscheiden."

Eine gesunde Beziehung ist auch eine Beziehung auf gleicher Ebene. Gleichheit bedeutet hier, dass keine der beteiligten Personen von der anderen abhängig ist, um etwas zu liefern, was die andere Seite unbedingt braucht.

„Zuerst einmal bin ich ein erwachsener und fähiger Mensch, und in einer Beziehung bedeutet das, dass ich gleichwertig mit dem anderen Menschen bin", sagt Mandy. „In den Anfangszeiten meiner Genesung fühlte ich mich dazu nicht fähig, und deshalb habe ich einige Beziehungen entwickelt, in denen ich jemanden zum Anlehnen brauchte. Ich habe zugelassen, dass man mich emotionell und auch körperlich versorgte."

Gleichwertige Beziehungen existieren dann, wenn beide Partner frei sind zu geben und zu nehmen, ohne über den Anderen Macht auszuüben, nur weil das Sicherheit gibt.

Mandy fährt fort: „Je weniger ich mich an andere anlehne, desto direkter kann ich sein. Und wenn ich ganz direkt mit dem, was ich will und brauche, umgehe, dann nimmt das dieses Machtungleichgewicht aus der Beziehung heraus. Die Genesung hat mich gelehrt, dass es in jedem Fall immer am besten funktioniert, wenn ich direkt und aufrichtig bin."

Eine gesunde Beziehung ist eine, in der jede der beteiligten Personen frei ist, Wissen über den anderen zu haben und sich selbst kennen lernen zu lassen, ohne Angst vor Manipulation oder Verrat zu haben. Denn jede von uns kann ihr inneres Selbst nur dann offenbaren und den anderen trauen, wenn wir das Gefühl haben, dass unsere Erfahrungen und Gefühle geehrt und respektiert werden.

Empathie, Sensibilität und Verständnis für die Lebenserfahrungen eines anderen Menschen sind weitere Elemente einer gesunden Beziehung. Die Fähigkeit, der Erfahrung eines anderen Menschen mit Wertschätzung zu begegnen, ist ein Eckstein für erfüllende Beziehungen. Empathie meint dabei die Fähigkeit, mit anderen Menschen sowohl auf der Ebene des Denkens als auch des Fühlens überein zu stimmen, ohne die Verbindung zu unseren eigenen Gedanken und Gefühlen zu verlieren.[4]

Julia entwickelt ihre Empathie durch die „Authentizität", die sie im Verlauf ihrer Genesung in ihren Beziehungen erfährt. „Die Menschen, die mich lieben, lieben mich wegen genau der Qualitäten, die ich an mir selbst auch schätze", sagt sie. „Obwohl sie meine Schwächen, meine defensive Art und meine Verletzlichkeit kennen, verstehen und lieben sie mich. Als Folge davon habe ich eine ganze Menge Toleranz für andere Menschen entwickelt – für Menschen, die anders sind als ich, Menschen mit anderen Erfahrungen."

Es gibt noch andere Qualitäten in gesunden Beziehungen oder das, was Miller „Wachstum-fördernde" Beziehungen nennt:

- ein *Gefühl von mehr Schwung und mehr Vitalität* – was bedeutet, dass jeder der Beteiligten sich in dieser Beziehung voller Energie und lebendig fühlt

---

[4] Covington und Surrey, AAO

- *Ermächtigung zu handeln* – was bedeutet, dass Freiheit besteht, bewusste Entscheidungen in Bezug auf Beziehungen zu treffen und entsprechend zu handeln
- *Selbsterkenntnis und Wissen über die andere Person* – beides erwächst aus der Interaktion und dem gegenseitigem Kennenlernen, die durch ein Klima gegenseitiger Akzeptanz möglich werden
- *Ein größeres Selbstwertgefühl* – welches beide Partner in einer Beziehung erleben, wenn sie imstande sind, ihre wahren Gefühle zu kommunizieren
- *Ein Wunsch nach engerer Bindung* – Bindung untereinander und zu anderen Menschen, um die Erfahrung der Selbstentdeckung zu erweitern. [5]

Viele von uns erleben vielleicht in der Genesung das erste Mal diese Qualitäten einer Beziehung. Sich selbst kennen zu lernen und auch anderen die Chance dazu zu eröffnen, erzeugt in Bezug auf die weiteren Möglichkeiten, die in dieser Beziehung stecken, ein anregendes Gefühl. Indem wir in unserem Genesungsprozess eine Bindung zu einer Höheren Macht und zu anderen Menschen eingehen, erweitern wir unsere Selbsterfahrung, was dazu führt, dass unser Gefühl des Selbstwertes zunimmt und wir Ermächtigung erfahren, auf eine gesunde Art zu handeln.

Wachstumsfördernde oder gesunde Beziehungen zu erkennen, bewusst herbeizuführen und aufrecht zu erhalten, ist der erste Schritt auf unserer Reise zur Intimität. Wenn wir an Intimität denken, dann verbinden wir das zuerst mit sexuellen Beziehungen. Aber Intimität hat auch einen Platz in Beziehungen anderer Art – in Freundschaften und Familienbeziehungen. Intimität findet in jeder Beziehung statt, in der wir bereit sind, uns selbst offen zu zeigen und anderen zu erlauben, uns genau kennen zu lernen. Sie stellt sich ein, wenn wir offen, verletzlich und willens sind, die Geheimnisse unseres inneren Selbst zu offenbaren.

Eine authentische und intime Beziehung beruht immer auf Gegenseitigkeit: „Jede beteiligte Person kann ihre Gefühle, Gedanken

---

[5] Miller, AAO, S. 3

und Wahrnehmungen offen präsentieren... und sie kann mit den Gefühlen der anderen sowohl *mitgehen* als auch *sich davon bewegen lassen*. Gegenseitige Einflussnahme, gegenseitige Betroffenheit und gegenseitige Offenheit charakterisieren solche Beziehungen." [6]

Ruth, die während ihrer Trinkerzeit Freundschaften unterhielt, die nicht authentisch und leer waren, sagt heute: „Jetzt erst, in der Nüchternheit, werde ich mir bewusst, wer eigentlich meine engsten und intimsten Freunde sind. Ich habe wunderbare Beziehungen, die durch eine gegenseitige Verpflichtung zu gemeinsamem Wachstum, Veränderungen und Aufrichtigkeit charakterisiert werden."

In einer reifen und intimen Beziehung erleben wir auch Gegenseitigkeit – ein gegenseitiges Interesse zu geben und zu empfangen, wobei wir immer in enger Verbindung zu unserem Selbst verbleiben. Dr. Janet Surrey beschreibt diese Art von Gegenseitigkeit wie folgt:

„Verstanden zu werden wird genauso wichtig, wie selbst zu verstehen, Macht zu erteilen genau so wichtig, wie Macht zu haben und auszu-üben. ... Wir alle empfinden wahrscheinlich dieses Bedürfnis, uns von anderen verstanden und ‚erkannt' zu fühlen. ... Ihr ganzes Leben lang nehmen Frauen dieses Gefühl für das eigene Bedürfnis wahr, den je-weils anderen Menschen zu ‚verstehen' – ja wirklich, sie begehren da-nach als einem unentbehrlichen Teil ihres eigenen Wachstums und ihrer Entwicklung, als unbedingt notwendigem Teil des Selbstwerts. " [7]

In einer Beziehung auf Gegenseitigkeit teilen wir den gemeinsamen Wunsch, diese Beziehung zu schaffen und aufrecht zu erhalten. Wir beide empfinden diese Beziehung als wertvoll und investieren glei-chermaßen Energie, um zusammen zu sein, einander zuzuhören und uns gegenseitig zu unterstützen. Beide fühlen sich gleichermaßen bereit, verletzlich zu sein und einander zu vertrauen.

Elena beschreibt diese Gegenseitigkeit in Beziehungen, die sie jetzt in ihrer Genesung aufbaut, so: „Ich fühle mich sehr verbunden

---

[6] Covington und Surrey, AAO

[7] Janet L. Surrey, „Self-in-Relation: A Theory of Women´s Development" (Work in Progress, no. 13, Stone Center for Developmental Services and Studies, Wellesley College, 1985), S. 7.

und weniger ängstlich auszudrücken, wie ich mich fühle, und meine guten Freunde wissen zu lassen, wie wichtig sie mir sind. Ich bin jetzt viel offener in Bezug auf meine Bereitschaft und meine Fähigkeit, mehr über mich selbst preiszugeben, und ich bin offener, meine guten Freunde dazu einzuladen, mir genauso mehr über sich selbst zu offenbaren."

Doch um eine gemeinsame Verpflichtung und Gegenseitigkeit in einer intimen Beziehung zu erzeugen, müssen wir erst unsere inneren Hausaufgaben machen. In unserer Genesung beginnen wir, ein gesundes Selbst zu entwickeln – eines das weiß, wer sie ist, was sie fühlt und was sie will. Um eine intime Beziehung zu haben, ist es wichtig, zuzulassen, was in unserem Innenleben passiert – und das Ergebnis ganz sorgfältig in unserem äußeren Leben reflektieren zu lassen. Wenn es eine Diskrepanz zwischen innerem und äußerem Leben gibt, dann gibt es auch kein Fundament für gegenseitiges Vertrauen, und wahre Intimität wird unmöglich. Denn Intimität hängt von dieser authentischen Verbindung zwischen dem Innen und dem Außen ab – also dem, was wir fühlen, denken und wollen, und dem, was wir sagen und tun.

Wenn inneres und äußeres Leben im Gleichgewicht sind, dann sind wir offen und frei, um uns selbst kennen zu lernen und uns kennen lernen zu lassen. Wir sind imstande, auf einem tiefen Beziehungsniveau miteinander eine Verbindung einzugehen – wir sind dann fähig zur Intimität.

„Nur durch meine Genesung und durch die Frauen, die ich kennen gelernt habe, kann ich heutzutage sagen: So bin ich und so sind *meine Gefühle*", sagt Sina. „Ich erlebe eine Wertschätzung und gleichzeitig Unterstützung, wenn Menschen mir sagen: ‚Hey, ruf mich an und lass uns darüber sprechen.' Das heilt, das macht Veränderung möglich, das überbrückt Gegensätze."

Wenn wir den Abgrund zwischen Menschen überbrücken, dann bekommen wir das Gefühl dafür, durch einen dynamischen und ununterbrochenen Lebensfluss eng verbunden zu sein. In der Präsenz des anderen können wir den kreativen Energiefluss spüren, der uns antreibt, uns auszudrücken und uns durch unsere Beziehungen zu weiten.

Bisher haben wir betrachtet, wie wir die Grundzüge dessen lernen und jetzt auch ausdrücken können, was emotionelle und intellektuelle Intimität bei der Heilung unserer Beziehungen bedeutet – wie wir also unsere Gefühle und Gedanken in ehrlichen, empathischen, gegenseitig unterstützenden und auf Gegenseitigkeit beruhenden Beziehungen ausdrücken. Aber auch physische Intimität, die sich durch unsere Sexualität ausdrückt, ist ein Teil der dynamischen Energie gesunder Beziehungen, die wir in unserer Genesung erzeugen.

SEXUALITÄT

In der Genesung zu sein, verändert auch die Art und Weise, in der wir unsere Sexualität erleben, so wie die Genesung ja auch die Art und Weise verändert, in der wir unser Selbst und unsere Beziehungen erleben. Deshalb ist es wichtig, dass wir uns während unseres Genesungsprozesses die Zeit nehmen, auch unsere Sexualität besser kennen zu lernen.

Wir können als Frauen nicht ganz und vollständig werden, solange wir nicht auch unser sexuelles Selbst heilen. Denn wir sind alle sexuelle Wesen. Wir müssen diesen Leben spendenden Teil von uns selbst akzeptierend einschließen, wenn wir je in der Lage sein wollen, sowohl uns selbst vollständig anzunehmen, als auch die am tiefsten empfundenen Beziehungen einzugehen – zu uns selbst, zu anderen und mit der heiligen Kraft, die unser Leben durchdringt.

Während der Genesung beginnen wir, wieder Anschluss zu finden an unsere Sexualität, indem wir uns klar werden, wer wir eigentlich sind – als Frauen, als sexuell empfindende Frauen und als sexuelle Frauen in Beziehungen. Unser Sexualleben wird befriedigender und erfüllender, weil es die Wiederentdeckung und unsere Wertschätzung für unser inneres Leben widerspiegelt – für unsere Gefühle, Bedürfnisse und Wünsche. So wie die Genesung immer weiter voranschreitet, lernen wir auch dieses innere Wissen und unseren Selbstwert in unserem Leben nach außen auszudrücken – in der Wahl, die wir jeweils treffen, in unseren Verhaltensweisen und in unserer Verbindung zu anderen.

Als ersten Schritt im Heilungsprozess unseres sexuellen Selbst kommen wir zu der Einsicht, dass Sexualität mehr ist als sexuelles Verhalten – mehr, als Sex zu haben (oder keinen Sex zu haben). Unsere Sexualität ist Teil aller Aspekte unseres Lebens. Sexualität ist nicht nur etwas körperliches, sondern hat auch emotionelle, psychologische und spirituelle Aspekte. Unsere Sexualität schließt unsere Wahrnehmungen, Bewertungen und Gefühle in Bezug auf uns selbst und andere ein, ebenso, wie wir handeln und mit wem.

Wie andere Aspekte unserer Genesung, so ist auch die Heilung unseres sexuellen Selbst ein Prozess, der alles einschließt – wer wir sind und wie wir in der Welt handeln. Wie du von anderen Frauen im Genesungsprozess hören wirst, kann Sexualität eine Sehnsucht nach einer Verbindung sein, die lebendig, aktiv und umfassend ist. Sexualität kann wie das Aufrufen der Lebenskraft in unserem Selbst und in einem anderen sein. Sexualität kann also ein Türöffner in und über das Selbst hinaus sein – der in Beziehungen und in eine Verbindung zu anderen führt. Es kann die Quelle von Ekstase und ein Königsweg zur Vereinigung mit dem Heiligen sein.

Die Heilung unseres sexuellen Selbst hängt von unserer Fähigkeit ab, unsere Sexualität von innen her zu spüren. Bei vielen Frauen ist dieses innere Gefühl für Sexualität verloren gegangen. Vielleicht fühlen wir überhaupt nicht mehr sexuell, und wenn, dann fühlen wir unsere Sexualität nur im Zusammenhang mit einer Vorstellung oder einer Person außerhalb von uns.

Wenn wir jetzt damit beginnen, unsere Sexualität im Zusammenhang mit unserer Genesung zu erforschen, dann wundern wir uns vielleicht, wie Sexualität denn wohl eine Lebensform in uns sein kann, wenn wir uns doch nie mit unserer sexuellen Energie als einem Leben spendenden und selbstbejahenden Teil unseres Selbst in Verbindung gebracht haben. Tatsächlich kann die Sexualität der letzte und der am schwierigsten zu heilende Teil von uns sein, weil es dort so viele Hindernisse – innere und äußere – zu überwinden gilt.

Es gibt viele Gründe dafür, warum wir vielleicht Schwierigkeiten haben, wieder Verbindung zu unserer eigenen Sexualität aufzunehmen. Einige dieser Hindernisse haben ihren Ursprung in den kulturellen Botschaften über „das Angemessene" und „das Wünschbare". Auch unsere früheren Erfahrungen, speziell wenn diese traumatischer oder von Missbrauch geprägter Natur sind, beeinflussen unsere Wahrnehmungen von Sexualität. Ebenso hatten unsere Süchte ihren Einfluss auf unsere Sexualität, so wie auch auf alle anderen Aspekte unseres Lebens, indem sie unsere Verbindung zu uns selbst und zu anderen unterbrachen.

Schon von früher Kindheit an haben wir Botschaften über das Thema Sexualität von unseren Familien, den Kirchen, Schulen und der menschlichen Gemeinschaft um uns herum empfangen. Ob nun offen ausgesprochen oder nur nonverbal vermittelt, war der Inhalt vieler dieser Botschaften, dass „nette Mädchen" nicht sexuell sind.

Für viele von uns wurde dieses Verleugnen unserer Sexualität noch durch die Unsicherheit, die Verlegenheit oder Scham verschlimmert, die unsere eigenen Eltern in Bezug auf das Thema Sexualität beherrschte, und wir haben diese Gefühle der Konfusion und Scham in unser eigenes Erwachsenenleben übernommen.

Später, als Erwachsene, haben wir vielleicht zugelassen, dass andere, speziell unsere Partner, diejenigen waren, die unsere Sexualität definiert haben. In unserer Verunsicherung und unserem Abgetrenntsein von unserer eigenen Sexualität haben wir auf andere geguckt, um uns zu sagen, was lustvoll, wünschbar und angemessen sei. Dies hat uns noch mehr von unseren eigenen inneren Erfahrungen abgeschnitten – von der Fähigkeit, Bescheid zu wissen, darauf zu reagieren und das einzufordern, was uns Spaß macht.

Kathie erinnert sich, wie wichtig es für sie war, sich von ihrem Partner auserwählt und akzeptiert zu fühlen. „Ich war sehr leistungsorientiert und sehr besorgt über meine Attraktivität", sagt sie. „Ich wollte sicherstellen, dass ich mich entsprechend gut darstellte und von einem Mann akzeptiert würde. Für mich war es sehr wichtig, dass ich als Sexobjekt in Frage kam und ausgewählt wurde. Aber – ich selbst war gar nicht wirklich *dabei*."

Unsere Gefühle in Bezug auf unsere Attraktivität wurden vielleicht auch durch den Nachdruck beeinflusst, den unsere Kultur auf das äußere Erscheinungsbild einer Frau legt. Immer wurden wir mit Vorbildern der idealen Frau in Bezug auf Maße, Figur, Haut, Haare, Zähne, Lippen und Hüften bombardiert. Viele von uns haben diesen Nachdruck auf eine „perfekte" Erscheinung so übernommen, dass wir am Ende nur noch negative Gefühle in Bezug auf unseren Körper hegten. Wir fühlen den Druck, uns populären Standards in Bezug auf Schönheit und Erscheinung anpassen zu müssen, und wenn wir diesen äußeren Vorstellungen nicht entsprechen, dann fühlen wir uns häufig hässlich und unerwünscht, auch in unserem Inneren.

Die Menschen, die uns eigentlich am Nächsten stehen, haben vielleicht wissentlich oder unwissentlich noch dazu beigetragen, diese Standards zu verstärken. Elenas Mutter kaufte ihrer Tochter einen Hüfthalter, als sie in der fünften Klasse war. Dies vermittelte Elena die klare Botschaft, dass sie ihr äußeres Erscheinungsbild ändern müsse, um für andere akzeptabel zu sein. „Das Resultat war", wie sie sagt, „dass mir mein Gewicht immer sehr bewusst und ich nie mit meinem Körper zufrieden war."

Aber wenn wir uns nicht in einer positiven und lebensbejahenden Art und Weise mit unserem Körper anfreunden, kann auch unsere Sexualität nicht zur Blüte kommen. Elena fährt fort: „Meine Sexualität war völlig untergegangen, weil ich mich nicht wohl dabei fühlte, eine Frau zu sein, und weil ich Angst hatte, zu der Person zu stehen, die ich physisch nun einmal bin."

Auch können wir in genauso zerstörerischer Form von unserer Sexualität abgeschnitten sein, wenn unsere sexuelle Orientierung nicht ernst genommen wurde. Da unsere Gesellschaft und unsere Familien üblicherweise nur zu heterosexuellen Beziehungen ermutigen oder solche unterstützen, hat vielleicht die Anziehung zu einer anderen Frau dazu geführt, dass man uns lächerlich gemacht hat oder dass wir Wut und Verleugnung erlebten. Wenn unsere sexuelle Identität auf diese Art und Weise herausgefordert worden ist, dann kann es gut sein, dass wir uns unserer Sexualität schämten oder verunsichert waren.

Scham und Konfusion können auch von früherem Missbrauch herrühren. Jedes Mal, wenn wir in der Vergangenheit sexuell, physisch, verbal oder emotionell missbraucht worden sind – ob wir nun belästigt oder unser Körper das Objekt von Witzen oder obszönen und lüsternen Kommentaren wurden – immer wurde dadurch auch unser Gefühl für unsere Sexualität beschädigt.

Viele von uns können sich vielleicht mit Sina identifizieren, die davon berichtet: „Meine erste sexuelle Erfahrung war eine Vergewaltigung." Diese Verletzung von Körper und Persönlichkeit auf der tiefsten und fundamentalsten Ebene hat eine große Auswirkung auf unsere Wahrnehmung des Selbst und der Sexualität.

Weil Sina als Kind vergewaltigt und physisch missbraucht worden war, schämte sie sich in Bezug auf ihre Sexualität und hatte extreme Angst, sexuell motivierte Aufmerksamkeit auf sich zu ziehen. So fing sie an, im Übermaß zu essen, um ihren Körper dick werden zu lassen und auf diese Weise ihr sexuelles Selbst zu verstecken.

„Ich habe Nahrung eingesetzt, um meine Sexualität zu vertuschen, um mich selbst zu distanzieren von meiner Schönheit, meiner Energie und meinem Sein als geistiges Wesen. Ich wollte es mit allen Mitteln vermeiden, Aufmerksamkeit auf mich zu lenken."

Alkoholismus und andere Süchte sind häufig verbunden mit vorangegangenen Missbrauchserfahrungen. Die Wahrscheinlichkeit, dass alkoholsüchtige Frauen Missbrauch erlebt haben – und zwar wiederholt und über längere Zeiträume – ist höher als bei nicht alkoholabhängigen Frauen.[1] Vielleicht waren unsere Süchte nichts anderes als ein Versuch, diese schmerzhaften Kindheitserinnerungen auszulöschen, und obwohl dieses Verhalten vielleicht zeitweise gewirkt haben mag, hat es uns doch von unserer erwachsenen Sexualität abgeschnitten.

Immer, wenn wir zwanghaft Alkohol, Kokain, Nahrungsmittel oder das Einkaufen gehen als Mittel eingesetzt haben, verringerten wir damit die Verbindung zu unseren sexuellen Gefühlen und Reaktionen. Wir haben Erfahrungen gemacht wie den angstvollen Druck zwanghafter Begierde und die Gefühllosigkeit, die durch das Ausleben unserer Sucht einsetzte, welche unsere Gefühlswahrnehmungen oder auch unsere physischen Erfahrungen abschwächten. Alkohol und andere Drogen vermindern tatsächlich das sexuelle Verlangen und erschweren es, auf Berührungen zu reagieren und sexuell erregt zu werden.

Sex und Abhängigkeiten gehen auch in anderer Beziehung Hand in Hand. Einige von uns, die sich zu Frauen hingezogen fühlen, fanden heraus, dass sie ihre Wünsche nur unter dem Einfluss von Suchtmitteln ausleben konnten. Einige von uns haben Alkohol oder andere Drogen benutzt, um Hemmungen abzubauen, wenn wir uns schämten, unsere Gefühle sexueller Lust auszuleben oder auch nur, um Sensualität auszudrücken – also zu tanzen, einen anderen Menschen liebevoll zu berühren und zu genießen, wie sich unsere Körper anfühlen oder sexy Kleidung zu tragen.

Einige von uns haben vielleicht Sex gehabt, nur um der anderen Person zu gefallen und haben dann Alkohol, Drogen oder Essen benutzt, um uns selbst der Realität gegenüber gefühllos zu machen,

[1] Stephanie S. Covington und Janet Kohen, „Women, Alcohol and Sexuality." *Advances in Alcohol and Substance Abuse* 4 (Fall 1984): S. 41-56

dass wir etwas taten, das wir eigentlich gar nicht tun wollten. Arlene erinnert sich, dass sie sexuelle Beziehungen auf diese Art empfunden hat, als sie noch trank: „Ich dachte damals immer, dass ich nehmen musste, was immer mir über den Weg lief, ganz egal, wie schmerzhaft es für mich war oder ob ich es selbst wollte oder nicht. Wenn mich ein Mann dazu gedrängt hat, mit ihm zu schlafen, dachte ich üblicherweise, na gut, ich bin ohnehin betrunken und ich möchte ihn auch nicht verjagen." Dabei wollte sie eigentlich gar keine sexuelle Beziehung mit ihm haben, war aber voller Angst, körperlichen Schmerzen ausgesetzt zu werden, wenn sie sich widersetzte.

Sinas Beziehung mit ihrem Freund basierte darauf, dass er ihr Drogenlieferant war – und sie die Frau für ihn. Vielleicht haben ja auch wir unsere Sexualität eingesetzt, um unser jeweiliges Suchtmittel zu bekommen. Oder vielleicht ging es uns wie Franziska, bei der Sex immer mit ihrer Alkoholsucht verbunden war: „Ich habe niemals eine bewusste Entscheidung in dieser Hinsicht getroffen", sagt sie.

Viele von uns hatte nie eine sexuelle Erfahrung, die sich außerhalb des Dunstkreises von Alkohol und Drogen abspielte. So, wie Elena sagt: „ Ich hatte nie Sex ohne Alkohol oder irgendeine Art von Drogen." Aber nun in der Genesung beginnen wir zum ersten Mal wahrzunehmen, wie unsere Sucht auch unsere Sexualität abgestumpft und verfälscht hat.

In dem Maße, wie wir uns in der Genesung mehr Aufmerksamkeit für unser zunehmendes Gefühl für uns selbst gönnen, untersuchen wir auch, wie unsere Sexualität von den äußeren Einflüssen in Mitleidenschaft gezogen wurde – den Botschaften, die wir von unseren Familien, Kirchen und den Medien bekommen haben. Wir untersuchen die Ausbildung, die Werte und die Vorschriften, die nicht länger mit dem von uns wiederentdeckten inneren Selbst im Einklang stehen.

Durch unser neues Gefühl für Sicherheit und Verbindung zu anderen im Genesungsprozess beginnen wir jetzt, genauer hinzuschauen, wie unsere Sexualität durch unsere früheren Erfahrungen beeinflusst worden ist. Für einige Frauen bedeutet dies, sich erst einmal sexuellen Missbrauch bewusst zu machen und dieses Trauma der Vergangenheit zu heilen.

Es ist ganz wichtig für Missbrauchsüberlebende, sich eine qualifizierte Therapeutin oder Unterstützungsgruppen zu suchen, die dabei helfen können, diese Art von Traumen zu heilen. Auch können wir mit Hilfe der Zwölf Schritte unsere sexuellen Verhaltensweisen und Einstellungen einer Prüfung unterziehen, um herauszufinden, wo wir an der Abspaltung unserer Sexualität mitgeholfen haben und was wir jetzt in Bezug auf unser sexuelles Verhalten ändern wollen.

Es ist traurig, zugeben zu müssen, dass dies vielleicht schwer wird. Die „Darüber spricht man nicht!" -Regel in unserer Kultur bezieht sich auch auf Themen der Sexualität und kann sogar in Zwölf Schritte Gruppen vorkommen. Aber nur, wenn wir uns der alten Botschaften und Erfahrungen bewusst werden, die unsere Sexualität verzerrten und sie stattdessen mit Wahrheit und Verständnis ersetzen, können wir Veränderungen beginnen.

Wenn wir uns also jetzt in Nüchternheit unserer Sexualität öffnen, dann stoßen wir vielleicht auf sexuelle Fragen oder Probleme. Vielleicht fragen wir uns, ob wir uns je mit unserer Sexualität wohl oder sicher fühlen werden und ob wir uns einem sexuellen Partner gegenüber öffnen können. Dabei ist es sehr hilfreich, mit anderen Frauen darüber zu sprechen und zu erfahren, dass sie ähnliche Erlebnisse hatten.

Indem sie auf ihre Ängste zu sprechen kommt, sagt Julia: „In den Tagen meines Trinkens habe ich nie mit jemandem geschlafen, wenn ich nicht total betrunken war oder einen Kater hatte. Als ich nüchtern wurde, hatte ich Angst, dass ich vielleicht nie fähig sein würde, Sex zu haben ohne Alkohol dabei. Ich hatte das Gefühl, dass Alkohol mich befreite, mir den Mut gab zu experimentieren und mir half, Dinge zu tun, die ich sonst nicht ausprobiert hätte."

Kathie, die Sex eingesetzt hatte, um Wertschätzung zu erfahren und sich akzeptiert zu fühlen, sagt: „Für mich war es sehr wichtig, als Sexobjekt begehrt zu werden. Und als nüchtern war, hatte ich Angst, das Risiko einzugehen, vielleicht nicht länger bewundert und von einem Mann angenommen zu werden."

„Ich wurde belästigt, und ich wurde vergewaltigt", berichtet Sina. „Als ich dann meine Genesung begann, kamen Ängste, wie meine früheren Erfahrungen wohl die sexuelle Beziehung zu meinem Ehemann beeinflussen würde."

Für viele von uns bedeutet das Sich-selbst-Kennenlernen und sich selbst mit Wertschätzung zu begegnen in der Genesung, dass auch neue Dimensionen und eine neue Vitalität in Bezug auf unsere alten Selbstbilder erzeugt werden. Julia sagt dazu: „Als ich mit dem Trinken aufhörte, hatte ich Angst, dass ich auch einen Teil von mir verlieren würde, den ich eigentlich schätze – nämlich die Julia, die Risiken einging und gerne experimentierte. Also war es für mich wichtig, ein bisschen sexuell herumzuexperimentieren, als ich nüchtern war. Ich wollte nicht mit dem Gefühl leben, dass ich unbedingt Alkohol haben musste, nur um einen Zugang zu diesem Teil meines Selbst zu finden. Also habe ich in nüchternem Zustand einige wagemutigere sexuelle Dinge ausprobiert als je zuvor, wenn ich unter Alkohol stand. Und in einiger Hinsicht war der Sex sogar besser, vielleicht, weil ich mich sicherer fühlte – ich wusste, was ich tat, und ich konnte Entscheidungen treffen.“

Arlene, die sich gar nicht erinnern konnte, je Sex gehabt zu haben, ohne dabei betrunken gewesen zu sein, musste lernen, wie sie mit ihrem Ehemann in nüchternem Zustand sexuell verkehren konnte. „Ich hatte dieses Selbstbild, eine große Verführerin zu sein, weil ich immer so willig war, Männern zu Diensten zu sein, wenn ich getrunken hatte“, erinnert sie sich. „Aber auf einmal war der Sex real, und ich hatte auf einmal mehr Anteil daran, meine eigenen Bedürfnisse zu erfüllen. Wir waren präsent füreinander und sehr bewusst. Es war ein bisschen so, als ob ich noch einmal 16 wäre. Ich hatte diese reale Erfahrung, ein Wunder zu erleben, weil alles so neu für mich war.“

Wieder mit unserer Sexualität in Kontakt zu kommen, beinhaltet auch, unseren Körper neu kennen zu lernen oder uns wieder mit ihm anzufreunden – also wie wir nackt aussehen, auf welche Arten der Berührung wir besonders reagieren und wann wir uns sexuell erregt fühlen. Das bringt mit sich, dass wir unsere Körper mit einer gewissen Neugier und mit einer Bereitschaft betrachten, unsere ganz besondere Art, unsere weibliche Schönheit und Sexualität auszudrücken und freudig anzunehmen. Es bedeutet auch, dass wir uns annehmen, so wie wir sind und dass wir gut für unseren Körper sorgen – für uns selbst statt dafür, jemand anderem gefallen zu wollen.

„Heutzutage fühle ich mich sehr feminin, wenn ich aus der Badewanne steige und Körperpuder benutze", sagt Yvonne. „Früher habe ich das nur gemacht, um einem Mann zu gefallen, aber jetzt tue ich es für mich. Früher habe ich meinen Körper gehegt und gepflegt in der Hoffnung, dass ein Mann dies wahrnehmen und ein Verlangen nach mir haben würde, aber jetzt pflege ich meinen Körper für meinen eigenen Nutzen und zu meiner eigenen Freude."

Wir verbinden uns mit unserer Sexualität, wenn wir zu glauben beginnen, dass wir wünschenswert und schön in unserer ganz eigenen Art und Weise sind. So wie Elena sagt: „Meine Sexualität zeigt sich auch darin, dass ich mich wohl fühle, eine Frau zu sein und keine Angst mehr habe, alles in allem die Person zu sein, die ich auch physisch darstelle."

Kathie, die früher Sex benutzte, um akzeptiert zu werden, fand jetzt heraus, dass sie sich weniger Gedanken über ihre Attraktivität macht, je mehr sie sich im Zuge der Genesung selbst besser kennen lernt. Sie hat herausgefunden, dass die Bewunderung und Akzeptanz, die sie immer von einem Mann erfahren wollte, auch in ihr selbst vorhanden sind.

Wenn wir uns also mehr und mehr mit unserem inneren Gefühl für Sexualität wohl fühlen – unseren Gefühlen, Wünschen, Bedürfnissen und Vorlieben – dann beginnen wir, diese mit unserem Handeln und unseren Beziehungen nach außen zu verbinden.

Wenn wir also von innen nach außen leben, dann erfahren wir vielleicht, wie unsere Sexualität sich auf eine Art und Weise verändert, die wir nicht für möglich gehalten hätten. „Ich wurde sexuell viel empfänglicher", sagt Julia. „Ich fühlte mich bereiter für den Höhepunkt und sensitiver – denn ich experimentierte mit allen möglichen Arten neuer Körpererfahrungen. Es ist wahr, dass es zu Anfang etwas peinlich war, Sex mit neuen Partnern zu haben – ohne Alkohol –, weil ich das früher nie gemacht hatte. Aber vielleicht war es früher gar nicht so gut, wenn ich betrunken war, ich kann mich nur nicht mehr daran erinnern. Jetzt akzeptiere ich einfach, dass das erste Mal immer etwas Peinlichkeit mit sich bringt. Jeder ist nervös, wenn er daran denkt, wie gut er wohl ist, ob dies wohl eine gute Idee sei, ob das der richtige Partner ist, wie es wohl werden wird usw. Jetzt, im Zustand der Nüchternheit, bin ich mir all dieser Fragen bewusst, während ich früher im wahrsten Sinne des Wortes bewusst-los war. Ich erlebe also jetzt, wo ich nüchtern bin, ein viel befriedigenderes Sexualleben als je zuvor, wenn ich betrunken war. Ich bin viel mehr in der Lage, meine Bedürfnisse anzumelden, ich bin verantwortungsvoller, und ich bin viel wählerischer. In einer gewissen merkwürdigen Art und Weise fühle ich mich gleichzeitig weniger gehemmt. Ich bin offener in Hinsicht auf verschiedene Möglichkeiten."

Im Genesungsprozess lernen wir, in Beziehung zu anderen bewusste Entscheidungen in Bezug auf unsere Gefühle und Verhaltenweisen zu treffen, und dies erstreckt sich auch auf unsere sexuellen Beziehungen. Wir können uns entscheiden, Beziehungen einzugehen, in denen wir Ja oder Nein sagen und uns sicher fühlen können, wenn wir unsere Wünsche und Bedürfnisse einem Partner mitteilen, der darauf respektvoll und liebevoll reagiert.

Sowohl das Setzen von Grenzen als auch die Fähigkeit, diese wieder auszusetzen, wenn wir uns entsprechend entscheiden, ist ganz wichtig für unsere Sexualität. Sina fühlte sich frei, ihre Grenzen mit ihrem Ehemann zu besprechen, nachdem sie in ihrer Genesung genügend Selbsterfahrung und Selbstbejahung gesammelt hatte. Sie sagt dazu: „Meine Sexualität bedeutet für mich jetzt, dass ich Sex im höchsten Grade genieße. Ich bin sehr expressiv, ich fühle mich sehr wohl trotz der Tatsache, dass ich früher belästigt und sogar vergewaltigt worden bin. Und Aufrichtigkeit ist dabei das Mittel, das Heilung herbeiführt – die Fähigkeit zu sagen: ‚So fühle ich mich jetzt, und damit geht es mir jetzt nicht gut.' Jetzt bin ich imstande, solche Dinge aus meinem Innersten mitzuteilen."

Bei Sexualität geht es nicht nur um Sex. Sexualität ist oft ein Sehnen nach Gemeinschaft und Verbindung mit einem anderen Menschen in einer liebenden und fürsorglichen Beziehung. Der Wunsch danach, Nähe zu erleben und mit einem ganz bestimmten Menschen in enger Verbindung zu stehen, findet seinen Ausdruck in einer Sehnsucht, jemandem zu Gefallen zu sein, aber gleichzeitig auch Freude und Genuss zu empfangen und dabei eine physische Verbindung einzugehen.

Jackie drückt das so aus: „In unserer sexuellen Beziehung geht es nicht nur um Sex. Es ist ein erregendes Erlebnis in der Art und Weise, wie er auf mich reagiert, wie er Zärtlichkeiten einleitet oder wie ich anfange. Es ist deshalb erregend, weil ich weiß, dass wir fürsorglich miteinander umgehen."

Die Erfahrung unserer Sexualität vertieft sich in der Bindung zueinander. Wenn wir mit dem beginnen, was wir über unser inneres Selbst gelernt haben und das zu einem liebenden Nächsten nach außen kehren, dann öffnen wir uns der Möglichkeit, in etwas einzutreten, das größer ist als unser separates Selbst. Wie Dr. Judith Jordan anmerkt: „Im weitester Hinsicht bestätigt Sexualität unsere Bindung im Sinne von ‚Teil von etwas' anstatt ‚getrennt von etwas' zu sein (´a part of` rather than ´apart from`). Mehr als zur Befriedigung führt es zu einem Weitwerden; letzteres suggeriert Wachstum, Leben und Offenheit, Befriedigung hingegen nur Stillstand." [2]

In der Genesung entwickeln wir ein starkes und gesundes Selbst – eine Frau, die sich mit sich selbst wohl fühlt, die sich auf ihre eigene Art und Weise wünschenswert und schön fühlt. Dieses starke innere Selbst führt uns in gesunde und reife Beziehungen. In den Tiefen unseres Selbst und unserer Beziehungen entdecken wir dann vielleicht auch die Art von spiritueller Verwandtschaft, die wir in meinem Buch *Awakening your Sexuality* beschrieben finden.

„In der sexuellen Erfahrung mit einem Intimpartner können wir noch weiter gehen als unsere tiefe emotionelle Beteiligung und unsere erotische Anziehungskraft auszudrücken; wir berühren vielleicht gar die Seele des anderen und finden darin einen Ausdruck für unsere spirituelle Geistesverwandtschaft. Im Akt der sexuellen Vereinigung mit einem anderen Menschen können wir diesen wunderbaren Verlust des Selbst erfahren, der wesensgleich mit dem mystischen ist." [3]

---

[2] Judith V. Jordan, „Clarity in Connection: Empathic Knowing, Desire and Sexuality" (Work in Progress, no. 29, Stone Center for Developmental Services and Studies, Wellesley College, 1987), S.11
[3] Stephanie S. Covington, *Awakening our Sexuality: A Guide for Recovering Women and Their Partners* (San Francisco: HarperSanFrancisco, 1991), S. 219

„Ich erlebe tatsächlich meine Lebenskraft als ein Heraustreten aus meiner Sehnsucht nach Bindung", sagt Gabi. „Irgendwie ist diese Energie sehr sexualisiert. Schon indem ich darüber spreche, kann ich mich auf eine Beziehungsebene begeben, die sich sehr sexuell anfühlt – sehr viel lebendiger. Ich spüre wirklich, wie das Blut in all den Teilen meines Körpers fließt. Es ist lebendig, es ist aktiv, es ist eine Erfahrung des ganzen Körpers. Sexualität gibt mir ein Gefühl spiritueller Lebendigkeit."

Sexualität spendet tatsächlich eine spirituelle Lebendigkeit und eine Kraft, die Frauen nach traditioneller Meinung nicht haben sollten. Kathie ist heute der Meinung, dass ein Großteil ihres Trinkverhaltens von dem Versuch motiviert war, diese Kraft zu sublimieren – die Sucht sollte diesen Geist töten. „Aber wenn wir wahrhaftig mit unserem eigenen inneren Sensor umgehen, dann entdecken wir Gottes Kraft in uns wieder."

Wenn wir also diesem inneren Sensor gegenüber entsprechend aufrichtig sind, können wir uns einer neuen Freiheit und einer neuen Energie aus unserem eigenen Inneren öffnen. Wir beginnen wahrzunehmen, wie unser einzigartiger fraulicher Körper der Container einer Lebenskraft ist, die größer ist als wir selbst.

Wie Mandy sagt: „Sexualität lässt den Geist frei fließen – wir lassen unsere Leidenschaft, den Körper, die Energie richtig groß, wild, laut und kraftvoll werden. Es geht bei allem darum, lebendig und du selbst zu sein. Es geht in Wirklichkeit darum, dich mit deiner eigenen Wahrnehmung der inneren Kraft zu verbinden. Wenn ich das fühle, dann fühle ich mich auch gut in mir selbst."

Sina drückt es so aus: „Ich fühle, dass es da eine ganz starke Quelle gibt, einen Fluss, der durch mich hindurchfließt, mich durchströmt, ausgehend von einer alten weisen Frau, die unter all dem Alkohol und all diesem anderen völlig verschüttet lag. Und dann die Sexualität! Wenn ich Liebe mache, dann fühle ich diesen Schwall von Energie. Ich bin wirklich an den Punkt gekommen, wo ich von meiner Schönheit, meiner Energie und meinem Geist Besitz ergriffen habe, so dass ich all dies beanspruche und jetzt auch damit angebe."

Im Prozess der Genesung kommen diese Schönheit, diese Energie und dieser Geist aus deinem Inneren.

Das ist unsere wahre Sexualität. „Und wenn diese Sexualität erst einmal von innen kommt", sagt Gabi, „dann ist es wie mit dem Selbst und den Beziehungen, wir schalten um von der Verfolgung eines Höhepunktes – also etwas, dem wir nachlaufen, indem wir versuchen, uns selbst darin zu finden oder Verbindungen einzugehen oder indem wir trinken, um zu diesem Höhepunkt zu kommen – zu einer viel sanfteren, aber viel durchdringenderen Fähigkeit, ganz bei uns selbst zu bleiben, ganz bei unserer Quelle.

Und schließlich ist unsere Sexualität, genauso wie unser Selbst und unsere Beziehungen, auf dem Wege, immer mehr integriert zu werden. Es ist nicht länger etwas, das außerhalb von uns existiert, das uns antreibt, etwas zu tun oder zu fühlen oder zu wollen oder das uns zwingt, das zu nehmen, was wir vermeintlich zum Überleben brauchen. Stattdessen kommt es aus uns selbst als eine Lebenskraft, als eine Energie, als ein Geist, der uns mit uns selbst verbindet, mit anderen und mit dem Heiligen in unserem Leben.

SPIRITUALITÄT

„Die Sucht hat meine Spiritualität geboren", sagt Martha. Spiritualität kann eine neue Dimension im Leben von Frauen bedeuten, die zur Genesung gelangt sind. Dieses Geborenwerden unserer Spiritualität im Genesungsprozess führt zu allen möglichen Fragen der Spiritualität. Wer oder was ist diese Macht, die größer ist als wir selbst? Kann ich ihr vertrauen? Woran glaube ich eigentlich? Was ist mit den Kirchen? Wie fühlt sich das an, ein spirituelles Leben zu haben? Bin ich spirituell?

Wenn wir den Vorschlag hören, in unser Inneres zu schauen, um dort unsere Spiritualität oder unsere Höhere Macht zu finden, dann kann es sein, dass wir uns zuerst sogar noch unsicherer fühlen als zuvor. Viele von uns hatten kein Gefühl für diese innere Spiritualität, als wir mit unserer Genesung begannen. Stattdessen fühlen wir uns wahrscheinlich abgestumpft oder leer. Wir wissen wahrscheinlich gar nicht, ob es in uns überhaupt etwas gibt. Vielleicht wunderten wir uns, warum und stellten uns dann die Frage: „Bin ich wirklich leer? Gibt es irgendetwas, das mich erfüllen könnte? Könnte Liebe das bewerkstelligen? Kann eine andere Person das herbeiführen? Kann Gott oder eine Höhere Macht das?

Es wird häufig gesagt, dass Sucht, ganz gleich, ob nach Alkohol, Drogen, Essen oder Sex, einer der Wege sei, auf denen wir versuchen, die Leere zu füllen, die wir innerlich spüren. Natürlich funktioniert das nicht: Diese Leere kehrt zurück, sobald wir aufhören zu trinken oder Drogen zu nehmen. Aber diese Suche nach etwas, um diese Leere zu füllen, gibt uns einen Hinweis auf die Spiritualität.

Carl Gustav Jung schrieb in einer Antwort auf einen Brief von Bill Wilson: „*Alkohol* heißt auf Lateinisch *Spiritus*, und man verwendet das gleiche Wort für die höchste religiöse Erfahrung wie auch für das verderblichste Gift. Die hilfreiche Formel ist daher: *Spiritus contra spiritum* – der Geist gegen die geistigen Getränke." [1]

Wenn wir mit dem Versuch aufhören, die Leere mit Alkohol zu füllen, dann beginnen wir zu entdecken, dass es sehr wohl etwas anderes gibt, um die Leere zu füllen. Für Frauen in der Genesung kann

---

[1] „The Bill W. – Carl Jung Letters" – *Grapevine* (January 1963): S. 26

spiritus contra spiritum bedeuten, dass der Geist aus den geistigen Getränken heraus geboren wird. Darin liegt dann der Ursprung unserer Spiritualität. Martha sagt: „Wenn ich nicht den Weg der Sucht gegangen wäre, hätte ich jetzt kein spirituelles Leben."

Spiritualität bedeutet, mit unserer Quelle in Verbindung zu sein. Ich benutze häufig die Seerose oder die Lotosblüte als ein Symbol für die Genesung von Frauen. In einem Buch mit dem Titel *Inner Beauty: A Book of Virtues* wird der Lotos folgendermaßen beschrieben:

Das Bedeutsamste in Bezug auf eine Lotosblume ist, dass sie im Schlamm wurzelt. Sie kann ohne diesen Schlamm nicht wachsen, und doch sind ihre Blütenblätter von makelloser Schönheit. ... Die Lotosblume verwandelt nicht den Schlamm in irgendetwas anderes. Denn Schlamm ist Schlamm. Aber der Schlamm enthält auch Nährstoffe, die benötigt werden, um das Wachstum der Pflanze zu gewährleisten. Und genauso ist es für uns. Wir sind in einer Situation, die wir nicht mögen – „in einem Sumpf voller Schlamm". Und doch ist es wahrscheinlich die sicherste Position, die es für uns gibt, wenn es uns gelänge, dies zu erkennen und es nicht gering zu schätzen, sondern zuzulassen, dass dieser Schlamm uns „wachsen lässt".[2]

Als genesende Frauen sind wir wie die Lotosblüte und pflanzen unsere Wurzeln tief in den Schlamm, in unsere Sucht, aber wir sind stets auf der Suche nach dem Licht. Dem Lotos gleich lösen wir uns nicht von diesem Schlamm. Unsere Spiritualität finden wir nicht, indem wir uns von irgendetwas absondern, sondern indem wir in Verbindung bleiben – zum Sumpf, zur Wahrheit über unsere Sucht oder zur Realität unseres Lebens als der Quelle, die „uns wachsen lässt".

Wir beginnen, eine Verbindung mit dieser spirituellen Quelle aufzubauen, wenn wir kapitulieren. Dies ist der Erste Schritt, in dem wir unsere Machtlosigkeit zugeben. Wenn wir kapitulieren, dann verbinden wir uns mit der Spiritualität der Zwölf Schritte.

---

[2] Anthea Church, *Inner Beauty: A Book of Virtues* (Hong Kong: Brahma Humaris Raja Yoga Center, 1988), S. 9

Zu Anfang unserer Genesung haben viele von uns erst einmal keine klare Vorstellung von dem Unterschied zwischen Spiritualität und Religion. Wir denken vielleicht, dass wir einen gewissen Glauben oder eine Zugehörigkeit zu einer ganz bestimmten Kirche benötigen, um spirituell zu sein.

Da kann die Erinnerung ganz hilfreich sein, dass Religion und Spiritualität durchaus zwei getrennte Dinge sein können. Religion ohne wahre Spiritualität dreht sich um Glaubensinhalte, Strukturen und Regeln – oft geht es bei Religion auch darum, die spirituellen Erfahrungen von jemand anderem zu besprechen und zu übernehmen.

Dabei kann es vorkommen, dass kein Raum für den individuellen Menschen geschaffen wird, der ein eigenes spirituelles Verstehen und eine eigene Erfahrung entwickelt.

Vielen Frauen geht es so, dass uns eine Diskussion über den Geist oder über das Geistige in die Religion unserer Kindheit zurückwirft, eine Erfahrung, von der wir uns vielleicht sehr distanziert fühlen oder die entweder gar keinen Einfluss oder sogar einen negativen Einfluss auf unser Leben ausgeübt hat.

Norma spricht davon, dass ihre Erfahrung mit Spiritualität vor dem Zwölf Schritte Programm sehr intellektuell und faktenbezogen war. „Ich hatte keine religiöse Erziehung. Ich komme aus einer jüdischen Familie. Meine Eltern waren Einwanderer, beide sprachen jiddisch, aber mein Vater, von jeher ein Sozialist, war ausgesprochen gegen jede Art von formeller Religion. ‚Spirituell' bedeutete für mich dasselbe wie ‚religiös', und das war außerhalb meines Erfahrungshorizontes."

Konstanze misstraute zuerst der Spiritualität der Zwölf Schritte, weil es sie an eine schlecht schmeckende religiöse Erfahrung ihrer Kindheit erinnerte. „Ich bin in einer Familie groß geworden, in der drei Dinge genetisch vorprogrammiert waren: Übergewicht, Alkoholismus und Fundamentalismus. Wenn ich also an Spiritualität dachte, dann in der Form von Fundamentalismus – so richtig schön altbacken traditionelles, felsenfestes evangelikales Christentum. Meine Mutter wurde in ihren religiösen Ansichten zur Fundamentalistin, um mit dem Trinken aufzuhören; meine Großmutter war ein unbehandeltes erwachsenes Kind, deren religiöse Vorstellungen noch extremer waren als die der Kirche, der sie angehörte; meine Urgroßmutter las in der Bibel und weinte dabei. Ich war mir absolut nicht sicher, ob ich an irgendetwas glaubte, als ich meine Genesung begann."

Bei anderen Frauen hat Religion immer eine wichtige Rolle in ihrem Leben gespielt und beeinflusst auch weiterhin ihren Genesungsprozess. Sabine, eine gläubige Katholikin, hat für sich herausgefunden, dass ihre Genesung auch ihrer Religiosität neues Leben verleiht. „Das Zwölf Schritte Programm gab mir eine Alternative zu meinen alten Vorstellungen von Gott und Jesus", erinnert sie sich. „Ich konnte mir Gott als persönliches Wesen vorstellen, und das machte Gott für mich real. Die Genesung hat mir meine Religion zurückgegeben."

Yvonne sagt dazu, dass die Zwölf Schritte ihr gezeigt hätten, wie sie ihren christlichen Glauben leben könnte. „Ich war im Bezirksgefängnis, weil ich wegen Drogen verurteilt worden war, als ich mein Leben dem Herrn Jesus Christus übergab. Die Zwölf Schritte sind eines der guten Dinge, die Gott benutzt hat, um mir zur Heilung zu verhelfen. Sie gaben meiner Genesung Struktur und sind ein Modell für meinen Glauben."

Die Religion sowohl unserer Kindheit als auch unseres Erwachsenenlebens kann jedes von diesen sein und immer noch ihren Ausdruck in der Genesung finden: In Zwölf Schritte Meetings ist es unsere individuelle Erfahrung, die zählt – Gott, wie wir eben Gott verstehen. Wahre Spiritualität hat ihren Ursprung in der sowohl individuellen als auch kollektiven Erfahrung von jeder Einzelnen und von allen von uns zusammen. Es umfasst alles, und es reicht über unsere kulturellen Traditionen, Konfessionen und unserer Geschlechtszugehörigkeit hinaus. Jede religiöse Erfahrung wie auch jede Lebenserfahrung steuert etwas Wertvolles zu unserer Spiritualität bei. Viele von uns haben den Sinn für Spiritualität irgendwann in ihrem Leben verloren, aber ganz gleich, was unsere früheren oder gegenwärtigen Erfahrungen sein mögen, die Zwölf Schritte geben uns eine Chance, Spiritualität für uns selbst wiederzuentdecken und neu zu definieren.

Als Frauen sind wir oft auf der Suche nach neuen Worten und Bildern, wenn wir über Spiritualität sprechen. Wenn wir eine frauliche Spiritualität beschreiben sollen, dann benutze ich gerne Worte oder Ausdrücke wie *Eins-Sein*, *Ganzheit*, *Verbindung mit dem Univer-*

sum, Glauben an etwas, das größer ist als ich selbst oder *Vertrauen in einen höheren oder tieferen Teil meines Selbst*. Manchmal sind auch Worte wie *heilig* – also das, was einen Wert in sich selbst hat und gleichzeitig mit allem und jedem verbunden ist – oder das Wort *tiefgehend* – das, was aus den Tiefen eines Seins aufsteigt – am ausdrucksstärksten.

Mandy glaubt daran, dass Spiritualität aus einem selbst kommt. „Das Wissen von Gott beginnt mit dem Wissen über sich Selbst", sagt sie. Und ich denke, sie hat Recht. Unsere Spiritualität entwickelt sich aus einer Verbindung mit dem Selbst, während es durch die Zwölf Schritte heilt und sich fortentwickelt. Unser sich ausweitendes Selbst enthüllt auch das Mysterium der Spiritualität.

Mandy fährt fort: „Ich denke, dass Spiritualität dort beginnt, wo wir Wissen erlangen, wer wir eigentlich sind. Dann expandieren wir dieses Wissen, indem wir unsere eigene Spiritualität definieren – aber nicht so, wie Männer sie definiert haben. Denn hier beinhaltet das Weitwerden auch, dass wir darauf schauen, was es bedeutet, ich selbst zu sein – was es bedeutet, eine Frau zu sein."

Viele Frauen finden es wichtig, spirituelle Erfahrungen und ihre Verbindung mit dem Göttlichen in Form von weiblichen, fraulichen Metaphern zu beschreiben. Für einige Frauen wird Spiritualität aus einem tiefen Liebesgefühl zu einem Selbst geboren, das wiederum aus einer Verbindung mit dem Antlitz der Göttin und der Erde stammt.

Martha hat herausgefunden, dass die Bilder der Erdmutter und der Erdgöttin, dargestellt in Fruchtbarkeitsstatuen mit großen und mächtigen Brüsten, die ihre Füße gegen ihre gerundeten Bäuche stemmen, kraftvolle Bilder für ihre Spiritualität hergeben. „Wenn wir unseren Körper und uns selbst nicht lieben lernen, dann ist es sehr schwierig, mit unserer Spiritualität in Berührung zu kommen. Denn wenn wir an die Mondzyklen, an unsere Menstruationszyklen oder die Zyklen von Geburt und Tod denken, dann bekommen wir eine überwältigende Verehrung für das, was es bedeutet, Leben in diese Welt zu bringen. Wenn wir unsere Mutterschaft, Geburten und Schöpfung feiern, dann bringt uns das mit der Macht der Erde in Berührung, die das Leben schafft und immer weiter fortführt. Das ist der Ursprung einer fraulichen Spiritualität."

Einige andere stellen sich diese weibliche Höhere Macht als einen Fluss der Lebensenergie oder einen Fluss der natürlichen Prozesse des Lebens, der Geburt, des Todes und des Zerfalls vor. Wendy Miller sagt in ihrem Essay *Reclaiming the Goddess*: „Einige sprechen von ihr als einer Metapher, einige andere als einem Funken der Göttlichkeit und andere wiederum als einem zündenden kreativen Impuls."[3]

Für andere wiederum ist eine Spiritualität wichtig, die das Männliche und das Weibliche umfasst. Dies trifft z. B. für Arlene zu. „Meine Spiritualität ist jetzt mehr erdzentriert und frauenzentriert, aber das bedeutet nicht, dass Männer dabei ausgeschlossen sind. Ich habe die Vision einer mehr inklusiven Spiritualität, die weder wirklich männlich noch fraulich ist. Und es steht mir fern, darauf zu bestehen, dass Gott in Wirklichkeit eine Frau ist und Männer sich die ganze Zeit lang getäuscht haben. Meine Höhere Macht verkörpert Qualitäten sowohl des Männlichen als auch des Fraulichen, maskulin und feminin. Aber auch wenn ich einiges von der Bewusstheit der Göttin in meine Spiritualität und in meine Arbeit übernommen habe, dann fühle ich mich nicht wohl bei dem, was ich als eine Trennung wahrnehme. Gott sei Dank bin ich weder eine Frau aus dem klassischen Griechenland noch eine Druidin oder eine alte Keltin. Ich bin eine moderne Frau, die neue Wege kennen lernt, in dieser Welt zu sein. Und während ich durchaus der Ansicht bin, dass wir mehr weibliche und lebensbejahende Bilder des Göttlichen brauchen – weil unsere spirituelle Welt so maskulin, verzerrt und aus dem Gleichgewicht ist – denke ich doch, dass die fraulichen Vorstellungen Bilder von uns selbst sind: nicht altertümlich, keine Vorstellungen von Hexerei und Macht über die Welt und ihre Elemente, sondern fraulliche Vorstellungen von nicht wettbewerbsorienter Kooperation und Fürsorge für die Welt."

Bei diesem Prozess, unsere eigene Spiritualität zu definieren, finden wir vielleicht heraus, dass die spirituelle Sprache in den Schritten traditionelle, christlich-religiöse Vorstellungen und Praktiken widerspiegelt. Genesende Frauen kämpfen oft mit der maskulinen Spra-

---

[3] Wendy Miller, „Reclaiming the Goddess", *Common Boundary* (March/April 1990), S. 36

che im Programm und gehen deshalb dazu über, Vorstellungen und Ausdrucksformen durch solche auszutauschen, die frauliche Macht beinhalten.

Maria sagt dazu: „Für alle von uns, die wir im judäo-christlichen Erbe groß geworden sind, ist Gott männlich. Wenn wir also an eine Macht denken, größer als wir selbst, dann entsteht vor unserem geistigen Auge diese weißbärtige männliche Figur in den Wolken. Ich denke, es ist besonders für Frauen wichtig, zu einer Vorstellung von dieser Höheren Macht zu kommen, in der Geschlechtsvorstellungen keine Rolle spielen. Ich denke, es ist wichtig für unsere Spiritualität, dass wir diese Macht in irgendeiner Weise verweiblichen. Ich bin zum Glauben an eine Art von universellem und geschlechtslosem geistlichen Wesen gekommen, der nichts mehr mit meiner Kindheitsreligion zu tun hat. Aber das war noch nicht so, als ich mit den Schritten begann."

Konstanze geht mit den Schritten folgendermaßen um: „Ich musste ganz schön viel Arbeit investieren, um diese Sprache für mich zu überarbeiten, wie viele Menschen meiner Generation (ich bin jetzt in den frühen 50ern), die sich im Genesungsprozess befinden. Dieses ganze Konzept von Gott als männlich – einschließlich meiner Kindheitsvorstellungen von Gott als ziemlich altem und robust erscheinenden Mann mit einem langen weißen Bart – hat überhaupt nichts mehr mit meiner jetzigen Erfahrung zu tun. Wahre Spiritualität, also die Quelle, die kreative Schaffensmacht, die man nicht mit Worten ausdrücken kann, ist jenseits aller Geschlechtsvorstellungen. Jeder Mensch reflektiert in gleicher Weise dieses spirituelle Bild."

Die Übertragung der Sprache und der kulturellen Erfahrungen der Zwölf Schritte für uns selbst ist ein wichtiger Aspekt der Genesung. Auch die hierarchische Struktur in den Schritten kann ein Problem für Frauen werden. Indem wir Ausdrücke wie „höher" benutzen, werden wir vielleicht schon einer einzigartig fraulichen Perspektive beraubt. Vielleicht ist es hilfreicher, wenn wir uns etwas vorstellen, das uns an ein „tiefer" denken lässt.

Martha, die in einer fundamentalistischen und traditionellen Familie groß geworden ist, sagt: „Die Autoritätsstrukturen in meiner Familie waren sehr hierarchisch geprägt. Die Wahrheit ist, wenn ich der Autorität in meiner Familie gehorcht oder ihr gar mein ganzes Leben anvertraut hätte, dann wäre ich jetzt tot. Deshalb ist die Vorstellung, mein Leben einer hierarchischen Struktur in den Schritten anzuvertrauen, für mich nicht angenehm. Ich ziehe es vor, an etwas zu denken, das nicht notwendigerweise über mir steht – manchmal ist es innerlich und manchmal außerhalb von mir."

Ruth schildert ihre Höhere Macht so: „Ich stelle mir Gott nicht als eine hierarchische Figur vor, auch nicht als einen abstrakten oder einen erhöhten Gott, den ich selber finden muss. Das ‚höher' bedeutet für mich weiter, größer, tiefer – und nicht nur für mich alleine, die dafür nur die eigene Energie einsetzt. Ich muss andere Menschen dazu haben. Die Kraft oder die Energie oder wie auch immer du das nennen magst fließt horizontal von Person zu Person und nicht von oben nach unten."

Die frauliche Spiritualität beinhaltet häufig Umgangsformen, sowohl im Umgang mit der Welt als auch untereinander, die nicht hierarchisch sind. Unsere Spiritualität drückt Verbundenheit und Beziehung aus. Dr. Jan Surrey schlägt vor, dass schon die frühesten Erfahrungen unserer selbst immer beziehungsbezogen sind, dass wir also unser fundamentales Konzept des Selbst in wichtigen Beziehungen entwickeln und organisieren. Auch vertiefen und bereichern wir andere Aspekte dieses Selbst – unsere Kreativität, Unabhängigkeit und unser Selbstbewusstsein – in Beziehungen. [4]

Diese Definition der Spiritualität aus dem Buch *The Feminine Faces of God* (Das weibliche Antlitz Gottes) ist eine meiner Favoriten:

Für eine Frau beinhaltet Spiritualität oder ein Leben des Geistes immer Beziehung in ihrer reinsten Form ... Beziehung, die nicht trennt und unterscheidet, sondern die verbindet und dabei Geist und Fleisch zusammenbringt, menschliche Wesen und andere Lebensformen, Gott und Materie, und genau das beschreiben uns Frauen als das Herz des Spirituellen in ihrem Leben.

---

[4] Janet L. Surrey, „Self-in-Relation: A Theory of Women's Development" (Work in Progress, no. 13, Stone Center for Developmental Services and Studies, Wellesley College, 1985)

Spiritualität, Gott oder Höhere Macht existieren vielleicht nicht über uns oder außerhalb von uns, sondern vielleicht gerade in dem „Dazwischen" oder in dem „Miteinander-Verbundenen", das wir in den Meetings finden oder mit unserer Sponsorin erleben. Oder in unserer gemeinsamen Stärke und Hoffnung, wenn wir über unsere Erfahrung sprechen. Arlene sagt dazu, „Ich habe in den Meetings und in mir selbst etwas anderes erlebt. Ich habe das erfahren, was ich jetzt als eine Verbindung, eine spirituelle Erfahrung kennen gelernt habe."

Auch Gabi stimmt dieser Auffassung zu: „Was ich in dem Programm gelernt habe war, dass ich mit anderen Menschen verbunden bin und dass ich diesen Verbindungen gar nicht entgehen kann. Da gab es nichts, was mir Angst machte, weil es kein „Allein" gab. Ich konnte nirgendwo sonst hingehen – ich hatte ja nicht vor, diesen Planeten zu verlassen – und ich war nie ohne eine Verbindung. Meine Fähigkeit, präsent zu sein und diese Andersartigkeit zu fühlen, öffnete meinen weit gewordenen Blick auf dieses Verbundensein mit einer Höheren Macht. Die Schritte öffneten mir die Augen für diese neuen Ebenen von Beziehung."

Diese Erfahrungen erwecken und verstärken unseren inneren Sinn für Spiritualität, unseren Sinn für Verbundenheit untereinander und für In-Beziehung-Sein. Unsere Erfahrung als spirituelle Frau wächst, wenn wir wahrnehmen, dass dieses „irgendwie Jenseitige" bereits in uns ist. Denn wenn wir verletzbar genug sind, um mit anderen Frauen über uns selbst zu sprechen, wenn wir unsere gegenseitigen Erfahrungen austauschen, dann schaffen wir nicht nur eine Verbindung mit anderen Menschen, sondern auch mit unserem spirituellen Selbst.

Ruth drückt es folgendermaßen aus: „Das Universum wird in erster Linie durch einen Geist der Gegenseitigkeit kreativ weiterentwickelt. Es gibt keinen Vater, keinen Gott, der alles überwacht und Dinge tut. Vielmehr ist dort ein geistiges Wesen oder eine Kraft, deren Essenz in Partikeln und dynamischer Energie in Beziehung zu anderen Partikeln und anderen dynamischen Phänomenen steht. Alle Dinge sind untereinander verbunden und in Beziehung miteinander. Dieser Geist oder diese Macht ist real, präsent, eine fortwährende Kraft, die uns in die richtigen Bindungen führt und die in sich selbst die Essenz all dieser Verbindungen ist. Ich denke, es übersteigt die menschliche Vorstellungskraft, sich auszumalen, was Er, Sie, Es sein mag, aber das ist es, was Lebenskraft, Höhere Macht, heiliger Geist, Gott oder Göttin in Wirklichkeit für mich bedeutet."

Luise stimmt dem ganz einfach zu und meint: „Wenn ich sage, dass mein Leben in Gottes Hand ist, dann bedeutet das, in den Händen fürsorglicher anderer, die die Ausdrucksform einer göttlichen Macht darstellen. Wir sind hier, um füreinander da zu sein, und genau daraus entsteht wieder eine andere Kraft."

Diese andere Kraft ist genau die Macht, zu der wir uns gegenseitig verhelfen müssen. Sie steht uns in den Meetings zur Verfügung, in den gegenseitigen Beziehungen zwischen Sponsorin und Gesponserter und indem wir einander auf dem Pfad des Selbstbewusstseins und der erwachenden Spiritualität die Hand reichen.

Wie Charlotte Spretnak in der Zeitschrift *Ms.* schreibt, bringt weibliche Spiritualität allgemeine Themen und Sorgen zusammen „indem wir das Verbundensein allen Lebens anerkennen, die Würde des Weiblichen ehren und achten, die Macht entdecken, Rituale zu schaffen, Arbeit und Einsatz für ökologische und für Themen sozialer Gerechtigkeit als eine spirituelle Verantwortung erfahren und schließlich Sensibilität in Bezug auf diverse multikulturelle Erfahrungen kultivieren." [6]

Dieselben Themen tauchen immer wieder auf, wenn Frauen über Spiritualität sprechen. Unsere Spiritualität dreht sich um die Natur, um die Erde, sie handelt von Verbindung untereinander, von Energie und es geht um etwas, das in uns ist und nicht nur darum, was uns fehlt.

Vielleicht erfahren wir zuerst in Beziehungen mit einem anderen Menschen oder mit unserer Genesungsgruppe einen Sinn für Spiritualität. Wenn wir im Genesungsprozess fortfahren, wird auch unsere Definition von Spiritualität einen immer größeren Rahmen erfahren. Wir entdecken, dass wir auch zu einer rechten Beziehung mit allem im Leben aufgerufen sind.

Diese rechte Beziehung beinhaltet auch spirituelle Praxis. Gabi weiß, wie wichtig diese Praxis in ihrem Leben ist. „Praxis ist die Art

---

[6] „Essay" von Charlotte Spretnak in der Zeitschrift *Ms.* (April/Mai 1993), S. 60

und Weise, wie wir in Beziehung stehen. Dies schließt die rechte Beziehung mit dem Universum, mit Vorgängen und Situationen, mit jedem Tag, und mit der Natur ein; es schließt auch ein, dass wir Gegenseitigkeit praktizieren und Präsenz, indem wir dem jeweils anderen erlauben und ihn sogar ermutigen, für uns die Geburtshelferin dafür zu sein. Praxis ist also ein Weg, um mit der Ganzheit verbunden zu sein, mit Situationen und mit Menschen, mit jeder Manifestation und mit der Wertschätzung dessen in allem."

Ruth sagt: „Immer geht es darum, an diesem Ort zu bleiben, ganz gleich, ob es sich gerade darum handelt, Geschirr abzuwaschen, im Garten zu arbeiten oder zu meditieren. Die Praxis des Spirituellen zwingt uns dazu, in diesem gegenwärtigen Moment intensiver zu leben." Östliche religiöse Traditionen legen Wert auf spirituelle Praxis als Weg zur Erleuchtung und zum wahren Selbst, und westliche Traditionen rufen diejenigen, die sich dieser Praxis verschreiben, dazu auf, „die Präsenz Gottes zu praktizieren".

Wenn wir also davon sprechen, die Schritte durchzuarbeiten, dann sprechen wir in Wirklichkeit von unserer spirituellen Praxis. Dies ist der Prozess, in dem wir uns immer und immer wieder einer Disziplin oder einer Aufgabe unterwerfen und selbst dann noch damit weitermachen, wenn wir den Eindruck haben, dass wir dabei nirgendwo hingelangen. Der springende Punkt besteht darin, uns in eine Harmonie mit der Essenz des Lebens in gerade diesem Moment zu bringen und das in all unseren Handlungen widerzuspiegeln.

Spirituelle Praxis erzeugt Gelassenheit. Wir werden mehr zu Annehmern, und wir erfahren eine fortdauernde innere Friedfertigkeit. Wir sind offen in Bezug auf die Erfahrung, an ganz alltäglichen Dingen Freude zu finden. Wir sind befreit von dem Zyklus der immerwährenden Suche nach der schnellen Lösung oder nach einem Hochgefühl, um unsere innere Leere zu füllen. Erfüllung – also das wahre „Hochgefühl" – ist die Folge davon, wenn wir unserem Pfad treu bleiben und in jedem gegebenen Moment ganz präsent sind. Dann finden wir Gefallen an dem ganz Einfachen.

„Diese Täglichkeit ist genau das, was mir an der Spiritualität so gefällt", sagt Gabi. „Spirituelle Erfahrungen sind sehr kleine und einfache Erfahrungen; die großen, wenn sie sich überhaupt einstellen, sind zusammengesetzt aus vielen kleinen."

Die Stille ist ein weiterer einfacher, aber sehr wichtiger Aspekt unserer spirituellen Praxis. Stille ist essentiell, um ein Gleichgewicht zwischen unserem inneren Leben und dem äußeren zu erhalten. Unsere Welt ist so überfüllt und die externe Welt drängt sich immer so sehr der inneren auf, dass sie dabei unseren heiligen inneren Rückzugsort mit Geräuschen, Worten, mechanischen Lauten und visuellen Bildern überschwemmt. Eine Sponsorin sagte mir vor Jahren, wenn ich mich alleine fühlen würde, wäre ich wahrscheinlich einsam und auf der Suche nach mir selbst. Als ich das hörte, fasste ich spontan den Entschluss, ein Wochenende ganz alleine zu verbringen und auszuprobieren, wie sich das wohl anfühlt. Ich habe also das Telefon abgestellt und das Wochenende ganz allein mit mir verbracht. Und – es war wunderbar. Was ich tatsächlich damit bewirkte war natürlich, mich selbst wiederzuentdecken.

Wenn wir über Verbundensein und Bindungen sprechen, dann schließen wir darin ein, dass wir Beziehung und Bindung mit dem Selbst kultivieren. Wenn wir Zeit mit uns selbst verbringen, die damit einhergehende Einsamkeit und Stille wirklich genießen, dann stellen wir das äußere Selbst zur Seite und entdecken das innere Selbst wieder. Die Ganzheit, von der wir in der Genesung sprechen, ist ein Ergebnis unserer Bemühungen, das Innere und das Äußere ins Gleichgewicht und in eine Beziehung zueinander zu bringen, so dass diese beiden einander reflektieren. In unserer spirituellen Praxis müssen wir Zeit aufwenden, um unsere Beziehung zu uns selbst zu kultivieren und um dieses Gleichgewicht wieder herzustellen und aufrechtzuerhalten.

Wenn wir Stille bewahren und dem inneren Selbst erlauben, sich auszudrücken, dann bringt uns das eine profunde Erfahrung unserer spirituellen Essenz. Im Schweigen und in der Stille erfahren wir das, was wir Ein-Sicht nennen – nämlich die Fähigkeit, nach innen zu schauen – und wir entdecken unsere Bindung zu unserem Selbst wieder. Die buddhistische Lehrerin Vimala Thakar schreibt, dass wir in der Stille und im Schweigen „in der Klarheit leben zu wissen, wer wir sind". [7]

---

[7] Vimala Thakar, *The Eloquence of Living: Meeting Life with Freshness, Fearlessness & Compassion* (San Rafael, Calif.: New World Library, 1989).

Der Elfte Schritt ist der Weg in die Stille, in der wir das Erblühen unseres spirituellen Selbst kultivieren. Dieser Schritt, „wir suchten durch Gebet und Besinnung die bewusste Verbindung zu Gott – wie wir Ihn verstanden – zu vertiefen", handelt ja davon, unsere Spiritualität zu vertiefen und damit zwischen dem inneren und äußeren Leben ein Gleichgewicht zu schaffen und aufrecht zu erhalten.

„Dieser ist einer der herausforderndsten Schritte für mich", sagt Martha. „Bewusster Kontakt erfordert nämlich, vor allem andern wach, gewahr und bewusst zu sein, und das ist das wahre Ziel von Abstinenz und von der Arbeit mit den Schritten. Weiterhin erfordert es eine klare Absicht: Vorsätzlich entscheide ich mich dazu, ganz bewusst in Verbindung mit dem zu sein, was ich als meine Höhere Macht verstehe."

Wenn wir diese bewusste Verbindung suchen, dann ist die Erinnerung hilfreich, dass es viele verschiedene Formen von Meditation und Gebet gibt. Unsere Definitionen dessen, was Gebet, Meditation und bewusste Verbindung ist, können sehr variieren.

Für Gabi bedeuten z. B. Gebet und Meditation, im Gespräch zu sein. Sie ist offen, selbst zu sprechen und zuzuhören. „Gebet und Meditation sind wie ein Gespräch, und das ist die Art und Weise, wie wir unsere bewusste Verbindung verbessern", sagt sie. „Das Gebet erinnert mich daran, meine Hände auszustrecken, also in einer Stellung zu sein, in der ich um Hilfe bitte. Gebet ist für mich beziehungsbezogenes Handeln."

Ruth beschreibt bewusste Verbindung auf diese Weise: „Ich weiß, dass dort ein Wesen ist, dass mit mir einen Plan oder eine Absicht verfolgt, und zwar in einem Ego oder in einem persönlichen-individuellen Sinn. Ich glaube, dass es bei Gebet und Meditation in Wirklichkeit darum geht, mit dem Geist in Berührung zu bleiben, der das Universum bewegt. Beide Praktiken helfen mir, nicht gegen diesen Geist zu agieren oder mir selbst zu erlauben, mich davon zu trennen."

Vielleicht finden auch wir viele verschiedene Wege, um bewusste Verbindung zu praktizieren. Marthas Meditation hat ihre ganz eigene Ausdrucksform. „Meiner Form der Meditation diene ich am besten, wenn ich draußen spazieren gehe oder ein Fitnessgerät benutze. Ich verwirkliche diesen Prozess von Gebet und Meditation, indem ich immer dieselbe Aufgabe erledige, wie in einem Ritual oder in einer ständigen Wiederholung. Meiner Meinung nach sollten wir Frauen daran erinnern und sie ermutigen, wieder solche repetitiven Arbeiten aufzunehmen wie z. B. Sticken oder Häkeln, weil das genau die Verrichtungen sind, bei denen unser bewusster Kontakt häufig seinen Platz findet. In der Verbindung mit unserem eigenen Unbewussten in diesen sich immer wiederholenden Vorgängen finden wir häufig auch unsere Höhere Macht. Für mich ist es wichtig, einen Prozess zu finden, der das Externe und das Interne in einer Art und Weise beschäftigt, die mich erfahren lässt, dass ich diese bewusste Verbindung erlebe. Und wie weiß ich, ob ich das geschafft habe? Es offenbart sich durch eine gewisse Qualität des Fühlens: Ich spüre dort eine Ruhe in mir, die dieser schwer zu fassenden Ausdruck *Gelassenheit* wiedergibt."

Marie-Luise sagt dazu: „Ich habe begonnen, Bilder zu malen. Das ist meine Art und Weise, wie ich meinen bewussten Kontakt vertieft habe. Meine Fähigkeit zu malen hat sich in den letzten Jahren sehr entwickelt und ist gewachsen." Arlene sagt, dass sie sich nun Tag für Tag dem Unsichtbaren und dem Unbekannten in ihrem Leben öffnet und stellt.

Jackie ist der Meinung, dass ihre Anläufe, die bewusste Verbindung zu Gott (sie sagt Göttin) durch Gebet und Meditation zu verbessern, zum festen Punkt ihres Genesungsprogramms geworden sind. „Gelegentlich passiert es mir, dass ich mich plötzlich unter Spannung und gestresst fühle und es dann für einen halben Tag oder einen ähnlichen Zeitraum vergesse, aber ich komme immer wieder zu meinem Wissen zurück, auf welcher Seite meine Brotschnitte gebuttert ist – wo also meine Kraftquelle in Wahrheit liegt."

Was auch immer unsere Definition von Meditation, Gebet oder bewusster Verbindung ist und wie auch immer wir diese in unserem Leben praktizieren, durch all diese Praktiken versuchen wir doch, etwas ganz Bestimmtes zu finden – den Willen, den rechten Weg und das innere Wissen. Als spirituelle Frauen helfen uns diese Praktiken auch, zentrierter zu werden, eine bessere Bodenhaftung zu gewinnen und mehr im Gleichgewicht zu sein, um all die Arbeit verrichten zu können, die unser Planet braucht.

Auch das ist eine Zwölf Schritte Praxis – „unser tägliches Leben nach diesen Grundsätzen auszurichten". Die Umsetzung der Zwölf Schritte beinhaltet, dass alle von uns Heiler sind und mithelfen, Gleichgewicht herzustellen, erst bei uns selbst und dann auch in der Welt. Wir stellen ein Gleichgewicht wieder her – zuerst in unserem eigenen Leben. Wir arbeiten die Schritte durch, heilen unsere Süchte und bringen auch wieder Gleichgewicht in das Unmeisterbare in unserem Leben. Aber dann gehen wir weiter, gehen nach außen, um die Botschaft anderen zu bringen und um diese Prinzipien in all unseren Handlungen umzusetzen. Das ist unsere Heilarbeit, und jede von uns macht dies auf ihre ganz eigene Art und Weise.

Ruth sagt dazu: „Eine der absoluten Freuden in meinem Leben ist es jetzt, in meiner Nüchternheit, dass ich mich als Geschöpf wahrnehme und nicht nur als menschliches Wesen. Ich bewohne diese Erde zusammen mit anderen Formen von Geschöpfen, sowohl tierischen als auch pflanzlichen, und diese Einstellung drängt mich dazu, immer bewusster darauf zu achten, was ich esse und was ich anziehe, um was ich bete und mit wem ich mich umgebe. Dieses Gefühl der Verbundenheit ist ein ganz wichtiger Teil meiner Spiritualität. Es beinhaltet auch die Vorstellung, dass ich mich dem Kampf für Gerechtigkeit anschließe. Denn das, denke ich, bewirkt dieser Geist tatsächlich in meinem Leben und in der Welt: Er heilt all die Verbindungen, die wir auf diesem Planeten haben."

Wenn wir zu unserem ersten Zwölf Schritte Meeting gehen, dann denken wir doch, dass wir da nur hingehen, um unsere Sucht loszuwerden. Die Schritte mögen uns zuerst wie eine Reihe von Spielregeln mit dem Ziel Nüchternheit vorkommen,. Die Überraschung aber kommt für uns, wenn wir herausfinden, dass die Zwölf Schritte in Wirklichkeit einen spirituellen Weg darstellen, die Wurzel, aus der unsere Spiritualität aus dem Sumpf unserer Sucht hervorwächst.

Kathie sagt: „Wir gehen jetzt tiefer als Alkohol, Drogen oder Essen, um nachzuschauen, auf welches Ziel hin wir uns tatsächlich erholen. Für mich war das wirklich eine Entdeckungsreise", fährt sie fort. „Mir wurde klar, dass da noch viel mehr ist und ich noch viel mehr lernen kann, wenn ich mich durch die Schritte hindurcharbeite. Meine Aufgabe dabei ist, die Fußarbeit zu erledigen, mich Ihm anzuvertrauen und diesen Gott, diesen inneren Sensor übernehmen zu lassen. Ich bin der festen Meinung, dass es so etwas wie eine alternative Wirklichkeit gibt. Ich bin der festen Meinung, dass hier viel mehr geschieht, als mein kleines Gehirn wahrnimmt und weiß. Auf allen Ebenen gibt es andere Mittel und Wege um zu wissen und wahrzunehmen. Mein Job ist es, clean und präsent zu bleiben, so dass ich bewussten Kontakt halten kann."

Das, was als ein Genesungsprozess von der Sucht begonnen hat, wird so zu einem spirituellen Erwachen. „Ich bin der festen Überzeugung, dass ich ein spirituelles Erwachen als Ergebnis der Schritte erlebt habe", sagt Marie-Luise. „Spirituelles Erwachen heißt für mich ein kontinuierliches Erwachen. Für mich ist es so, als ob ich immer wieder zu mir selbst zurückkomme. Ich habe das Gefühl, dass ich in gewisser Weise einen perfekten Kreis geschafft habe und dass dieser Punkt, von dem ich nun losgehe, derselbe ist, bei dem ich vor einiger Zeit aufgehört habe. Nun ist Spiritualität etwas, das in mir ist. Ich habe eine viel größere Wertschätzung für die Verbindung, die wir alle mit allem um uns herum haben. Für mich ist Spiritualität wie ein Zurückkommen, ein Wiederanknüpfen."

Ruth stimmt dem zu: „Ich sage das mit Erstaunen, aber jetzt sage ich es ohne Zweifel: Ich bin ein ganz spezieller Mensch, der mit allem anderen in Verbindung steht. Alles, all die Energie, die ich darin investiere, mein Leben zu leben und die Welt zu erfahren, die Welt zu sehen, die Welt zu verstehen und die Welt zu verändern, sehe ich jetzt als Teil meiner Spiritualität. Spiritualität ist nicht etwas, was du irgendwo hinzufügst, es ist Leben – es ist die Art und Weise, wie mein Leben ist."

Ruth fasst zusammen: „In der Nüchternheit habe ich begonnen, das zurückzuerobern, was ich meine eigene tiefste Spiritualität nennen möchte. Ich habe einen ganz intensiven Sinn für diese heilige Realität, die meinem Sein in dieser Welt Grund und Boden gibt. Wenn wir nüchtern sind, dann müssen die Schritte bedeuten, dass wir damit übereinstimmen. Die Schritte zu durchlaufen, wird zu einer Herausforderung, nicht einfach etwas zu tun, sondern uns mit dem zu verbinden, was ist. Spiritualität und die Macht Gottes sind wirklich wie die Lotosblüte. Sie war immer da, du hast sie nur nicht wahrgenommen von deinem Betrachtungspunkt tief im Schlamm aus."

Das Erblühen unserer Spiritualität und unserer bewussten Verbindung mit der Macht Gottes sind also nicht etwas, das wir zu uns hinzufügen, sondern etwas, zu dem hin wir erwachen. Diese heilige Wirklichkeit hält uns tief im Schlamm verwurzelt, wie den Lotos, und nährt uns, sodass wir mit unserem zunehmenden Bewusstsein immer weiter wachsen, uns entfalten und schließlich zu einer Blüte von großer Schönheit aufblühen.

Zu diesem Textbuch gibt es unter dem gleichen Titel auch noch ein ARBEITSBUCH im Großformat, das Ihnen mit Fragebögen und Übungsanleitung einen persönlichen und direkten Zugang zu den Schritten ermöglichen soll. Sie erhalten es im Buchhandel oder direkt beim SANTIAGO VERLAG unter der Bestellnummer:
ISBN 978-3-937212-10-4.
Weitere Bücher rund um das Zwölf Schritte Programm und verwandte Themen finden Sie auch unter der Webseite des Verlags:

www.santiagoverlag.de

Oder in unserem Informationsmaterial. Anforderung unter:

Santiago Verlag, Asperheide 88, 47574 Goch   mail@santiagoverlag.de

Wichtige Adressen für Kontakte zu Zwölf Schritte Gruppen finden Sie im Internet unter den entsprechenden Suchbegriffen für die Suchmaschinen. Darunter sind z.B. www.anonyme-alkoholiker.de, www.emotionsanonymous.de, www.overeatersanonymous.de, uam. Dies betrifft auch Angehörigengruppen wie z.B. Al-Anon(www.al-anon.de/) oder in Österreich www.al-anon.at/, Alateen, S-Anon (www.sanon.org) usw.

Spezielle Frauenarbeit über „Frauen, Trauma und Sucht" bietet an:

newbeginnings GmbH für ganzheitliche Fort- und Weiterbildung
Johann-Wischhusen-Weg 18, 28357 Bremen, Tel.: 0421/63 93 677
www.newbeginnings.de

Einige Postanschriften, wo Sie auch die die Original AA Literatur erwerben können:

Anonyme Alkoholiker

Deutschland

Anonyme Alkoholiker
Gemeinsames Dienstbüro
Postfach 46 02 27, 80910 München
Telefon 0049-(0)89-316 43 43

Österreich und Südtirol Anonyme Alkoholiker Zentrale Kontaktstelle
Barthgasse 5, 1030 Wien, Österreich

Schweiz

Anonyme Alkoholiker der deutschsprachigen
Schweiz
Wehntalerstrasse 560, 8046 Zürich-Affoltern,
Telefon 0041-(0)1-370 13 83

AL-Anon-Familiengruppen, Al-Anon/Alateen

Al-Anon Zentrales Dienstbüro
Emilienstraße 4, 45128 Essen

Telefon: 0049-(0)201-77 30 07

Österreich:

Al-Anon Zentrales Dienstbüro
Postfach 117
6600 Reutte

Telefon und Fax: 0043-(0)5672-72 651

Schweiz:

Al-Anon Dienstbüro
Neuhardstrasse 22, Postfach 103
4601 Olten

Telefon und Fax: 0041-(0)62-296 52 16